一生惟愿济众生
韩济生传

陈琦 张嵘 韩松平 著

1947年 考入国立上海医学院
1953年 分配至哈尔滨医科大学
1962年 调往北京医学院
1978年 破格直接晋升为正教授
1989年 当选为中华疼痛学会首任会长
1993年 当选为为中国科学院院士
2013年 任北京大学医学部疼痛医学中心主任

韩永生

出土计思科父子

老科学家学术成长资料采集工程
中国科学院院士传记 丛书

此生惟愿济众生
韩济生 传

陈琦 张嵘 韩松平 ◎ 著

中国科学技术出版社
上海交通大学出版社

图书在版编目（CIP）数据

此生惟愿济众生：韩济生传／陈琦，张嵘，韩松平著．—北京：中国科学技术出版社，2018.7

（老科学家学术成长资料采集工程丛书；中国科学院院士传记丛书）

ISBN 978-7-5046-8066-2

Ⅰ.①此… Ⅱ.①陈… ②张… ③韩… Ⅲ.①韩济生－传记 Ⅳ.① K826.2

中国版本图书馆 CIP 数据核字（2018）第 142562 号

责任编辑	余　君
责任校对	杨京华
责任印制	李晓霖
版式设计	中文天地

出　　版	中国科学技术出版社　上海交通大学出版社
发　　行	中国科学技术出版社发行部
地　　址	北京市海淀区中关村南大街 16 号
邮　　编	100081
发行电话	010-62173865
传　　真	010-62173081
网　　址	http://www.cspbooks.com.cn

开　　本	787mm×1092mm　1/16
字　　数	360 千字
印　　张	23.5
彩　　插	2
版　　次	2018 年 7 月第 1 版
印　　次	2018 年 7 月第 1 次印刷
印　　刷	北京华联印刷有限公司
书　　号	ISBN 978-7-5046-8066-2 / K·243
定　　价	120.00 元

（凡购买本社图书，如有缺页、倒页、脱页者，本社发行部负责调换）

老科学家学术成长资料采集工程领导小组专家委员会

主　任：杜祥琬
委　员：（以姓氏拼音为序）
　　　　巴德年　陈佳洱　胡启恒　李振声
　　　　齐　让　王礼恒　王春法

老科学家学术成长资料采集工程丛书组织机构

特邀顾问（以姓氏拼音为序）
　　　　樊洪业　方　新　谢克昌

编委会
主　编：王春法　张　藜
编　委：（以姓氏拼音为序）
　　　　艾素珍　崔宇红　定宜庄　董庆九　郭　哲
　　　　韩建民　何素兴　胡化凯　胡宗刚　刘晓勘
　　　　罗　晖　吕瑞花　秦德继　王　挺　王扬宗
　　　　熊卫民　姚　力　张大庆　张　剑　周德进

编委会办公室
主　任：孟令耘　张利洁
副主任：许　慧　刘佩英
成　员：（以姓氏拼音为序）
　　　　董亚峥　冯　勤　高文静　韩　颖　李　梅
　　　　刘如溪　罗兴波　沈林苣　田　田　王传超
　　　　余　君　张海新　张佳静

老科学家学术成长资料采集工程简介

老科学家学术成长资料采集工程（以下简称"采集工程"）是根据国务院领导同志的指示精神，由国家科教领导小组于2010年正式启动，中国科协牵头，联合中组部、教育部、科技部、工信部、财政部、文化部、国资委、解放军总政治部、中国科学院、中国工程院、国家自然科学基金委员会等11部委共同实施的一项抢救性工程，旨在通过实物采集、口述访谈、录音录像等方法，把反映老科学家学术成长历程的关键事件、重要节点、师承关系等各方面的资料保存下来，为深入研究科技人才成长规律，宣传优秀科技人物提供第一手资料和原始素材。

采集工程是一项开创性工作。为确保采集工作规范科学，启动之初即成立了由中国科协主要领导任组长、12个部委分管领导任成员的领导小组，负责采集工程的宏观指导和重要政策措施制定，同时成立领导小组专家委员会负责采集原则确定、采集名单审定和学术咨询，委托科学史学者承担学术指导与组织工作，建立专门的馆藏基地确保采集资料的永久性收藏和提供使用，并研究制定了《采集工作流程》《采集工作规范》等一系列基础文件，作为采集人员的工作指南。截至2016年6月，已启动400多位老科学家的学术成长资料采集工作，获得手稿、书信等实物原件资料73968件，数字化资料178326件，视频资料4037小时，音频资料4963小时，具有重要的史料价值。

采集工程的成果目前主要有三种体现形式，一是建设"中国科学家博物馆网络版"，提供学术研究和弘扬科学精神、宣传科学家之用；二是编辑制作科学家专题资料片系列，以视频形式播出；三是研究撰写客观反映老科学家学术成长经历的研究报告，以学术传记的形式，与中国科学院、中国工程院联合出版。随着采集工程的不断拓展和深入，将有更多形式的采集成果问世，为社会公众了解老科学家的感人事迹，探索科技人才成长规律，研究中国科技事业的发展历程提供客观翔实的史料支撑。

总序一

中国科学技术协会主席 韩启德

老科学家是共和国建设的重要参与者，也是新中国科技发展历史的亲历者和见证者，他们的学术成长历程生动反映了近现代中国科技事业与科技教育的进展，本身就是新中国科技发展历史的重要组成部分。针对近年来老科学家相继辞世、学术成长资料大量散失的突出问题，中国科协于2009年向国务院提出抢救老科学家学术成长资料的建议，受到国务院领导同志的高度重视和充分肯定，并明确责成中国科协牵头，联合相关部门共同组织实施。根据国务院批复的《老科学家学术成长资料采集工程实施方案》，中国科协联合中组部、教育部、科技部、工业和信息化部、财政部、文化部、国资委、解放军总政治部、中国科学院、中国工程院、国家自然科学基金委员会等11部委共同组成领导小组，从2010年开始组织实施老科学家学术成长资料采集工程。

老科学家学术成长资料采集是一项系统工程，通过文献与口述资料的搜集和整理、录音录像、实物采集等形式，把反映老科学家求学历程、师承关系、科研活动、学术成就等学术成长中关键节点和重要事件的口述资料、实物资料和音像资料完整系统地保存下来，对于充实新中国科技发展的历史文献，理清我国科技界学术传承脉络，探索我国科技发展规律和科技人才成长规律，弘扬我国科技工作者求真务实、无私奉献的精神，在全社会营造爱科学、学科学、用科学的良好氛围，是一件很有意义的事情。采集工程把重点放在年龄在80岁以上、学术成长经历丰富的两院院士，以及虽然不是两院院士、但在我国科技事业发展中作出突出贡献的老科技工作者，充分体现了党和国家对老科学家的关心和爱护。

自2010年启动实施以来，采集工程以对历史负责、对国家负责、对科技事业负责的精神，开展了一系列工作，获得大量反映老科学家学术成长历程的文字资料、实物资料和音视频资料，其中有一些资料具有很高的史料价值和学术价值，弥足珍贵。

以传记丛书的形式把采集工程的成果展现给社会公众，是采集工程的目标之一，也是社会各界的共同期待。在我看来，这些传记丛书大都是在充分挖掘档案和书信等各种文献资料、与口述访谈相互印证校核、严密考证的基础之上形成的，内中还有许多很有价值的照片、手稿影印件等珍贵图片，基本做到了图文并茂，语言生动，既体现了历史的鲜活，又立体化地刻画了人物，较好地实现了真实性、专业性、可读性的有机统一。通过这套传记丛书，学者能够获得更加丰富扎实的文献依据，公众能够更加系统深入地了解老一辈科学家的成就、贡献、经历和品格，青少年可以更真实地了解科学家、了解科技活动，进而充分激发对科学家职业的浓厚兴趣。

借此机会，向所有接受采集的老科学家及其亲属朋友，向参与采集工程的工作人员和单位，表示衷心感谢。真诚希望这套丛书能够得到学术界的认可和读者的喜爱，希望采集工程能够得到更广泛的关注和支持。我期待并相信，随着时间的流逝，采集工程的成果将以更加丰富多样的形式呈现给社会公众，采集工程的意义也将越来越彰显于天下。

是为序。

总序二

中国科学院院长 白春礼

由国家科教领导小组直接启动，中国科学技术协会和中国科学院等12个部门和单位共同组织实施的老科学家学术成长资料采集工程，是国务院交办的一项重要任务，也是中国科技界的一件大事。值此采集工程传记丛书出版之际，我向采集工程的顺利实施表示热烈祝贺，向参与采集工程的老科学家和工作人员表示衷心感谢！

按照国务院批准实施的《老科学家学术成长资料采集工程实施方案》，开展这一工作的主要目的就是要通过录音录像、实物采集等多种方式，把反映老科学家学术成长历史的重要资料保存下来，丰富新中国科技发展的历史资料，推动形成新中国的学术传统，激发科技工作者的创新热情和创造活力，在全社会营造爱科学、学科学、用科学的良好氛围。通过实施采集工程，系统搜集、整理反映这些老科学家学术成长历程的关键事件、重要节点、学术传承关系等的各类文献、实物和音视频资料，并结合不同时期的社会发展和国际相关学科领域的发展背景加以梳理和研究，不仅有利于深入了解新中国科学发展的进程特别是老科学家所在学科的发展脉络，而且有利于发现老科学家成长成才中的关键人物、关键事件、关键因素，探索和把握高层次人才培养规律和创新人才成长规律，更有利于理清我国科技界学术传承脉络，深入了解我国科学传统的形成过程，在全社会范围内宣传弘扬老科学家的科学思想、卓越贡献和高尚品质，推动社会主义科学文化和创新文化建设。从这个意义上说，采集工程不仅是一项文化工程，更是一项严肃认真的学术建设工作。

中国科学院是科技事业的国家队，也是凝聚和团结广大院士的大家庭。早在1955年，中国科学院选举产生了第一批学部委员，1993年国务院决定中国科学院学部委员改称中国科学院院士。半个多世纪以来，从学部委员到院士，经历了一个艰难的制度化进程，在我国科学事业发展史上书写了浓墨重彩的一笔。在目前已接受采集的老科学家中，有很大一部分即是上个世纪80、90年代当选的中国科学院学部委员、院士，其中既有学科领域的奠基人和开拓者，也有作出过重大科学成就的著名科学家，更有毕生在专门学科领域默默耕耘的一流学者。作为声誉卓著的学术带头人，他们以发展科技、服务国家、造福人民为己任，求真务实、开拓创新，为我国经济建设、社会发展、科技进步和国家安全作出了重要贡献；作为杰出的科学教育家，他们着力培养、大力提携青年人才，在弘扬科学精神、倡树科学理念方面书写了可歌可泣的光辉篇章。他们的学术成就和成长经历既是新中国科技发展的一个缩影，也是国家和社会的宝贵财富。通过采集工程为老科学家树碑立传，不仅对老科学家们的成就和贡献是一份肯定和安慰，也使我们多年的夙愿得偿！

鲁迅说过，"跨过那站着的前人"。过去的辉煌历史是老一辈科学家铸就的，新的历史篇章需要我们来谱写。衷心希望广大科技工作者能够通过"采集工程"的这套老科学家传记丛书和院士丛书等类似著作，深入具体地了解和学习老一辈科学家学术成长历程中的感人事迹和优秀品质；继承和弘扬老一辈科学家求真务实、勇于创新的科学精神，不畏艰险、勇攀高峰的探索精神，团结协作、淡泊名利的团队精神，报效祖国、服务社会的奉献精神，在推动科技发展和创新型国家建设的广阔道路上取得更辉煌的成绩。

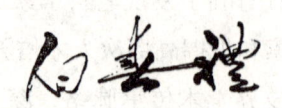

总序三

中国工程院院长 周 济

由中国科协联合相关部门共同组织实施的老科学家学术成长资料采集工程，是一项经国务院批准开展的弘扬老一辈科技专家崇高精神、加强科学道德建设的重要工作，也是我国科技界的共同责任。中国工程院作为采集工程领导小组的成员单位，能够直接参与此项工作，深感责任重大、意义非凡。

在新的历史时期，科学技术作为第一生产力，已经日益成为经济社会发展的主要驱动力。科技工作者作为先进生产力的开拓者和先进文化的传播者，在推动科学技术进步和科技事业发展方面发挥着关键的决定的作用。

新中国成立以来，特别是改革开放30多年来，我们国家的工程科技取得了伟大的历史性成就，为祖国的现代化事业作出了巨大的历史性贡献。两弹一星、三峡工程、高速铁路、载人航天、杂交水稻、载人深潜、超级计算机……一项项重大工程为社会主义事业的蓬勃发展和祖国富强书写了浓墨重彩的篇章。

这些伟大的重大工程成就，凝聚和倾注了以钱学森、朱光亚、周光召、侯祥麟、袁隆平等为代表的一代又一代科技专家们的心血和智慧。他们克服重重困难，攻克无数技术难关，潜心开展科技研究，致力推动创新发展，为实现我国工程科技水平大幅提升和国家综合实力显著增强作出了杰出贡献。他们热爱祖国，忠于人民，自觉把个人事业融入到国家建设大局之中，为实现国家富强而不断奋斗；他们求真务实，勇于创新，用科技为中华民族的伟大复兴铸就了辉煌；他们治学严谨，鞠躬尽瘁，具有崇高的科学精神和科学道德，是我们后代学习的楷模。科学家们的一生是一本珍贵的教科书，他们坚定的理想信念和淡泊名利的崇高品格是中华民族自强不息精神的宝贵财富，永远值得后人铭记和敬仰。

通过实施采集工程，把反映老科学家学术成长经历的重要文字资料、实物资料和音像资料保存下来，把他们卓越的技术成就和可贵的精神品质记录下来，并编辑出版他们的学术传记，对于进一步宣传他们为我国科技发展和民族进步作出的不朽功勋，引导青年科技工作者学习继承他们的可贵精神和优秀品质，不断攀登世界科技高峰，推动在全社会弘扬科学精神，营造爱科学、讲科学、学科学、用科学的良好氛围，无疑有着十分重要的意义。

中国工程院是我国工程科技界的最高荣誉性、咨询性学术机构，集中了一大批成就卓著、德高望重的老科技专家。以各种形式把他们的学术成长经历留存下来，为后人提供启迪，为社会提供借鉴，为共和国的科技发展留下一份珍贵资料。这是我们的愿望和责任，也是科技界和全社会的共同期待。

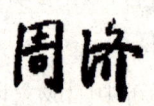

周济

韩济生

采集小组陪同韩济生（中）重返母校浙江省杭州高级中学
（右一韩松平，左一张嵘。2013年7月19日）

"韩济生学术成长资料采集"实物展
（右起：方伟岗、张藜、韩济生、王春法、万有、张嵘。2013年4月）

序一　漫谈人生

不知不觉中我已走过九十个春秋，回顾漫长的人生历程，既有"抗战""文革"之苦，也有改革开放、港澳回归之甜。试图从老照片、旧师友中找寻人生之真谛，是一种享受。

童年·小学·中学·大学

我于1928年出生在浙江萧山县的一个开业医生家庭。家父从外国传教士那里学得一点医学知识，行医谋生。他总希望自己的儿子长大能正经地学医，有更大的本事普济众生，乃起"济生"之名，其中显然饱含着对美好未来的无限憧憬。

1937年，日本帝国主义悍然发动侵华战争。敌机扔下的炸弹在萧山宁静的街道和白墙黑瓦的江南民居中爆炸。惨死同胞的鲜血在一个九岁男孩的心灵中刻下痛苦的记忆，并在小小年纪开始了"逃难"的生涯。不久，家母在逃难中得了胆囊急症，不治身亡。我十一岁半那年，怀着对日本鬼子的仇恨，怀着对离别了两年的家人的日夜思念，憋着一股争强好胜之心，从兰溪游埠小学毕业，结束了我的童年。

由于日本鬼子的侵袭，我的中学生涯被分割为四段，每段一年半。初中前一半在金华中学，后一半在金华中学搬迁至缙云（山区）的中学上学。高中前一年半在衢州中学，后一半回到杭州高中，其间还不得不因学校停课而辍学一年。"抗战"的苦难换来了胜利的喜悦。1947年秋我从杭州高中毕业了。但在高考的选校中思想上发生了重大冲突。鉴于家境贫困，最好是报考轻工科目（学制四年）的学校，早日谋生；但念及父母为我取名"济生"的初衷，又想报考医学院（学制六年）以了夙愿。张榜的结果是：同时被浙江大学化工系、上海交通大学纺织系和上海医学院医疗系三个学校录取。我违背了很多亲属的劝告，执意选择了学医的道路（由于考试成绩列于前四名，可享受奖学金，因此不增加家庭负担）。这是我一生第一个选择，看来也是正确的选择。

从医学到生理学

在上海医学院（上医）学习的五年（1947—1952年）给我留下了美好的回忆，这是一生中知识积累最高效的五年。我们班是上医空前的班级，出了四名院士（沈自尹、吴新智、曾毅和我），这与上医优秀的教学质量密不可分。在上医附属中山医院实习的八个月中我暗暗立下做一名外科医生的愿望，也获得了外科医护人员和领导的首肯。但由于当时国家需要创建很多医学院，急需大量基础医学师资，因此我们全班被指定只能在基础医学（而不是临床医学）科目中选择就业志愿。我选择了生理和药理，这是我一生中第二个选择。最后被批准到大连医学院生理教研室吴襄教授主办的生理高级师资进修班学习，因此我在上海医学院接受医学教育的第六学年（1952—1953）是在大连度过的。

1953年面临第二次分配，在"回上海"和"服从祖国需要不作任何选择"两者之间我选择了后者。这是我人生中第三个重大选择，其结果是被分配到比大连更北的北国——哈尔滨医科大学（简称哈医大）。实际上我事后得知，哈医大校长季钟朴教授已与吴襄老师联系，要一名生理学师资。因此，即使我当时选择了回南方，结果也是会去冰天雪地的哈尔滨的。

我的三位恩师

从1952年离开上海，短短十年中我经历了五次调动，1952年到大连，

1953年到哈尔滨，1956年到北京卫生干部进修学院，1961年到北京中医学院，1962年到北京医学院。这样频繁的调动，并不是出于我的选择，而是反映出新中国成立初期医学教育建设的急迫性。从好的一面来说，锻炼了我从头建设生理实验室的能力；从另一方面来说，肯定影响了自己业务上的成长。有意思的是，服从组织调动已成为那一代公民的天职。因而除服从以外，从未有过独立设计自己未来的思考。这与当今毕业生求职时的"双向选择"形成了鲜明的对照。

值得庆幸的是，从1952年到1962年这十年间，我先后师从三位生理学家。这是一生难得的机会和经历。

吴襄教授是大连医学院生理高师班的导师。吴老师非常重视教学工作，他思路十分清晰，讲课逻辑性强，写文章如行云流水，环环相扣，顺理成章，令我钦佩不已，是我从事生理教学的启蒙老师。季钟朴教授当时是哈医大校长兼生理系主任，他是一位严谨的生理学教师，受师生拥护的医科大学校长，具有高度献身精神和远见卓识的卫生科教事业领导人（曾任卫生部科教司司长），狠抓中西医结合研究工作的战略医学家（中医研究院院长），一名清廉正直的学者式干部。从1953年第一次见面到2002年季老师去世，半个世纪的交往中，我深深地被他的人格魅力所折服。

1962年为执行党的"为专家配助手"的政策，我被调到北京医学院生理教研室作王志均教授的助手。王先生是中外著名的消化生理学家，他高屋建瓴地给我布置科研任务，要我从中枢神经系统出发来研究消化功能的调节，不懂的技术就要从头学。这里可以看出王先生跳出消化看消化的思路，晚年决定重点研究消化的中枢控制，确是极具战略眼光的科研部署。在教学上，王先生一贯强调启发式教育。常通过一些生动的故事激发学生对科学的兴趣，并在《生理科学进展》上进行连载，影响了我国生命科学界几代人。

我确实很幸运，大学毕业后遇到了三位好老师：吴先生主要教我如何做好教学工作；王先生主要教我如何进行科研工作；季老师则以他一生兢兢业业奉献给中国医学教育和科技事业（特别是中西医结合的科研工作）的献身精神，教给我怎样做人。我的一生有一点点成绩，都要归功于三位老师的栽培!

投身针麻原理研究，献身疼痛医学事业

无论是跟随季老师做血液生理研究，或跟随王先生做消化生理研究，都只持续了两三年，因工作调动而转变了方向。真正决定我一生科研方向的是1965年9月北京医学院党委副书记彭瑞驄教授找我的一次谈话，他传达了周恩来总理通过卫生部钱信忠部长下达的指示，要抽调人力研究"针刺麻醉"的原理。我当时的心情是复杂的：首先，我对"针刺麻醉"一无所知（当时"针刺麻醉"处于半保密状态），要离开王志均先生这样著名的消化生理权威的树荫，去独闯一个不摸深浅的新领域，肯定困难重重，前途未卜。但另一方面，"养兵千日，用兵一时"。国家培养我作生理学工作者已经十二年，算来超过了四个千日，现在下达了明确任务，安能拒之而不受？经过思考，我终于下了决心，接受任务。这个选择是在领导安排与个人选择相结合后作出的。但当时绝没有想到，这一锤竟定了终身，一干就是五十余年！

我常想，科研工作者最好是在没有思想负担的情况下作研究。我迈入针刺麻醉领域时，对针刺能否产生"麻醉"的作用半信半疑。为了说服自己全身心投入针麻研究，我对自己说，研究结果如果证明有效，那是最好不过；如果证明无效也不是我的过错。经过四十年的潜心研究，针刺能产生镇痛作用已经被无数动物实验和临床试验所证明。我热爱针刺研究，但绝不想用对针刺效果的高度期望来左右现实。正如我1979年第一次访问美国时，到斯坦福大学去见美国科学院院士药理学家哥德斯坦（A. Goldstein）教授，对于他直截了当地提问"你对针刺效果总的看法如何"，我所做的回答是："这是一个如何从人们的过高期望值中把真正的事实解剖出来的问题"（见 Goldstein 发表于 *Pharmacol Rev.* 的自传体文章）。

七十年代初期，在多数科研领域万马齐喑的背景下，针麻研究一枝独秀，在国内国际发表论文，进行国际交流。在此过程中，我接触到疼痛医学国际潮流，自然萌发了组织疼痛学会的意向。1989年我和疼痛学界同道成立"中华疼痛学会"（国际疼痛学会中国分会），其后转变为"中华医学

会疼痛学分会"。1995 年,《中国疼痛医学杂志》创刊。面对社会需要,在疼痛学会的号召下,2007 年 7 月 16 日,卫生部签发 227 号文件,在《医疗机构诊疗科目名录》中增加一级诊疗科目"疼痛科",至此一个新的诊疗科目"疼痛科"宣告诞生！国际疼痛学会（International Association for the Study of Pain,IASP）主席延森（T. Jensen）博士发来贺电,认为"在这一方面,中国可以成为其他国家的榜样,在全世界推进疼痛医学的发展"。我也从一个医学研究者的角度为社会医疗变革起到了一些推动作用。

转化医学研究：镇痛·戒毒·孤独症·不孕症

八十年代末,王志均教授曾语重心长地批评我说:"济生,你发表了那么多论文,对临床实际究竟有多少帮助？对提高针刺疗效究竟起了多大作用？"这当头棒喝使我如梦初醒,对啊！既然初步了解了针刺止痛原理,初步掌握了电针参数的基本规律,为什么不优选最佳参数制造一种仪器供临床医师选用？在王先生的鞭策下,我和北京航空航天大学的高级电子工程师刘亦鸣教授切磋技艺,立即行动,制造出科学、有效、易用的电针仪,定名为"韩氏神经穴位刺激仪"（Han's Acupoint Nerve Stimulator, HANS）,中文简称"韩氏仪"。"韩氏仪"的发明加速了临床科研,国家也投入大量经费验证其临床疗效,如连续两次牵头的"针刺麻醉'973'项目"和卫生部行业基金关于生殖医学与孤独症的研究。相信不久的将来,韩氏仪将进入麻醉科、生殖医学中心、孤独症机构,为临床医生解决更多实际问题。在社会工作上,中国疼痛医学的发展使我倾注了大量心血,多次向卫生部申请成立"疼痛科"终获成功。我本人也被选为中华医学会疼痛学分会的终身名誉主委,以及中国医师协会疼痛科医师分会的终身名誉主委,并被国际疼痛学会授予荣誉会员称号（全世界共有三十五位,当今中国唯一的一位）。

促进国际交流·传播针刺原理

我没有到国外长期留学的经历,只有 1979—1980 年去瑞典乌普萨拉大学（Uppsala University）进行过短期进修。我并不是没有机会出国长期工作,这是我自己做出的选择,因为:第一,我在国内已经有一个针麻原理研究团体,我舍不得放弃这个集体;第二,我相信选送比我年轻的学生、同事们出国,他们会带回来更大收获。由于上医学习时良好的英文基础与后面多年的勤奋学习,我用英语交流和写作都无障碍,这为我们的科研成果在国际学术平台交流、传播起到了重要作用。至今,我已访问过二十七个国家和地区,做过大小二百多场学术报告,印象深刻的出国经历有三次。

1979年第一次出国访美,因为机票原因而滞留旧金山。中国领事馆介绍我暂居一位侨领"谢伯"家。谢伯了解到我是从事针刺原理研究的,喜出望外,问我是否能给旧金山(大埠)地区的针灸医师做一次学术演讲,我心想这有何难,欣然允诺。殊不知语言问题引发了困难。该地区针灸医师都讲粤语,不讲普通话,也不熟英语。而我恰好相反,能讲普通话和英语,不懂粤语。情急之下,谢伯找了一位懂英语和粤语(不懂普通话)的华侨,解决了问题,把我讲的英语译成粤语。此情此景之下,普通话竟成了被冷落的第三者!听众听完报告热情迸发,说"请把你的论文留下,我们要把你的论文精装保存,以后如果还有人说针灸不科学,我们就用你的论文给以反击"。一双双热泪盈眶的眼睛,一次次温暖热情的握手,点燃了我内心的自豪感。

第二次印象深刻的是1997年,针刺热在美国愈烧愈烈,但美国国立卫生研究院(NIH)对针刺是否科学、是否有效还是下不了定论。遂于1997年11月3—5日在NIH总部召开有关针刺疗法的听证会(consensus conference on acupuncture),邀请医学界和社会各界(包括议员、律师和平民等)一千余人参加。大会报告分两类:一类是有关针刺的历史、法律地位等社会学问题;一类是有关科学问题。我被列为第二类中的第一个报告人(题目是"针刺镇痛的内啡肽机理"),后面还有来自上海医科大学的学者关于针刺促排卵和改善呕吐的两个报告。听证会取得了突破性成果,从此,美国政府和医学界承认了针刺疗法的有效性,并得到广泛应用,保险公司也愿意支付针灸疗法相关费用。

还有一次印象深刻的是2004年,"国际麻醉研究学会(INRC)"在日本京都召开,我作为"学会奠基人"身份受邀作主题演讲,我以"针刺原理研究四十年"为题介绍了北大神科所的部分科研成果。演讲前夜我思绪万千,久久不能平静:1937年难民群中一个九岁儿童,历经千辛万苦,盼得抗战胜利,还我河山;直到一个七十六岁学者站在日本古都一个大会讲坛上讲述中国针刺研究故事。这难道不是标志着中国国际地位天翻地覆的变化吗?!!

进修生·研究生·博士后

我的一生如果有一点成绩,除了老师的栽培,领导的大力支持,最重要的是同事和学生们的帮助和通力合作。"北京医科大学基础部针麻原理研究组"是我们1973年最初被允许向国外发表论文时的署名单位,一直持续到1977年,没有出现个人的姓名。实际上,实验室1965年起家时主要是三个人,我带着汤健和周仲福一起干,还动员了基础部多个教研室的许多教员和技术人员共同战斗。到七十年代,卫生部给我们下达举办"针麻研究进修班"的任务,既培养了科研人才,也增加了我们的科研力量,最多时一年招收十二人。二十世纪八十年代开始出国潮,进修班的形式渐趋式微,代之而起的是招收研究生。我从1978年开始招收第一届硕士研究生,1981年开始招收首届博士生,至今已毕业硕士四十五名,博士一百一十一名,出站博士后二十六名,培养进修生(一般为期一年)一百〇八名。研究生成了名副其实的科研主力军。有人说我太宠爱研究生,这我承认。没有研究生的努力,就没有北京医科大学神经科学研究所的今天。研究生、博士后、进修生优秀的素质和默契,配合每周午餐会、半月书面汇报等制度,这个集体在求索、奉献、严谨、团结的氛围中欢快地运转。

秀媛·松平·一虹

我和朱秀媛相识是在上海医学院,1947年我考入医学系,1950年她考入药学系。我们两人有很多共同的习惯和兴趣,可能由于家庭背景有很多相似之处:父亲都是从基督教会办的医院中训练出来的医生,都是基督教家庭,都有很多兄弟姐妹。我们认识了半年多,1952年暑假后,我就离开上海到大连医学院去参加生理高级师资进修班了，1953年又分配到更北边的哈尔滨工作，1954年，她从上海医学院毕业后，被分配到哈尔滨医科大学药理系，我们分到了一间九平方米的房子，简朴的婚礼就在这里举行。那时我教生理，她教药理。我遇到化学方面的问题（什么共价键啊，电子云啊……）就去问她，她遇到解剖上的问题（什么视上核啊，背根神经节啊……）就问我，成了学业上的互助组。用今天的时髦话，是优势互补。人忙碌一辈子，到头来回眸一望，总想看看究竟做出了什么成绩？无巧不成书，我和秀媛都从上海医学院毕业，我的专业是生理，专攻神经生理，最后集中到针灸止痛原理；她的专业是药理，专攻药物代谢，最后集中到天然麝香的药理。再进一步，我和同事们根据电针作用原理设计制造了"韩氏仪"，可用于止痛、戒毒和其他疾病（包括孤独症、抑郁症、不孕症等）；她和她的同事们根据天然麝香的成分和药理，研制出人工麝香，可以代替天然麝香，保护了濒危动物，满足了麝香处方的需要。1997年，她和她的同事们获得了中医药科技进步奖一等奖，开始有了产品和经济效益；2015年又获得了国家科技进步奖一等奖。我的"韩氏仪"用于戒毒的专利虽也获得了部委科技进步奖一等奖，并开始了工业化生产，但是产业化的道路刚刚开始。且不说我做饭不如她，从事科研的实际效益也不如她。相比之下，不得不承认"谁说女子不如儿男"！

我们很幸运，育有一子一女，可以有一个比较完全的人生体验。回想起来，如果要比较养儿子和养女儿所耗费精力之比，我看不是一两倍，而是一两个数量级，这大概是我儿时淘气的基因到了下一代得到了发扬光大。松平赶上下乡热潮，从农村劳动回来后在北京一个中学教书，妈妈在家里为他开辟了一个角落，使他一回家就有一个读书的氛围。松平也很努力，在1977年第一次大学公开招生时，就考入了北京医科大学基础医学系，圆了一个大学梦。女儿比她哥哥晚上两年学，没有赶上下乡，因此，1978年中学毕业后，就顺利地考入北京医科大学医疗系。松平和一虹从北京医科大学毕业后，都在国内工作了两年，然后分别到美国圣路易大学和弗吉尼亚大学读博士，选的都是药理学专业，作为父亲，我也非常欣慰。非常高兴的是，松平于2011年底回国，协助我带研究生，继续开展针刺转化医学研究，并于 2013 年入选"北京市海外高层人才"和"北京市特聘专家"，继续为国家贡献力量。

结　语

我对教学和科研都很有兴趣，另一方面我也认识到理应做一些社会工作（例如疼痛学会和神经科学学会工作），把自己得到的知识向社会回馈，可是在时间这个常数下，以上三件事往往发生矛盾。我自知天赋不高，只能借助勤奋；每念人生有涯，唯求后继有人。"采菊东篱下，悠然见南山"式的悠闲生活肯定是与我无缘了。"老骥伏枥，壮心不已"式的悲壮情怀也与我不相匹配。在头脑尚能正常运转的情况下，继续与青年学子和青年医师、特别是疼痛科医师作忘年之交，分享科研和转化医学道路上的苦与乐，是我真正的愿望。

韩济生

2018 年 1 月

序二　我的父亲韩济生

2012年中国科协、教育部启动韩济生院士学术成长过程，作为他的儿子，我非常高兴成为此次工程中的志愿者。我是这个世界上最了解父亲的几个人之一，在采集的过程中不仅通过口述访谈重温父亲对我们子女的教导，在实物整理过程中温馨地回忆起父亲几十年的努力工作的痕迹，还不断地发现父亲为人，处事，思想深处的东西。我在此项工程中的任务是实物采集，实地考察与拍照。因为我回国后的一年多住在父母家里，因此，对于父亲的书房，资料摆放都很熟悉，由于同样是西医学校毕业并且从事医学科学研究三十多年，对于专业上的事也非常熟悉，因此，利用特殊身份，我最大限度地采集到了他的学术成长资料，同时也把我美国家中父亲写给我的信进行了梳理，真没想到父亲写给自己的信也会变成珍贵的历史资料。由于学校给我们设立了展厅，我们用汽车把一箱箱的资料运了过去，丰富与完整程度连我自己都惊叹，父亲实在是太善于整理与收藏，多年的几百篇论文资料装订成册，一篇都不少，还有那么多中外报道与发了黄的手稿，再一次让我意识到父亲的独特之处。由于我现在从事的工作与父亲的事业有很多交叉，因此，经常会陪他一起出差，有些地方正好是我们需要实地考察的城市，也就顺便采集了。

根据自己的感受，我总结了父亲的三十三条特点：

1. 刻苦努力

（1）惜时如金，一点一滴用于工作，一天当两天用。几十年如一日，持之以恒。

（2）锻炼身体，坚持每日晨操晚练，不偷懒，不放松。

（3）节约成性，痛恶浪费。

2. 专注和坚持

（1）全身心投入教学科研，不为金钱、利益所动摇。

（2）工作重点突出，主次分明，科研主线明确，不轻易改变课题。

（3）认定目标，深入探索。不随波逐流，不轻易改变方向。

3. 开创精神

（1）开创国际关系，敢与世界一流科学家展开讨论、合作、交朋友。

（2）思维有前瞻性，敢为人先，领先潮流。敢于冒险做别人没有碰过的高难课题。

4. 团队精神

（1）能组织一个团结一致、拼命干活、一丝不苟、有荣誉感、高标准、严要求的团队共同奋斗，善于发挥团队成员积极性，鼓励大家活跃思路，提出想法和思路。

（2）在严格要求学生努力工作的同时，力求培养出全面发展、思路宽阔、有独立见解、有全面科研素质的一流科学家，不把学生培养成只会单一技术的实验室工具。

（3）培养人才，爱惜人才。为每个学生安排好出路和前途，解除学生的后顾之忧。

5. 酷爱科学

（1）对科学研究和新鲜事物有一种近乎偏执的激情，有了好想法和思路，兴奋之情溢于言表，手舞足蹈，声音都会高八度。

（2）时刻关注科学界的新进展，能够敏锐捕捉能与自己科研相联系的新技术、新思路、新动向，为我所用。

（3）不断学习新理论、新概念、新方法，充实自己。活到老学到老（临床试验，转化医学）。

（4）边学边干，一专多能。力求掌握电生理、蛋白分离提纯、免疫组化、细胞和分子生物学、电子医疗器械生产、医学统计等方面的要点和关键技术。

（5）他有选择性记忆，生活中的琐碎事情总也记不住，而对科学上的重要发现以及中外科学家的名字却过目不忘。

6. 勤思考，善总结

（1）深入思考，善于用制图和数学方法来总结、表述科研结果，认为有助于深度发掘事物的本质和内在规律。

（2）及时整理资料，每年出版研究所论文集，每十年出版一部针刺原理英文论文集。

（3）编写《神经科学》教科书系列，及时修订，已出版3版。

7. 决策果断，不怕失败

（1）说干就干，不浪费时间，不错过机会（CCK，孤啡肽）。

（2）"工欲善其事，必先利其器。"在科研关键设备、试剂、软件等方面的投入，不惜工本（从国外自购统计软件、仪器关键部件等带回国）。

（3）在有限的条件下，创造条件，取得成功（立体定位议，幅射热源）。

8. 科学态度严谨

（1）一丝不苟，不耻下问，打破砂锅问到底，反对不懂装懂。

（2）实事求是：不讲假话，不拔高成果，不随意贬低（针刺麻醉与针刺辅助麻醉）。

（3）遇见挫折敢于承担责任；出了问题能自我批评。分析原因，纠正错误，继续前进。

（4）他对数字敏感，在讲述一件事情的时候，往往不满足于含糊的定性描述，而喜欢更精准的定量描述。

9. 本着良心做人

（1）讲道德，树正气，严作风，创建同心同德的好风气。

（2）敢于批评，维护真理，不怕得罪人，维护科学的严肃性。

（3）遇到矛盾及时交流，适当沟通，以理服人，不搞阴谋诡计。

（4）为了取得最好的讲课效果，连学生的注意力能够持续多久，何时需要开个玩笑放松一下都事先想好。每一页密密麻麻的备课笔记都记载着成功背后的努力和汗水。

（5）在进行深入细致科研工作的同时，不忘大局，引领和推动学科建设（参与创建中国疼痛学会、神经科学会，二级医院建立疼痛科）。

10. 个人魅力

（1）思维敏捷，英文流利，写作功底好，表达能力强，追求完美。

（2）对学生和同事既关爱，又严格要求。

（3）赏罚分明，多数时间以鼓励为主，有时不惜严厉批评。

11. 最大缺点

（1）脾气急躁，会因不耐烦突然变脸而伤人。

（2）挂电话太快，言犹未尽，令人失落。

（3）边走路边思维，好似目中无人。

2018年7月份我父亲就满九十岁了，仍然主持和参与科研项目，指导研究生。纵观他的学术生涯，我觉得他能够成为业内的佼佼者，除了先天因素之外，对科学研究的热爱、执着和勤奋是他成功的最重要因素。能够进入北大医学这个医学研究的最高学府，每一个科学家都有着过人的天赋和勤奋。如何使用自己的天赋和勤奋，决定了一个人的成就。他身上体现出来的这些特点，就是他如何使用自己天赋和勤奋的最好诠释，我认为这是成为出色科学家的最佳配方。当然，这不是使用天赋和勤奋的唯一"最佳配方"。能够努力做到这些的人，即使不能成为出色的科学家，也一定会成为业内的佼佼者。把天赋和勤奋用在其他地方，就可能造就出优秀医护人员、杰出行政领导、成功企业家，或者其他方面的领军人物。

韩松平

2018年6月

目 录

老科学家学术成长资料采集工程简介

总序一 ………………………………………………………… 韩启德

总序二 ………………………………………………………… 白春礼

总序三 ………………………………………………………… 周　济

序一　漫谈人生 ……………………………………………… 韩济生

序二　我的父亲韩济生 ……………………………………… 韩松平

导　言 …………………………………………………………… 1

| 第一章 | 开业医生的儿子 …………………………………… 7

　　水乡人家 ……………………………………………………… 8
　　"济生" ……………………………………………………… 10
　　国仇家恨 …………………………………………………… 12

辗转求学 …………………………………………… 14
　　杭高绅士 …………………………………………… 17

第二章 求学上医 …………………………………… 22

　　"赖"到了上医 ……………………………………… 22
　　正谊明道 …………………………………………… 25
　　学在上医 …………………………………………… 28
　　防治血吸虫病 ……………………………………… 32
　　与外科擦肩而过 …………………………………… 35

第三章 生理学之路 ………………………………… 41

　　生理教学启蒙老师 ………………………………… 42
　　巴普洛夫、上帝和爱情 …………………………… 45
　　从量血压到第一个科研 …………………………… 48
　　北国遇伯乐 ………………………………………… 54
　　劳动中的思考 ……………………………………… 59
　　留在北京 …………………………………………… 63
　　神经科学的引路人 ………………………………… 66

第四章 投身针麻原理研究 ………………………… 70

　　一个特殊的任务 …………………………………… 70
　　"是什么"和"为什么" …………………………… 74
　　下乡去 ……………………………………………… 78
　　针灸外交 …………………………………………… 83

第五章 重返针麻研究 ……………………………… 92

　　兵分三路，独辟蹊径 ……………………………… 92

从人体观察到动物实验 ·· 95
　　顺利的开端 ··· 100
　　物极必反：针刺耐受现象 ··· 102

| 第六章 | 跨出国门 ·· 105

　　第一次跨出国门 ·· 105
　　意外收获的国际友谊 ·· 109
　　请把你的论文留下 ·· 112
　　带着样本出国进修 ·· 114
　　一个人的圣诞节 ·· 119
　　进展与归期 ··· 121
　　回国后的阿片肽实验 ·· 126

| 第七章 | 在坚守中前行 ···130

　　旧现象的新解释 ·· 130
　　针刺耐受的新进展 ·· 133
　　一个提问引发的接力赛 ·· 136
　　宝岛情缘 ··· 138
　　美国针刺疗法听证会 ·· 144
　　站在日本古都的大会讲坛上 ··· 147
　　让世界认识中国 ·· 148

| 第八章 | 神经科学与疼痛医学学科建设 ·······················156

　　从签到簿到神经科学学会 ··· 156
　　创办中华疼痛学会 ·· 160
　　疼痛学刊物与蓝本 ·· 163
　　成立中法疼痛诊疗中心 ·· 165

目　录　III

最好的生日礼物：设立疼痛科 ············ 167

第九章 │ 针刺转化医学历程 ············ 177

韩氏仪的诞生 ············ 177
当"知识"遭遇"经济" ············ 182
矢志戒毒事业 ············ 185
戒毒不复吸奖 ············ 189
开创新天地 ············ 196
电针仪国际标准的制定 ············ 199

第十章 │ 传道解惑 ············ 206

学术午餐会 ············ 206
半月汇报记录本 ············ 209
年轻人要出去看看 ············ 212
家书贺卡 ············ 215
为师之范 ············ 219

第十一章 │ 华枝春满 ············ 226

乐善不倦 ············ 226
相濡以沫 ············ 231
言传身教 ············ 237
事事关心 ············ 243
没有业余的爱好 ············ 250

结 语 ············ 254

附录一　韩济生年表 ············ 263

附录二　韩济生主要论著目录 …………………………………… 296

参考文献 ……………………………………………………………… 330

后　记 ………………………………………………………………… 335

图片目录

图 1-1	父亲韩松林和母亲韩单氏	9
图 1-2	韩济生小学毕业照	15
图 1-3	初中时代的韩济生	16
图 1-4	高中时代的韩济生	18
图 1-5	韩济生的杭高毕业照	19
图 1-6	杭高同学皮述中给韩济生写的小传	20
图 2-1	大学入学考试后疲惫的韩济生与家人合影	23
图 2-2	韩济生全家福	24
图 2-3	韩济生在上医宿舍学习	28
图 2-4	韩济生在嘉定防治血吸虫骑马执行任务	33
图 2-5	韩济生领导的任屯村血吸虫防治小组五人	34
图 2-6	韩济生在上海医学院附属中山医院实习	36
图 2-7	47 级上医学生毕业照	37
图 2-8	上医 1953 届四位院士在中科院第十二次院士大会合影	40
图 3-1	卫生部高级师资进修班大连医学院进修生结业合影	42
图 3-2	韩济生在松花江太阳岛过团日活动	48
图 3-3	二联球测血压法	52
图 3-4	韩济生所作电子血压计与水银检压计比较图	53
图 3-5	韩济生题词纪念六十年后重新探究血压测量问题	54
图 3-6	韩济生夫妇看望季钟朴老师和师母	55
图 3-7	韩济生在位于北京天坛的家中工作	56
图 3-8	韩济生在十三陵水库留念	60
图 3-9	韩济生庆祝王志均老师从教六十周年	66
图 4-1	针刺合谷穴引起的痛阈变化	77
图 5-1	北医针麻原理研究组初创时期	95

图 5-2	韩济生指导进修学员做家兔针刺镇痛实验	96
图 5-3	韩济生与进修学员讨论实验设计	96
图 5-4	韩济生做兔脑立体定位手术	96
图 5-5	韩济生与实验室同事及进修生	97
图 5-6	北京医学院针麻原理研究进修班结业留念	98
图 5-7	《中枢神经介质概论》	100
图 6-1	韩济生在美国鳕鱼角参加国际麻醉研究学会年会	107
图 6-2	韩济生与美国斯坦福大学哥德斯坦教授	109
图 6-3	韩济生在旧金山为华人做报告	113
图 6-4	韩济生在雪地上骑车去实验室	115
图 6-5	韩济生在瑞典乌普萨拉实验室吃自带的饭	115
图 6-6	韩济生在瑞典乌普萨拉的高压液相实验室	116
图 6-7	韩济生在瑞典马尔摩访问瑞典科学家奥赫曼	122
图 6-8	北京医学院与瑞典卡罗林斯卡学院神经生物学讲座	127
图 7-1	电针镇痛的"频率特异性"示意图	132
图 7-2	《生理科学进展》编辑部合影	134
图 7-3	中国针灸学会针麻研究会成立大会暨学术交流会留念	135
图 7-4	针刺镇痛中枢神经通路示意图	137
图 7-5	韩济生夫妇在台北会见李镇源教授	139
图 7-6	韩济生夫妇第二次访台时在台北会见陈立夫先生	143
图 7-7	韩济生在美国国立卫生研究院"针刺疗法听证会"上作报告	145
图 7-8	韩济生在日本京都"国际麻醉药研究学会"上作"学会奠基人演讲"	148
图 7-9	针刺镇痛 SCI 文献的发表趋势	150
图 7-10	韩济生所著论文时间分布图	150
图 7-11	韩济生作为美国 NIH 学术代表团成员在伦敦皇家医师学院作报告	151
图 7-12	韩济生夫妇自制的新年贺卡	153
图 7-13	韩济生在加拿大蒙特利尔"第十三届国际疼痛大会"上做报告	154
图 7-14	美国针刺研究学会创始人、前任主委哈默施拉格为韩济生颁发首届"针刺研究终身成就奖"	154

图 7-15	韩济生获颁世界针灸学会联合会首届"天圣铜人"科技特殊贡献奖	155
图 8-1	韩济生主编的《神经科学纲要》出版	158
图 8-2	中华疼痛学会成立大会	162
图 8-3	《中国疼痛医学杂志》编辑部合影	163
图 8-4	中法疼痛治疗中心揭幕	165
图 8-5	中法疼痛治疗中心第十一届疼痛研讨学习班合影	167
图 8-6	卫生部发布关于增加疼痛科的通知	170
图 8-7	韩济生在中国疼痛周新闻发布会上宣读卫生部设立疼痛科文件	172
图 8-8	国际疼痛学会授予韩济生 IASP 终身荣誉委员	173
图 8-9	韩济生为南方科技大学成立疼痛医学中心题词并演讲	173
图 9-1	韩济生与第一代韩氏仪	181
图 9-2	第四代韩氏仪	181
图 9-3	韩济生在粤西戒毒研究中心用韩氏仪为戒毒人员治疗	190
图 9-4	韩济生在广东颁发戒毒不复吸奖	192
图 9-5	韩济生在北京参加戒毒科普活动	195
图 9-6	韩济生的针刺转化医学研究历程	199
图 9-7	第三次国际标准化组织中医药器材大会与韩国代表团合影	201
图 10-1	韩济生的首届博士生论文答辩	207
图 10-2	韩济生的博士研究生论文答辩	207
图 10-3	韩济生实验组午餐会场景	208
图 10-4	韩济生指导学生	211
图 10-5	韩济生夫妇自制的 2017 年新年贺卡	216
图 11-1	韩济生为京郊一所小学捐建图书室	227
图 11-2	韩济生夫妇为求索奉献奖继续注资	229
图 11-3	北京济生疼痛医学基金会成立	230
图 11-4	韩济生、朱秀媛在哈尔滨结婚	232
图 11-5	白薯叶在困难时期成为韩济生家的美味	233
图 11-6	韩济生将新出版的《针刺镇痛原理》作为献给妻子的千禧年礼物	235
图 11-7	韩济生夫妇在 CCTV-10《科学之春》现场合唱《雪绒花》	236

图 11-8　韩济生、朱秀媛喜庆钻石婚的圣诞贺卡 …………………… 236
图 11-9　韩济生全家福 …………………………………………………… 238
图 11-10　松平、一虹兄妹庆丰收 ……………………………………… 239
图 11-11　韩济生与女儿谈学习 ………………………………………… 240
图 11-12　韩济生鼓励一岁的外孙学步 ………………………………… 241
图 11-13　韩济生全家在北医百年庆典合影 …………………………… 242
图 11-14　校园里的石榴 ………………………………………………… 244
图 11-15　韩济生在"北医百年，有我五十"庆典上 ………………… 253
图结 -1　韩济生的论文被引趋势 ……………………………………… 261

导 言

传主简介

　　韩济生院士是我国著名的生理学家,我国疼痛学科创始人之一。他 1928 年生于浙江省萧山县（现为杭州市萧山区）城厢镇的一个开业医生家庭,1935 年就读萧山初小。1937 年抗日战争全面爆发,萧山受到日寇猛烈轰炸。韩济生离别父母,随亲戚转向浙西山区兰溪县,1940 年从兰溪高小毕业。在抗日烽火中,韩济生的中学生涯被分割成四段,分别就读于金华中学、缙云中学、衢州中学和杭州高中。1947 年,韩济生就读于上海医学院。1952 年,应国家创建、扩建医学院校需求,韩济生被分配至大连医学院生理系,后经历哈尔滨医科大学、卫生部卫生干部进修学院、北京中医学院,最终于 1962 年 10 月落定北京医学院生理教研室,从事生理学教学和消化系统生理学研究。

　　1965 年 9 月,卫生部钱信忠部长根据周总理指示向北医下达任务:研究针刺麻醉原理。身为讲师的韩济生接受任务,从此开始长达半个世纪针刺镇痛研究。韩济生借助生理生化、组织、药理和分子生物学等多学科的手段,从基因到整体水平阐明了针刺镇痛、戒毒的作用原理,以及针刺疗法治疗多种疾病的可能机制;研制出"韩氏穴位神经刺激仪"（HANS）,

从基础走向临床，牵头国家科技部针刺镇痛"973"项目，卫生部生殖医学行业基金等大型临床研究项目，使基础研究成果迅速转化。韩济生共发表了SCI论文四百余篇，主编了神经科学三部曲：《神经科学纲要》《神经科学原理》《神经科学》，以及《疼痛学》。他的研究成果获得国内外学术界广泛认可，获得国际疼痛研究会（IASP）终身荣誉委员、中华医学会疼痛学分会终身名誉主任委员，中国神经科学学会终身荣誉委员，获得省部级以上奖项二十余项，国家级三项、何梁何利奖、吴阶平医学奖、北大首届蔡元培奖等众多个人奖项，及国家自然科学奖、国家科技进步奖等集体奖项。1993年评为中国科学院院士（学部委员）。

韩济生创建了中国疼痛医学学会、北京神经科学学会、国际神经肽协会中国分会，并推动卫生部于2007年在国内二级以上医院成立疼痛科，创世界疼痛医学先河，使受慢性疼痛折磨患者有处就医。他走访了二十七个国家与地区，做了二百余场国际报告，将针刺镇痛原理传播到国外学术界与民间。1990年应邀与夫人朱秀媛女士访台，传播针刺镇痛与人工麝香研究成果，成为大陆首对直接访台的科学家伉俪。在1997年美国国立卫生研究院针刺听证会上第一个做大会报告，为针刺疗法进入美国社会打下基础。2010年又应邀参加第十三届世界疼痛大会上做大会报告，再次用扎实的研究结果阐述针刺镇痛的原理和医学应用。韩济生培养了博士研究生一百余人，博士后二十余人，进修生一百余人，教授过的青年学生数以万计，严谨治学的思想得到广泛传播。他将自己获得的各种奖金一百余万元悉数捐出，创立了京郊"希望小学图书馆""北医求索奉献奖""毒品不复吸奖""北京济生疼痛医学基金会"等多种慈善项目，使得"科学救国，回报社会"的精神理念得到升华。韩济生一直过着简单朴素的生活，忙碌在基础与临床研究，以及电针仪的制作与转化第一线，认真编写《ISO电针仪国际标准》，并和他的研究团队继续深入研究电针仪在更多医学领域中的应用价值。

采集过程

2012年5月，"北京大学韩济生院士学术成长资料采集"工作启动，成立了领导小组（成员为：人事处长朱树梅、科研处长沈如群、医学史研究中心主任张大庆、基础医学院副院长孙敏)和工作小组(成员为:韩济生助手张嵘、韩济生之子韩松平、宣传部徐璐、医学史研究中心陈琦),并取得了韩济生院士的信任和支持。

在领导小组的全力支持下,工作小组迅速展开工作。徐璐负责音视频采集。我们的高清视频采访了三次。第一次是对韩院士本人和其家人的系统访谈。第二次赶上北医百年校庆,学校为韩院士做了"北医百年,有我五十"大型庆典与学术交流。韩先生海外的子女、学生返校,留在国内各地非常有影响力的学生也济济一堂,实在是采访的好机会。因此,那一天我们记录了韩先生的庆典,连续采访了十五人,收集到大量素材。第三次是录制韩院士的科研、家庭生活、爱好与休闲,并对身边的秘书、同事和助手做视频访谈。当然,视频只是口述记录的一部分,赶上院士大会、学术委员年会和韩院士参加的各类学生教育,包括韩院士作"人生感悟"大报告的机会,我们也绝不错过。就这样,我们利用各种机会,事半功倍地完成了采访任务。

实物采集是一大力气活。六七十年的跨度留下太多的东西,我们组有两个幸运。第一个幸运是韩先生"什么都存,什么都整理"的好习惯为我们创造了太多便利,意味着工程已经成功了一多半。第二个幸运就是韩先生之子韩松平博士是我们采集小组成员,他既了解父亲的学术发展脉络与每一份资料的意义,帮我们很好地分类,整理;又是一个近乎专业的摄影师,给我们很多指导与帮助。由于采集实物丰富,有价值,我们组在中期预评中被作为典范,会议在北医召开。我们也把实物布置在全新的展厅里,与来自十五所高校的六十多个采集工作人员一起分享和交流。韩济生院士亲自布置实物并迎接八方来客,和他们亲切交谈,签字,合影留念,让大家既睹实物又见真人,纷纷感慨留言,收获良多。

实物编目、数字化,研究报告的写作,工作量十分繁重。依仗学校领导的大力支持,我们有了展厅,大量的实物有地方存放和展示;有了经费,我们聘请了秘书赵宇洋,每天整理实物、编目与数字化。韩先生资料之丰富,经过一年多的时间,终于全面收集各种实物1826件,并全部数字化,为后续研究人员提供丰富史料。

由于韩先生十分健康，采集人员安排合理，我们完整地采集到了众多珍贵资料，视频五十份，口述访谈三十七份，韩先生全面回忆自己从出生到近年的生平、求学、学术发展细节，采访其家人、朋友、同事、学术界朋友二十六人，获得大量关于韩先生的学术成就，工作态度，生活习惯等资料。实物收集成果显著，传记、著作、手稿、报道、书画、历代发明产品、捐赠品及获奖纪念品，数量达一千八百多件，其中传记六本，档案七十六件，手稿八十八件，信件八十八封，著作二十三部，论文九百八十二篇，报道二百五十二篇，体现了韩先生的学术发展规律，思想变化动态以及同行评价和媒体形象。为完整保存档案资料并更好地传播中国科学家成长经历，韩先生将采集到实物中的一千三百三十七件无偿捐赠给中国科协老科学家特藏馆。未来，所有资料将进驻中国科学家博物馆，面对全社会开放。

在收集到的传记性资料中，最有价值的是韩先生八十岁诞辰时出版的大型自传型资料《韩济生院士》，里面梳理了韩先生八十岁前所走过的人生历程；三位恩师回忆录；学术活动大事记，海外二百多场学术报告的时间、地点、题目，甚至主持人的姓名；所获奖项与发表论文条目；历届硕士生，博士生，博士后与进修人员名单与培养时间；各个学会，学科的创建发展史和四百多张珍贵历史照片，北京大学医学出版社提供了此部书的电子版，使采集小组欣喜若狂。此外，采集小组还进一步深挖韩先生私藏，找到大量珍贵的实物，如：韩济生十六岁自己刻的印章；中学毕业时同学相互编写的《敷文纪念文集》；1954年发表在《中华医学杂志》上的第一篇论文；1963年在北医协助王志均教授带的第一个研究生的毕业论文手稿；1990年作为大陆第一对科学家伉俪直接访台时媒体的报道、照片和手稿；1992年申报中国科学院学部委员的材料等等。这些宝贵的资料具有重要的意义。

撰写思路

关于韩济生的已有传记主要有《芳菲时节：韩济生院士与他的学生们》与《韩济生院士》，是其学生们分别在老师七十岁与八十岁诞辰编写的纪念文集。其中既有韩先生本人的回忆，又有学生们的亲身感受和发展，还有家人眼中的济生；既有学术开拓历程，又有学科建设沿革。另外，韩先生的母校上医出版了《正谊明道：上医院士如是说》，其中韩先生讲述了母校校风对自己的影响，回忆了印象深刻的几位教师，等等。此外，还有各时期媒体对韩济生的报道。这些资料丰富而生动，但仍存在一些遗憾：①片段化，不连续，主要着墨于韩济生的重要贡献。本书将更完整地展现韩济生的人生经历和学术轨迹。②缺乏对时代背景的深入探讨。比如对韩济生接受针麻研究任务的起因，较简短地交代为周总理的嘱托，而未置于当时全国中西医结合的大背景下分析。③已有传记材料有些信息与事实相出入，本书认真地进行了考证，尽量避免错误。④现有资料关于韩济生的成就主要在2010年前。本书跟进了韩济生院士最近几年的科研课题。

本书在原有资料的基础上，充分利用了丰富的手稿和访谈稿素材，并增加了中背景、大背景内容。正文总共十一章，先以时间为主线，划分韩济生院士在从事针麻研究之前的不同历史阶段，分为三章：开业医生的儿子、求学上医、生理学之路。之后，则以研究历程、主要学术和社会活动为准划分章节，包括六章：投身针麻原理研究、重返针麻研究、跨出国门、在坚守中前行、神经科学与疼痛医学学科建设、针刺转化医学历程。接着是其教学、公益事业和家庭生活，包括两章：传道解惑，华枝春满。最后是结语，总结韩济生院士的成就、学术成长重要特点，提炼分析了其关键性影响因素。

第一章
开业医生的儿子

韩济生 1928 年 7 月 17 日[①]出生于浙江省萧山县城厢镇。父亲韩松林是一位开业医生，母亲为韩单氏。

萧山位于浙江省北部，钱塘江南岸，是古越文化的发祥地之一，先秦时期虽未建制，但已是人口稠密、经济富庶之地，为汉代设县建制奠定了基础。[②]西汉时建县，称余暨县，唐天宝元年改名萧山。钱塘江的支流——浦阳江横穿萧山，浦阳江的支流又似蛛网似的遍布境内。[③]童年的韩济生在这个江南水乡平静地度过了九年时光，直到全面抗战爆发，不得不开始了颠沛流离、辗转求学的生活。

[①] 韩济生只记得自己的农历生日是六月初二（公历应为 7 月 18 日）。新中国成立后有一年填表，当年的六月初二是 7 月 12 日，故以后均写"7 月 12 日"。后来出国申请护照，公安局查实称是 7 月 17 日，此后就写 7 月 17 日。

[②] 施加农：探索萧山文明源头。见：萧山区历史学会编：《萧山历史文化研究》。北京：方志出版社，2006 年，第 240 页。

[③] 吴桑梓：萧山民间文学探源。见：萧山区历史学会编：《萧山历史文化研究》。北京：方志出版社，2006 年，第 226 页。

水 乡 人 家

　　城厢镇位于萧山县境中部，水陆交通便利，工商业繁荣，自汉以来就有先民居住生活①，是全县政治、经济和文化的中心。②

　　韩家挨着一个教堂。早在明末，西方耶稣会就涉足浙江，创办书院、传播宗教。③鸦片战争后，《南京条约》的签订使浙江的宁波成为近代中国最早对外开放的港口城市之一。④1843年，美国浸礼会传教士开始在宁波建医院传教。后《天津条约》《北京条约》规定传教士有向内地传教的自由，教会开始从宁波向全浙江扩展。到十九世纪末，教会已经遍及浙江各地。⑤在同治六年（1867），即有杭州的耶稣教徒来到萧山传教，租房建立了县第一所教堂。1911年，始设"中华基督教福音堂"。1937年前，城厢镇共有三处教堂，即水亭址的基督教堂、竹林寺内的天主教堂和东张家弄的耶稣教堂。⑥韩家就在东张家弄耶稣教堂隔壁。

　　祖父在韩济生出生前就去世了，据说以做秤为业。祖母曾在一个英国传教士家庭做保姆，因为很称职，后来还跟着那户人家去了英国几年。因为有这些经历，相对其他中国老人而言，祖母的思想比较开化。有时，祖母会给孩子们讲讲国外的故事、说说英语："'面粉'（flour）和'地板'（floor）都是福劳尔（音），但是发音不一样"。⑦由于这段经历在后来的政

---

　　① 二十世纪八十年代，在城厢镇的大弄口（今萧然大厦处）出土了一件东汉时期的印文陶大瓮。1991年，在萧山宾馆贵宾楼工地距地表三米多深处又出土了东汉时期的印文陶大罐。这两处地址距离韩济生家都不远。施加农：探索萧山文明源头。见：萧山区历史学会编：《萧山历史文化研究》。北京：方志出版社，2006年，第237页。
　　② 费黑主编：《萧山县志》。杭州：浙江人民出版社，1987年，第1-2页。
　　③ 张彬等：《浙江教育发展史》。杭州：杭州出版社，2008年，第178页。
　　④ 龚缨晏：《浙江早期基督教史》。杭州：杭州出版社，2010年，第135页。
　　⑤ 张彬等：《浙江教育发展史》。杭州：杭州出版社，2008年，第178-180页。
　　⑥ 萧山城厢镇志编纂委员会：《萧山城厢镇志》。杭州：浙江大学出版社，1989年，第27，533页。
　　⑦ 韩济生访谈，2013年7月16日，北京。资料存于采集工程数据库。

治动乱年代,很有可能成为一大罪证,所以韩家人以前不愿提及。

萧山居民以设店营业为多,男孩读书到十四五岁,即使自家没有店铺,也必托人介绍去别店当学徒。① 韩松林是家中的独子,幼时曾去秤店做过学徒,但是并没有子承父业,而是想去学医。萧山的中医历史悠久,较有名望的有竹林寺妇科、何家桥伤科、戴村茶亭伤科和陈佩永针灸伤科等。② 但是韩松林并没有去学习中医,而是选择跟着传教士学西医。

图1-1 父亲韩松林和母亲韩单氏

为了便于传播教义,各教堂常附设医院、学校等机构。③ 宣统年间,萧山始有西医从业人员。④ 1913年,城厢镇才有了第一所西医院——萧山医院⑤。刚开始,韩松林特地跑到绍兴去,给一个传教士医生帮忙打下手,偷偷地学一点。后来,又回到萧山接着学。几年以后就在自家(城厢镇东张家弄一号)独立开业行医了,取名为"百利诊所"。因为没有受过系统的医学训练,所以韩松林的医学知识比较零碎,但是他非常好学。当时的药厂会发行各种广告和说明书,这些资料都成了韩松林学习的一个重要来源,比如606(砷凡纳明)、914(新砷凡纳明)等说明书,哪怕是在上厕所时,也会拿着这些东西看。⑥

韩松林主治的病有疟疾、蛔虫病和姜片虫病,也会开个脓包,更难点的外科手术则根本谈不上。但是这对患者来说也是能解决大问题的,恶性疟疾是可以要命的;而若蛔虫钻进胆管,患者也会非常痛苦。⑦ 新中国成

---

① 萧山城厢镇志编纂委员会:《萧山城厢镇志》。杭州:浙江大学出版社,1989年,第513页。
② 费黑主编:《萧山县志》。杭州:浙江人民出版社,1987年,第910-911页。
③ 张彬等:《浙江教育发展史》。杭州:杭州出版社,2008年,第178-180页。
④ 费黑主编:《萧山县志》。杭州:浙江人民出版社,1987年,第912页。
⑤ 萧山城厢镇志编纂委员会:《萧山城厢镇志》。杭州:浙江大学出版社,1989年,第28页。
⑥ 韩济生访谈,2013年7月16日,北京。资料存于采集工程数据库。
⑦ 同⑥。

立前，萧山居民多饮用江、河、溪沟、池塘水。水质污染严重，常导致时疫流行。①萧山姜片虫病的流行闻名全国，姜片虫②甚至被称为"萧山虫"。民国十九年（1930），中央卫生试验所曾派医生来萧山检查儿童姜片虫感染率，发现有的乡竟然高达96%。③韩松林治疗姜片虫病在当地很有名，后来韩济生在上医学习治疗姜片虫病时，老师还特地提到了"萧山的韩松林医生"。

韩济生回忆说当时城厢镇只有两位这样的开业医生，除了父亲外，还有一位张医生，两人都是基督徒，在业务上各有各的领域，互相配合得挺好。④虽然西医不多，但是韩松林收费并不高，与患者的关系特别好。逢年过节或者收了瓜、酿了酒，便有不少人划着小船送一坛酒、送一些瓜来。

韩家没有田地，家里的经济来源主要靠韩松林开业行医所得，维持一家老小十一口人的生活还是有些拮据。但在一家人的辛勤经营下，家境逐渐好转。除了一所房屋自居外，还有两所房屋可出租，每月租金约合两三斗米。平时常有的开销就是买些奎宁、碘酒等常用药。家中并无大笔开销，也没有什么债务，生活还算得上小康。⑤

"济 生"

韩济生在家中排行第七，上有一兄五姊，后又添一弟。没有受过系统医学教育的韩松林希望自己的儿子长大后能正经学医，有更大的本事可以

---

① 费黑主编：《萧山县志》。杭州：浙江人民出版社，1987年，第917页。

② 1951年，浙江省卫生实验院、杭州卫校在城厢镇及周边地区调查姜片虫病，发现附着在水生植物上的扁卷螺是姜片虫的中间宿主。见：费黑主编：《萧山县志》。杭州：浙江人民出版社，1987年，第916页。

③ 费黑主编：《萧山县志》。杭州：浙江人民出版社，1987年，第916页。

④ 韩济生访谈，2013年7月16日，北京。资料存于采集工程数据库。

⑤ 韩济生人事档案。存于北京大学医学部档案馆。

普济众生，乃起"济生"之名，饱含着对儿子未来美好的憧憬。

1934年，六岁的韩济生开始在萧山仓桥小学上学。仓桥小学在仓桥下街，清光绪二十七年（1901），知县瞿倬借何家弄汤懋功屋创办。初名中西学堂，后改名励志学堂。1921年左右，改称仓桥小学。[①]韩济生说童年的自己无忧无虑，有点淘气又糊涂。有时发起脾气来蛮不讲理，会躺到大街上，不让黄包车（人力车）过去；有时还是个小迷糊，有一次刚到中午就以为是下午放学的时候到了，背着书包回了家。韩济生后来听大人讲，他小时候最"懂事"的一件事是：有一天跟着爸爸坐公共汽车到钱塘江边看潮水，看见有人坐了小汽车去，就跟爸爸说："我长大了给你买辆汽车，我们也坐着小汽车去看潮"。这就是小韩济生最大的心愿了。[②]

除了开业行医外，韩济生的父亲还在隔壁的教堂担任长老，虽不讲道，但主事。其他几个长老也是当地人，但主要由韩济生的父亲管理教堂，平时教堂的清扫、打理等工作也是韩济生家的事。做礼拜的时候，附近的百姓就会摇着船从四面八方过来。在充满了基督教气氛的家庭里，幼小的韩济生学会了祷告和唱诗，同时血液中也慢慢融入了博爱、感恩这些精神。[③]

韩济生脑海里的故乡印象是这样的：

这是一个宁静的江南鱼米之乡，大街上铺着青石板，黄包车拉过，有的石块总要发出咯噔咯噔的响声。流过城中央的小河上，戴毡帽的船夫驾着乌篷船，脚踩长长的横桨，遇见迎面来船时，横桨自然收起，悠然而过。我家后窗下是河道的一个水湾，晚上渔夫坐在一叶小舟的船头，手持小小钢叉，沿着河边缓缓前行，灯火下看到鱼虾，

[①] 萧山城厢镇志编纂委员会：《萧山城厢镇志》。杭州：浙江大学出版社，1989年，第27、365页。

[②] 韩济生：点滴回忆。见：王晓民主编，《芳菲时节：韩济生院士与他的学生们》。北京：北京医科大学中国协和医科大学联合出版社，1998年，第1-22页。

[③] 韩济生访谈，2013年7月16日，北京。资料存于采集工程数据库。

用钢叉一扎，收进舱内……这就是我闭上眼所能想到的故乡。①

然而，这样平静的生活在1937年被打破了。

国仇家恨

1937年，日本帝国主义悍然发动全面侵华战争。萧山地处浙江南北要冲，素为战略要地。1937年9月，中国人自行设计制造的第一座钢铁大桥——钱塘江大桥建成，萧山更成了扼南北陆路交通之咽喉。②11月5日，日军在杭州湾的金山卫和全公亭之间强行登陆。11月11日，日机空袭萧山县城，投下了第一批炸弹。11月17日，钱塘江大桥开通后，抢救了大批军用、民用物资，百万生命逃难过桥。11月30日，日军出动飞机28架次，轮番轰炸城厢镇，大批房屋被毁，死伤千余人。③敌机扔下的炸弹在萧山宁静的街道和白墙黑瓦的江南民居中爆炸。这一年韩济生才九周岁，惨死同胞的鲜血在这个男孩的心灵中刻下了一道无法磨灭的伤痕，韩济生至今仍清晰地记得当时的情景：

> 改变我人生的事发生在1937年。那年，抗日战争爆发。一天，预告敌机空袭的防空警报凄然拉响，父亲拉着我赶紧躲进后院的防空洞，我生平第一次听到炸弹在附近爆炸，心想下一个炸弹可能落在我的头上！空袭过后回屋一看，父亲看病的诊室药瓶掉了满地，排门（南方店铺用一块块木板插成一排作为店门）都已倒塌。我们收拾

---

① 韩济生：点滴回忆。见：王晓民主编，《芳菲时节：韩济生院士与他的学生们》。北京：北京医科大学　中国协和医科大学联合出版社，1998年，第1-22页。
② 费黑主编：《萧山县志》。杭州：浙江人民出版社，1987年，第1页。
③ 孙娟．萧山是日军在浙江最早实施细菌战的区域。见：萧山区历史学会编，《萧山历史文化研究》。北京：方志出版社，2006年，第216页。费黑主编：《萧山县志》。杭州：浙江人民出版社，1987年，第30页。

了一些简单的行装准备去雇船下乡，刚出门，我一脚踩在倒下的排门上，软软的，原来下面是一个被炸死的同胞的尸体！我心里又怕又恨，这是我第一次尝到了被侵略者踩躏的苦味！①

12月23日，日军攻打杭州。在1938年，萧山几乎每天都有日军的轰炸和炮击。②

炮声中，已安放不下一张宁静的书桌。仓桥小学的大半校舍也被日机炸毁，只能迁校至别处授课③。1938年秋天，韩济生不得不离别了父母，与弟弟随着亲戚转向浙西山区兰溪县游埠镇，在小小年纪开始了颠沛流离的逃难生涯。全家人分散，哥哥去了英士大学④，三姐（原学护士）去了桂林、贵阳等地参加军医署的救护队工作，四姐去了绍兴福康医院当护士，韩济生的父母也逃到了萧山附近的山区里面。⑤让韩济生万万没有想到的是，这次与母亲的别离竟成了永别。

国仇家恨促使韩济生从一个小顽童变成了非常懂事的少年，帮助做家务，晨起练字，用功读书。韩济生下决心要凭自己的努力，自立自强，打败日寇，报仇雪耻。他这样描述自己的变化：

> 这时，我突然间变了，由淘气变得沉默，由糊涂变得明白。不知从哪里冒出来一股倔强劲儿；我要好好学习，长大成人，不让日本鬼子欺侮！为了实现这个愿望，要成为周围孩子中最好的一个。清早起来，在青石板搭成的石桌上练字，整整练一小时，做完功课还有时间就读书。那时能借到的就是旧小说，从《封神榜》开始，《东周列国

---

① 韩济生：点滴回忆。见：王晓民主编，《芳菲时节：韩济生院士与他的学生们》。北京：北京医科大学、中国协和医科大学联合出版社，1998年，第1—22页。
② 孙娟：萧山是日军在浙江最早实施细菌战的区域。见：萧山区历史学会编，《萧山历史文化研究》。北京：方志出版社，2006年，第216，220—221页。
③ 萧山城厢镇志编纂委员会：《萧山城厢镇志》。杭州：浙江大学出版社，1989年，第365页。
④ 民国年间著名国立大学，1949年8月为金华市军管会接管后解散，其院系并入浙江大学、复旦大学。
⑤ 韩济生人事档案。存于北京大学医学部档案馆。

志》《西汉演义》……半懂不懂地一本一本往下看，两年时间着实看了不少书。①

这种由苦难激发出来的自强不息、勤奋好学的品格从此伴随了韩济生一生。后来在被问及成功秘诀时，他总说自己并无别的特点，但凭勤奋刻苦："我自知天赋不高，只能借助勤奋。对任何一个人来说，唯一可以掌握的，是不放松对自己的要求，尽可能利用生命中的每一分每一秒做好自己能做的每一件事，这是我的信条。"②

辗 转 求 学

1940年1月21日，盘踞杭州的日本侵略军偷渡钱塘江得逞。③次日清晨，日军侵占城厢镇，萧山县城沦陷。④

韩济生有家难回，尽管日夜思念父母，无奈只能继续留在兰溪上学。1940年夏，怀着对日本鬼子的仇恨，怀着对离别了两年的双亲的日夜思念，憋着一股争强好胜心，韩济生小学毕业了。⑤钱江战役之后，大批日伪军在萧山境内使用毒气弹，烧杀抢掠。⑥韩济生仍然没法返回萧山念中学，考入了金华中学继续学业。在兵荒马乱的年头，通信不便。此时的韩

---

① 韩济生：点滴回忆。见：王晓民主编，《芳菲时节：韩济生院士与他的学生们》。北京：北京医科大学、中国协和医科大学联合出版社，1998年，第1-22页。
② 陈克铨、陈健、刘青等：韩济生——济生之路。见：彭裕文、桂永浩编：《正谊明道：上医院士如是说》。上海：复旦大学出版社，2012年，第82-96页。
③ 孙娟：萧山是日军在浙江最早实施细菌战的区域。见：萧山区历史学会编：《萧山历史文化研究》。北京：方志出版社，2006年，第220-221页。
④ 费黑主编：《萧山县志》。杭州：浙江人民出版社，1987年，第31，777页。
⑤ 韩济生：点滴回忆。见：王晓民主编：《芳菲时节：韩济生院士与他的学生们》。北京：北京医科大学 中国协和医科大学联合出版社，1998年，第1-22页。
⑥ 孙娟：萧山是日军在浙江最早实施细菌战的区域。见：萧山区历史学会编：《萧山历史文化研究》。北京：方志出版社，2006年，第221页。

济生不知道，母亲在逃难中得了胆囊急症，已在这一年不治身亡。韩济生对母亲的印象永远定格在了十岁。尽管只享受了十年的母爱，但是韩济生最敬爱的就是自己的母亲，他回忆道：

> 我最崇拜我母亲的平和，对周围人的和善。我父亲脾气不太好，喝酒，有时候还发脾气，跟邻居有时候有不高兴的事。凡是有这类事情发生，我母亲总是去赔不是，去和解。我母亲是非常和善的人，左邻右舍和她都非常好，她真是一个典型的善良妇女。①

图1-2 韩济生小学毕业照（1940年）

从1940年起，日军的铁蹄又先后侵扰宁波、绍兴、金华一带。为了保存实力，坚持办学，沦陷区中等以上的学校进行了战略大转移。② 由此，韩济生的中学生涯被分割为四段，每段一年半。前一年半在金华中学上初中。1942年5月至8月间，日军发动浙赣战役，金华沦陷，金华中学停办。③ 韩济生只得辍学回萧山老家待了一年：

> 当时父亲已从乡间搬回萧山城里继续开业行医，母亲已死，尚未娶继母，家中只有祖母和五姐伴着父亲。我回去后，就帮助父亲做些事情。当时梅毒特别多，我是男孩子，所以能帮父亲拿拿换药的盒子等，其他的时间就看看书。看见日本兵在街上侮辱人，心中愤恨但也惧怕，不敢有什么反抗行动。④

---

① 韩济生访谈，2013年7月16日，北京。资料存于采集工程数据库。
② 张彬，等：《浙江教育发展史》。杭州：杭州出版社，2008年，第5页。
③ 同②，第330页。
④ 韩济生人事档案。存于北京大学医学部档案馆。

图1-3 初中时代的韩济生（1942年）

1943年2月，金华中学迁至西南山区，在缙云县壶镇复校。① 浙江西南山区地处偏僻，教育极不发达，但在战争期间却是极佳的后方。② 于是，韩济生到了缙云，继续后一年半的初中学业。1944年夏，韩济生初中毕业了，考入了衢州中学，在衢州上了一年半高中。

这个时期，韩济生印象最深的是战争中不断逃难的经历。当时传唱的爱国歌曲《流亡三部曲》中有一首《流亡曲》（又名《离家》），每当韩济生唱到"泣别了白山黑水，走遍了黄河长江。流浪、逃亡，逃亡、流浪"时，总是会忍不住落泪。③

辗转求学的中学阶段，使韩济生经受了贫苦生活的锻炼：

从兰溪到缙云要走三天半，当时从家里能带着去上学的最好营养品就是一罐放了盐的猪油。有一段时期每天以豆腐渣当菜，拌一点点猪油盐，就算是有营养了。④

每周一的中午每人可以吃一片肉，一桌八个人，铺在一碗青菜表面的八片肉中有一片比较厚，称为大肉，要八个星期才能轮上吃一片大肉！但米饭还是吃得饱的，因为上学时已把一学期的米都交了。⑤

---

① 张彬，等：《浙江教育发展史》。杭州：杭州出版社，2008年，第330页。
② 同①，第331页。
③ 韩济生访谈，2012年9月27日，北京。资料存于采集工程数据库。
④ 同③。
⑤ 韩济生：点滴回忆。见：王晓民主编：《芳菲时节：韩济生院士与他的学生们》。北京：北京医科大学；中国协和医科大学联合出版社，1998年，第1—22页。

在如此艰苦的中学年代，仍然有着韩济生怀恋的时光：

遇到没有课的好天气，到学校（通常是大庙）附近找个朝阳的坟头，边晒太阳边复习功课。偶尔在周末晚上，找朋友到附近的小酒店，要一碟花生米，喝一碗绍兴酒，真是神仙似的生活了！[①]

杭 高 绅 士

真正的好日子还在后面。1945年，抗日战争胜利了，浙江全省中学开始全面恢复。[②] 韩济生回到了萧山，插班考进了浙江省杭州高级中学[③]（简称"杭高"）。

杭高校门内正对的是一条长长的甬道。就是这条甬道，六百多年前就开始承载浙江读书人的青云之志。这里曾是明清两代科举乡试入仕之地。明代心学大师王阳明、明末儒将张苍水、教育家蔡元培皆在此中举。[④] 甬道的尽头是被称为"一进"的清末仿日式建筑，为二十世纪初叶浙江官立两级师范学堂、浙江省立第一师范学校的存留物。这里是鲁迅留日归国后第一个工作的地方，最早在浙江讲授起了生理学。浙江最早的美术展览、音乐会、人体写生、校际联合运动会、白话文教育都在此地。这里也曾是浙江新文化运动的中心，中国新文学史上第一个诗刊《诗》的诞生地。当

---

① 韩济生：点滴回忆。见：王晓民主编：《芳菲时节：韩济生院士与他的学生们》。北京：北京医科大学、中国协和医科大学联合出版社，1998年，第1—22页。

② 邵祖德，张彬，等：《浙江教育简志》。杭州：浙江人民出版社，1988年，第89页。

③ 杭高所在的校址原来为浙江省立第一师范学校。1923年，全国新学制改革，第一师范与省立一中合并。1929年，省立一中改制，以高中部为基础建立全省唯一的公办高中"浙江省立高级中学"，校长由教育部部长、浙江大学校长蒋梦麟兼任。1933年，学校改称浙江省杭州高级中学。抗日战争爆发后，杭高师生被迫流亡浙南地区教学，与其他学校一起组建联高。抗战胜利后，学校搬回杭州。见：高宁：《百年名校：杭州高级中学》。杭州：浙江教育出版社，2006年，第85—88页。

④ 高宁：《百年名校：杭州高级中学》。杭州：浙江教育出版社，2006年，第8—9页。

图1-4 高中时代的韩济生

年，在这所全浙江规模最大的新式学堂中，沈钧儒、经亨颐、鲁迅、李叔同、沈尹默、夏丏尊、马叙伦、朱自清、叶圣陶、陈望道等名家大师曾在此驻足留踪，实践自己的教育理想。①

杭高自高二时，按学生的志趣分文理科。当时，理科名额已满，文科还有空缺，于是韩济生进入了文科学习。之前的国文教师为文科班取名为敷文班（其意为散播文学），此时的级任导师（班主任）是德高望重的中文老师王冥鸿先生。英文老师是留美归来的金义暄老师，当时在中学教师里有留学经历的并不多。金先生让学生们称自己为King，他不但英语好，学习抓得也紧，还会组织学生们进行英文演讲活动。虽然韩济生只在杭高学了一年半，但在英文方面受到了很好的熏陶。他每天早上起来背单词，英文演讲比赛常得名次。遇上好老师，加上自己的勤奋，韩济生由此打下了良好的英文底子。②

虽然是插班生，但韩济生很快适应了杭高的生活，学习依然名列前茅，业余生活也更为丰富：

> 遇到星期天，邀几位好友各租一辆自行车，沿苏堤、白堤逛西湖，皓月当空，水天一色。我们到西湖边租一条小船，划船至三潭印月，还偷偷下水游泳……总算给我凄苦的中学生活添加了一丝温馨的色调！③

---

① 高宁：《百年名校：杭州高级中学》。杭州：浙江教育出版社，2006年，第24-26页。
② 韩济生访谈，2013年7月16日，北京。资料存于采集工程数据库。
③ 韩济生：点滴回忆。见：王晓民主编：《芳菲时节：韩济生院士与他的学生们》。北京：北京医科大学、中国协和医科大学联合出版社，1998年，第1-22页。

1947年上半年毕业时，韩济生作为班上的学习干事主持编辑了一本纪念册《敷文纪念刊》，同学们互相写一篇小传，他负责刻钢板和油印。这本册子伴随韩济生到过大连、哈尔滨、北京，直到"文化大革命"被抄家丢失，让他很心痛。幸而在毕业五十周年聚会时，韩济生从老班长范存忠那里找到原本，复印了下来，才了却了心愿。纪念册中，同学皮述中给韩济生写的小传如下：

图1–5 韩济生的杭高毕业照（1947年）

如果你要在秋三乙组里找出最优秀的学生来，那我想除了这篇小传的主角——韩济生外不会再有第二人了。他是浙江萧山县人，不久以前才度过他十八岁的生日，个子不矮也不能算高，窄而不觉瘦，高鼻子、长睫毛，面部的曲线很大，笑的时候，露出雪白的牙齿，是一个典型的西方美男子。他最不容易发现同时也最不容易忘掉的特征，是他特大的头脑——那也许是他特别聪明的原因。一言一笑，一举一动，十足的有着英国绅士的风度。由于这些，我就送了他一个外号——Gentleman。

他很会讲话，但是不常发言，不过在课暇的谈笑中，在要好的同学中却是例外。以锋利的言词，彼此辩驳，谈笑生风。他的成绩，以上学期而论，操行是98，学业呢？他本是金华中学的高才生，转入本校后，总分在本级始终是站在领导地位。在运动场上，也是一个精良的选手。对人接物都极其温和，在班上你找不到一个和他有过节的人。虽然有人在背后叫他一声Wily bird，但你千万不要误会，那是一个更亲昵的称呼。

最后，我愿意把一个同学……批评他的话来再批评他一次："我认

第一章 开业医生的儿子

为他是本级，也可以说是全校，就各方面而言，最好的一个人"。①

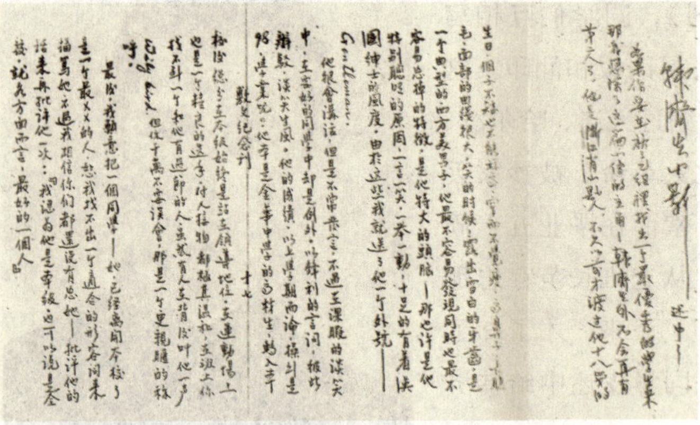

图1-6　杭高同学皮述中给韩济生写的小传（1947年）

在不到500字的描述中，一个聪明、善辩、温和的绅士跃然纸上，也许有些溢美之词，但是很好地概括了韩济生的特征。可以发现，韩济生的品质优点在这个阶段已经充分显露出来了。

除了同学们互写的小传外，语文老师王冥鸿特地为《敷文纪念刊》作序：

"人生到处知何似，应似飞鸿踏雪泥。泥上偶然留指爪，人生哪复计东西"。这一群勇敢的鸿雁，曾经栖息于南雁山头，领略过万丈的飞瀑，满岭的松涛，空山风雨，古庙斜阳，在那里修养他们的毛羽，躲避人世的烽烟。直到兵戈稍定，才从万山中飞到这水光潋滟、山色空蒙的西子湖头，而且又加入了些新的伴侣。他们在这里探求人世的智慧，欣赏自然的风光。转眼一年半过去了，天翮完成，要飞向更大的环境，更远的前途。他们有着海阔天空的志愿，有着千山万水的旅途。明知道前面是愁云惨雾，地棘天榛，但是从这小小的一群，扩而为无数的大群，一定能把那些黑暗和阴云扫除的。②

从这篇序中，杭高师生的风采和志向可窥一斑。穿行于贡院的回廊，

---

① 皮述中：韩济生小影。见：《敷文纪念刊》。杭州，1947年，内部资料。
② 韩济生：点滴回忆。见：王晓民主编：《芳菲时节：韩济生院士与他的学生们》。北京：北京医科大学、中国协和医科大学联合出版社，1998年，第1-22页。

在大礼堂中高歌"人文蔚钱塘，多士跻跄趋一堂……学共商，道分扬，进业修德之梯航，励我学术拓我荒，愿与世界相颉颃"之校歌，在浓郁的科学与人文氛围培育下，从这贡院故地竟走出了四十三名院士。如果加上省立一中大方伯养正故址走出的院士，杭高的院士校友多达四十七位，这样的阵容在全国教育界也属罕见。单在1947届校友中，就产生了四位院士，除了韩济生外，还有沈允钢（1980年中国科学院生物学部委员）、韩祯祥（1999年中国科学院技术科学部院士）、陈志华（俄罗斯古建筑科学院院士）。[①] 其中只有韩济生来自文科班，其他三位都来自理科班。

---

① 高宁：《百年名校：杭州高级中学》。杭州：浙江教育出版社，2006年，第65—66，95页。

第二章
求学上医

考大学，一向是上学征途中最主要的一道关隘。高中毕业后，韩济生考了三个学校：浙江大学化工系、上海医学院医学系和交通大学纺织系。结果同时被三个学校所录取，韩济生面临着人生第一个重大选择。

"赖"到了上医

韩济生家原来的"规矩"是女孩学护士，男孩学医。大儿子韩幸生已经在浙江大学医学院上学，学资不菲。战后家境窘迫，如果二儿子韩济生再学医六年，家中难以负担。所以家庭会议决定，让韩济生报考容易就业的化工、纺织类轻工业专业，但是韩济生坚持要加报一个医学院，没想到都考上了。面对三所大学的通知书，韩济生违背了很多亲属的劝告，执意选择了学医的道路。当时每个学校发榜都留有余地，有正取、备取之分。正取有名额保证，等报到期限截止日，如尚有余额，再依次招收备取生，直到满额为止。上医1947年正取三十名，备取十五名，录取前四名有奖学金。韩济生原本排名第五，因第三名同学入学体检未过，自然递补为第四名，获得了奖学金，减轻了家庭负担。执着的韩济生终于如愿进入了上海医学院：

首先发榜的是浙江大学，从报纸上看到自己的名字后，我就迫不及待地搬了铺盖到

图2-1　大学入学考试后疲惫的韩济生与家人合影（1947年夏。左起：韩济生、五姐韩惠珍、三姐韩遥仙及两个女儿、弟弟韩幼生）

杭州的浙江大学化工系报到。这满足了父兄们的愿望，战争后家道衰落，因为化工属轻工业，毕业后即使失了业，还可以开厂做牙膏、肥皂、雪花膏等。再说学制只有四年，对家庭的经济负担不会太重，所以家里人都很高兴。但我更愿意学医，终于等到上海医学院发榜，竟然也榜上有名。我喜出望外，从浙大化工系搬了铺盖就坐火车去上海枫林桥国立上海医学院报到，住进了工字楼屋顶上的活动房子（帐篷式可移动房子）里，这时才觉得找到了自己的归宿。但家里并不同意，因为学医要六年，而以当时的家境，要付六年的学费实在不胜负担。

最后一个机会是交通大学纺织系，这也是一个出路比较好、学制比较短的学系。我默默祷告不要被录取，可以避免又一场与大人的讨价还价。但录取通知书还是寄到了家里。家里人说一个大学六年，两个大学四年，你还是上个四年的吧，好早一点毕业赚钱。父亲原本也希望我学医，无奈实在难以负担六年的费用。交通大学和上海医学院相隔仅几里路，我唯一的办法就是赖在活动房子里不走。等过了交通大学报到的最后期限，生米做成熟饭，我长长地嘘了一口气，终于可以走上做医生的道路了！

我做医生的愿望主要来自两个方面。一是小时候受父亲行医的熏

图 2-2 韩济生全家福（1948年。前排：姐慧珍、父亲、姐曼丽、侄女动动；后排：韩济生、姐遥仙、嫂韵仪、兄幸生）

染。父亲治的虽然大多是疟疾、蛔虫病这样的小病，但我也见过他对花生米卡在喉头的病人施行急救这样"起死回生"的惊险镜头，还分享过"神乎其技"这样的金字牌匾所带来的荣誉感。父亲给我起名"济生"，大概也希望我能继续从医，普济众生。另一个原因是我早年丧母，只享受了十年的母爱。抗战时期我到浙西上学，父母和其他家人逃难进入山区，就是在这样的困难时期，母亲因胆囊发病去世。如果有正常的医疗条件，母亲是决不会这样早离我们而去的。当然这主要是日本鬼子侵略中国犯下的罪行，但农村医疗条件差也是千真万确的事实。所以，我渴望做一名医生，特别是做外科医生，真正能"起死回生"、"普济众生"。另外，客观上还有一个理由，我在上海医学院的录取成绩排名第四，按学校当时的规定，前四名可以得到奖学金，这就大大地减轻了家庭的经济负担。[1]

当时，萧山的西医仍不太多。在想学医的时候，韩济生心里想的完全是西医，根本没考虑过去学中医。在民国二十九年（1940），全县只有西医五十三位。到1945年8月抗战胜利时，只剩下了三十位。到了新中国成立前夕，也就只有五十九位，人数还不及中医的三分之一。[2] 韩济生选择学西医与家庭的影响有关系。据他回忆，自己家里没有任何中医的元素，

---

[1] 韩济生：点滴回忆。见：王晓民主编：《芳菲时节：韩济生院士与他的学生们》。北京：北京医科大学、中国协和医科大学联合出版社，1998年，第1-22页。

[2] 费黑主编：《萧山县志》。杭州：浙江人民出版社，1987年，第912页。

没有中医书籍，父亲看病也从来没用过针灸等中医疗法。令他完全没有想到的是，自己后来竟然做了一辈子和针灸相关的研究。[1]

十年前，日本飞机的轰炸使九岁的韩济生变懂事了，"十年磨一剑"，经过努力和执着，他终于在十九岁这一年选择了自己喜欢的专业。当年报考上医的学生多达三千人，但是只招三十人，可谓是百里挑一。[2]回忆当初，韩济生认为学医是一生中最为关键的转折点，指引了自己的人生方向：走济生之路，普济众生。[3]

正谊明道

韩济生考入的上医是中国最好的医学院校之一。主要创始人颜福庆（1882—1970）是中国预防医学和公共卫生学的重要奠基人。颜福庆早年毕业于上海圣约翰大学医学院，后赴美留学，在耶鲁大学医学院获医学博士学位，为获得该学位的亚洲第一人。同年，去英国利物浦热带病学院学习。学成回国后，在湖南长沙雅礼医院行医，是中华博医会的首位中国会员[4]，湘雅医科专门学校（湖南医科大学前身）第一任校长。1915年，颜福庆与伍连德等人共同发起组建了中华医学会，并任第一届会长，同年创刊《中华医学杂志》。[5]1926年，颜福庆奉调北京，成为协和历史上首位华人正教授，后任协和医院副院长。[6]1927年，国立第四中山大学医学院筹备工作在上海就绪，正式开学，成为中国人自己创办的第一所国立大学附属医学院，颜福庆任首任院长。1932年9月，经国民政府教育部批准医学院

---

[1] 韩济生访谈，2013年7月16日，北京。资料存于采集工程数据库。
[2] 郭桐兴：中国科学院韩济生院士漫谈济生之路。腾讯科技网站，2009-03-24。
[3] 陈克铨、陈婕、刘青等：韩济生——济生之路。见彭裕文、桂永浩编：《正谊明道：上医院士如是说》。上海：复旦大学出版社，2012年，第82—96页。
[4] 钱益民、颜志渊：《颜福庆传》。上海：复旦大学出版社，2007年，第23页。
[5] 刁承湘、季为群编：《上海医科大学志（1927-2000）》。上海：复旦大学出版社，2005年，第974—976页。
[6] 钱益民、颜志渊：《颜福庆传》。上海：复旦大学出版社，2007年，第97页。

独立为国立上海医学院（简称"上医"）。①

上医为教师们制定了学术休假制度，使优秀的年轻教师在努力工作四五年后，都有带薪出国深造的机会。本校培养的优秀毕业生，海外学成后又陆续充实到教师队伍中，形成了良性的循环。②数年内，上医在中国医学教育界迅速崛起，与北京协和医学院遥相呼应，一南一北，代表了国人自办医学院的最高水平。③颜福庆提倡"公医制"，主张不计功利，为社会、人群服务，反对在校教师私人开业，并以身作则。他提出：医疗"应大众化，不论贫富，村民或城居，均能平均沾益。"④在医学院的起步阶段，颜福庆到处宣传自己的医学教育思想，希望能吸引更多的优秀预科生报考医学院。在一次《现代医学教育的趋势》的演讲中，颜福庆谈到学医的目的时，说"学医的目的，有许多人以为能多赚钱，我想他跑错路了……若然有人拿服务人类、为公众利益为目的去学医，这才是最好的。取这种目的的人，才是人类的服务者"。⑤1934年6月，学校校务会议决定以"正谊明道"为校训，源自西汉思想家董仲舒的"夫仁人者，正其谊不谋其利，明其道不计其功"。⑥学校还规定，学生毕业时举行宣誓典礼，誓词为"余誓以至诚，本余所学，为人群服务，严守医师条诫，终生不渝，并力求深造，恪尽职守，谨此宣誓。"⑦颜福庆邀请知名爱国民主人士黄炎培作词，将"为人群服务"写入了校歌：

人生意义何在乎？为人群服务；

服务价值何在乎？为人群灭除痛苦。

---

① 刁承湘、季为群编：《上海医科大学志（1927-2000）》。上海：复旦大学出版社，2005年，第974-976页。

② 钱益民、颜志渊：《颜福庆传》。上海：复旦大学出版社，2007年，第150页。

③ 同②，第109页。

④ 刁承湘、季为群编：《上海医科大学志（1927-2000）》。上海：复旦大学出版社，2005年，第974-976页。

⑤ 钱益民、颜志渊：《颜福庆传》。上海：复旦大学出版社，2007年，第139-141页。

⑥ 《汉书·董仲舒传》。

⑦ 刁承湘：试论颜福庆医学教育思想及其现实意义。见：陈克铨编：《上医文化研讨会文集》。北京：中国工人出版社，2011年，第162-172页。

> 可喜！可喜！
> 病日新兮，医亦日进；
> 可惧！可惧！
> 医日新兮，病亦日进。
> 噫——其何以完我医家责任？！
> 歇浦兮汤汤，古塔兮朝阳；
> 院之旗兮飘扬，院之宇兮辉煌！
> 勖哉诸君，利何有？功何有？
> 其有此亚东几千万人托命之场！

颜福庆的用意很明白，要让学生从踏入上医校门开始，就要心里有"人群"。在反复歌咏中，将歌中倡导的服务意识植入脑髓，铭刻在心，落实于行动。① 这种"为人群服务"的观念可以说贯穿了韩济生后来的科研生涯，也反映在他的各种善举中。

上医初创时，白手起家，没有医院，没有校舍，几乎没有任何设备，只有政府提供的一笔很小的维持费。后来虽然从多种渠道争取到了捐助，但仍强调"医学院要避免铺张浪费，避免不必要的开支"。勤俭办学在上医蔚然成风，老上医人回忆，当时哪怕是一根做实验的玻璃管都非常宝贝，连蒸馏水都是教师自己制备，电灯也不轻易开。② 经历过苦难生活的韩济生本来就已养成勤俭节约的习惯，在上医的环境中更得以加深，成为他一辈子的作风。不论在家、在实验室、在公共场所，都是如此。

另一方面，韩济生入学时，虽然抗日战争已经胜利了，国内形势依然复杂，学校里也并不太平。韩济生只想好好读书，不愿去掺和政治上的事：

> 当时学校里有明目张胆的特务，他们或是三青团员，或是青年军复员军人，公开在学校里打人。我也曾与班上一个青年军打过架，像

---

① 钱益民、颜志渊：《颜福庆传》。上海：复旦大学出版社，2007年，第139页。
② 刁承湘：试论颜福庆医学教育思想及其现实意义。见：陈克铨编：《上医文化研讨会文集》。北京：中国工人出版社，2011年，第162–172页。

他这样的人是打手，用手枪和拳头威胁人。另一些则是软的，请人看电影等拉拢人入三青团。我是死用功的学生，还不是他们拉拢的对象。但在上海解放前夕蒋匪特务大肆捕人时，我因与三青团的人打过架，生怕自己也上了黑名单，所以也很害怕。学校里还有些是进步的，但我和他们也很少来往，把自己放在不问政治专顾读书的"中间"分子地位。对国民党是愈来愈没有希望了，但为了争取更多的时间来读书，也不愿去参加什么政治运动。①

学在上医

从1947年到1952年，韩济生在上海医学院学习，这是他一生中知识积累最高效的五年。上医各位老师认真的态度、敬业精神给他留下了深刻的印象。

解剖学是医学生最早学习的课程之一。当时的任课教师为齐登科（1904—1971）教授，曾师从北京协和医学院著名解剖学专家谭戛黎教授专攻局部解剖学。齐老师为中国解剖学会发起人之一，为配合教学，他收集和制备了数百件解剖标本，在上医建立起当时国内有名的解剖标本陈列室。他还曾与张鋆教授在美国《体质人类学杂志》合作撰文《中国人脑的沟型》，驳斥国外学者断言中国人脑更接近于类人猿、恣意贬

图2-3 韩济生在上医宿舍学习

---

① 韩济生人事档案。存于北京大学医学部档案馆。

低中华民族的观点。[1] 齐老师授课全部采用英文，繁多的解剖学专业名称，刚开始令韩济生和同学们有点蒙，但很快就都适应了。一方面，齐老师了解这些学生，特地把讲课速度放慢，让大家有时间记笔记。另一方面，齐老师一边讲课，一边在黑板上画图，两手能同时画图，将人体内神经、血管、肌肉、骨骼和各个器官的位置以及他们之间的相互关系准确地画出来，层次分明，使学生们一目了然。而且，他的解剖学名词拉丁文发音很标准，学生们对那些拗口的名词都背得很熟。[2] 举个例子来说，"胸锁乳突肌"，中文说着都觉得很拗口，拉丁文是 Sterno-cliedo-mastoidius，韩济生至今都能脱口而出，并拼写出来。

生理学教研室主任徐丰彦（1903—1993）教授毕业于复旦大学理科，后随蔡翘教授到第四中山大学医学院任生理学助教，曾在北京协和医学院进修。1933年夏，赴英国伦敦大学进修，两年内完成了心肌乳酸代谢的博士论文，获哲学博士学位。随后，赴比利时与科内尔·海曼斯（Corneille J. F. Heymans，1892—1968）教授合作研究颈动脉窦的生理功能。1936年，徐丰彦回国。1938年，海曼斯因发现颈动脉窦和主动脉弓在呼吸调节中的机制，获得诺贝尔生理学或医学奖。1945年初，徐丰彦受聘国立上海医学院任生理学教授。1946年随内迁的学校返回上海，重建生理学科室。[3] 韩济生每次去教室听课时，总要经过徐老师的办公室。看到徐老师除了上课以外，整天坐在示波器前面，全神贯注地进行着他的实验研究。那种专注、认真的神情，深深地印在了韩济生的脑海里。[4]

韩济生的药理学老师为张昌绍（1906—1967）教授。张老师早年毕业于上医，后赴英留学，获英国伦敦大学医学和哲学博士学位，是英国皇

---

[1] 刁承湘、季为群编：《上海医科大学志（1927-2000）》。上海：复旦大学出版社，2005年，第996页。

[2] 陈克铨、陈婕、刘青等：韩济生——济生之路。见彭裕文、桂永浩编：《正谊明道：上医院士如是说》。上海：复旦大学出版社，2012年，第82-96页。

[3] 刁承湘、季为群编：《上海医科大学志（1927-2000）》。上海：复旦大学出版社，2005年，第972页。

[4] 陈克铨、陈婕、刘青等：韩济生——济生之路。见彭裕文、桂永浩编：《正谊明道：上医院士如是说》。上海：复旦大学出版社，2012年，第82-96页。

家学会会员，曾分别在英国牛津大学及美国哈佛大学进修。张老师在上医任药理学教研室主任，是中国药理学的奠基人之一，对肾上腺素能神经传递、受体和递质、儿茶酚胺作用及吗啡镇痛机制的研究，在国内处于领先地位。①抗战期间，在重庆歌乐山的中央卫生实验院，张昌绍与同事们合作，从中药常山中分离纯化出了抗疟药物——常山碱。②张昌绍老师的讲课条理分明，深入浅出，引人入胜，使得枯燥的药理学知识学起来既轻松又充满乐趣，学生们经常听得意犹未尽。③而且张老师风度翩翩，才华横溢，是韩济生最崇拜的教授之一。④后来韩济生在自己当老师后，总是会想起张昌绍老师，希望自己能达到像他一样的水平。不幸的是，"文化大革命"初期，张老师受到迫害，终因不堪凌辱，长逝于他曾经夜以继日工作过的实验室里。⑤

在临床教学老师中，韩济生最崇拜的是钱悳（1906—2006）教授，他"脾气很大，要求很高"⑥。钱老师是传染病学家，毕业于国立中央大学医学院，后赴美国波士顿大学医科留学，新中国成立前夕回到上海。1950年钱悳参加了上海市郊区中国人民解放军血吸虫病的诊疗工作，进行了大量卓有成效的防治实践与临床研究，年轻的韩济生也参加了这次工作。后来，钱老师被第三野战军九兵团授予"理论与实践结合的为人民服务的模范教授"的称号，立二等功，并被评为全国劳动模范，受到毛泽东、朱德、周恩来等国家领导人的亲切接见。此后，他长期担任华东和中央血吸虫病防治研究委员会临床组组长的工作，并主编了国内第一本血吸虫病治疗须知

---

① 刁承湘、季为群编：《上海医科大学志（1927-2000）》。上海：复旦大学出版社，2005年，第963-964页。

② 饶毅、黎润红、张大庆编：《辛酸与荣耀——中国科学的诺奖之路》。北京：北京大学出版社，2016年，第138页。

③ 刁承湘、季为群编：《上海医科大学志（1927-2000）》。上海：复旦大学出版社，2005年，第85页。

④ 韩济生访谈，2013年7月16日，北京。资料存于采集工程数据库。

⑤ 刁承湘、季为群编：《上海医科大学志（1927-2000）》。上海：复旦大学出版社，2005年，第963-964页。

⑥ 陈克铨、陈婕、刘青等：韩济生——济生之路。见彭裕文、桂永浩编：《正谊明道：上医院士如是说》。上海：复旦大学出版社，2012年，第82-96页。

和防治手册，对中国各地血吸虫病的防治发挥了重要的作用。[①]

韩济生刚开始在上医学习时，其他功课都很好，唯一让他头疼的是数学。韩济生在杭高念的是文科，数学不太好。大一第一学期，数学成绩仅考了 64 分。韩济生从没考过这么低的成绩，心想"这哪行啊！才六十多分！"于是，下了决心要把数学赶上去。功夫不负有心人，到了第二学期，韩济生的数学就考了 94.5 分。不过学年成绩是按两学期的平均分算的，所以是 79.3 分。另外值得一提的是语文课。学校先让每位同学写一篇作文，得分前四名的可以免修语文。结果，韩济生又进入了前四名，这可能还要归功于他从小看的《封神榜》《东周列国志》等小说。韩济生的语文课得以免修，不过按学校规定成绩单上只能写 60 分。

当时，上医的课程全部用英语讲授，中学时的基础，加上自己的努力，韩济生慢慢适应了这种学习上的转变。他的英文成绩一直很好，入学第一学期英语考试成绩为 88 分，第二学期达到了 91 分。韩济生对英语的重视直到工作后也未放松，杭高和上医时打的底子起到了很大的作用。以缩写为例，凡看到英文缩写词，韩济生一定要知道这个缩写的来源是什么。有一次，一位从澳大利亚学习归来的学者介绍刚刚出现的 PCR（polymerase chain reaction，聚合酶链式反应）技术及其原理时，将 PCR 说成了 PRC。韩济生笑着纠正说是 PCR 吧。对方一愣，问"PCR 刚出来，韩老师是怎么知道的？"韩济生说，这是他的习惯，在上医就养成了这个习惯。后来，他也希望自己的学生养成这个习惯。如果学生们在做学术报告时提到缩写词，韩济生就会问这个词是什么意思。[②] 久而久之成为习惯，使学生终身受益。

毕业以后，接触英文的机会少了。二十世纪六十年代中期，随着针麻研究的突破，韩济生开始接受外宾来访，需要给外宾讲解针麻科研成果。在上医学习时，虽然英语听力得到了锻炼，但口语能力有限，必要时还需

[①] 刁承湘、季为群编：《上海医科大学志（1927-2000）》。上海：复旦大学出版社，2005 年，第 1039 页。

[②] 陈克铨、陈婕、刘青等：韩济生——济生之路。见彭裕文、桂永浩编：《正谊明道：上医院士如是说》。上海：复旦大学出版社，2012 年，第 82-96 页。

要请医学科学院药物研究所请留美归来的药理学教授雷海鹏做翻译，感到非常不方便。于是，韩济生努力练习口语，先写成发言稿，把它背出来，到时就能用上。此法果然很灵，不到一年，已能与外宾对话。当时上海的同事邹岗感到很惊讶，说："半年不见，韩济生怎么会讲英语了？"根据自己的亲身体验，韩济生在北医第一个提出来用英语授课，并为此编写了英文的生理学教材，也带动了系里其他老师的英文授课、英文讨论发言。[①]在韩济生所发表的论文中，英文三百余篇，占到了七成半[②]，这在客观上为提高我国针刺镇痛研究在国际上的影响力做出了贡献。

防治血吸虫病

自1949年4月至1950年，中国人民解放军在准备渡江战斗和水上练兵中，大批战士感染了急性血吸虫病。仅据当时驻守在江、浙、沪流行区二个军、七个师的统计，感染的病例就有三万多人，部队的战斗力受到重大影响。而疫区的广大青年，因为感染了血吸虫病又不能参军。同时，广大流行区还有近千万血吸虫病患者需要进行治疗，其中包括几十万生命垂危、丧失了劳动能力的晚期患者。血吸虫病导致患者大批死亡的情况非常惊人。1950年，江苏省高邮县新民乡人民群众在生产自救中涉水劳动，急性感染血吸虫病4019例，死亡1335例，陈尸十八华里，惨不忍睹。血吸虫病对生产力的破坏也非常严重，晚期患者骨瘦如柴，腹大如鼓，几乎完全丧失劳动能力。江西省余江县有首民谣，"锄头两斤铁，拿在手里就想歇；下田扶根棍，不到田头就想睏"。血吸虫病还会导致生育力下降，有的地方十几年听不到婴儿哭声。[③]

---

① 陈克铨、陈婕、刘青等：韩济生——济生之路。见彭裕文、桂永浩编：《正谊明道：上医院士如是说》。上海：复旦大学出版社，2012年，第82-96页。
② 据Scopus数据库统计，韩济生以中文、英文发表论文的数量比约为一比三。
③ 郑岗主编：《新中国预防医学历史经验（第三卷）》。北京：人民卫生出版社，1988年，第248-249页。

根据华东军政委员会和时任上海市市长的陈毅同志的指示，上海成立了血吸虫病防治委员会，由九兵团司令宋时轮任主任，宫乃泉、颜福庆任副主任，抽调沪、宁等地的两千多名医务工作者组成医疗队，深入部队和严重流行区抢治患者。① 上海市医疗系统紧急动员起来，陈毅亲自任命钱悳为血吸虫病防治大队治疗顾问。② 上医立即组织高级医师和高年级（三、四、五、六年级）的全体学生参加沪郊医疗队，由黄家泗、钱悳院长带队，奔赴嘉定、南翔、罗店，防治血吸虫病。③

　　作为上医高年级学生中的一员，韩济生参加了两次血吸虫病防治工作。第一次是在1950年1月至4月，正在念大三的韩济生，作为防治队队员赴江苏省嘉定④南翔59师175团1营防治血吸虫。他的主要工作是作通信员，把战士的粪便送到总部去检查。连队里有马，送东西都得骑马。虽然只有几里地，但是在田埂上面骑着马执行任务，只听得耳边风声呼呼作响，让年轻的韩济生感到特别自豪。⑤

　　1950年4月21日，卫生部发布《关于血吸虫病防治工作的指示》，要求各地寄生虫学家、农业化学家及市县乡村行政人员共商扑

图2-4　韩济生在嘉定防治血吸虫骑马执行任务（1950年）

---

　　① 郑岗主编：《新中国预防医学历史经验（第三卷）》。北京：人民卫生出版社，1988年，第248-249页。

　　② 刁承湘：漫漫血防路——上医人抗击血吸虫病历程回顾。见：陈克铨编：《上医文化研讨会文集》。北京：中国工人出版社，2011年，第145-157页。

　　③ 曹小定：母校上医的辉煌。见：陈克铨编：《上医文化研讨会文集》。北京：中国工人出版社，2011年，第69-75页。

　　④ 1958年划归上海市。

　　⑤ 韩济生访谈，2013年7月16日，北京。资料存于采集工程数据库。

图 2-5　韩济生（左一）领导的任屯村血吸虫防治小组五人（1952 年初。右起六人为村民）

灭良策。①1951 年 4 月 11—23 日，卫生部在北京召开第一次全国防疫会议，明确了今后防疫工作的方向，制定了包括血吸虫病在内的十九种传染病的防治方案，要求建立基层防疫组织，为今后防疫工作打下基础。②这时，血吸虫病防治工作的重点已逐渐从解放军转到了百姓上。

1952 年 2 月至 3 月，韩济生接受了第二次血吸虫病防治任务。与上次不同，这次韩济生是防治队小组长，小组共七人，前往血吸虫病流行极其严重的江苏省青浦县③任屯村。

当时治疗血吸虫病的药物只有酒石酸锑钾，不良反应大，静脉注射一旦渗漏，血管外即会出现蜂窝织炎，引起组织坏死溃烂。更为严重的则会出现急性心源性脑缺血综合征（阿-斯综合征），患者在几分钟内猝死，很

---

① 蔡景峰、李庆华、张冰浣主编：《中国医学通史·现代卷》。北京：人民卫生出版社，2000 年，第 591 页。
② 同①，第 593 页。
③ 1958 年划归上海市。

难抢救。① 当各组去治疗血吸虫病时，钱悳教授一个组一个组地去检查，凡是准备工作做得不好、没有对患者做好工作的，或者对锑剂注射的操作不规范的，都会挨批评。② 韩济生是小组长，干得非常认真，操心的也比较多，都不敢睡个安稳觉，总是担心患者出事。听说钱悳老师要来了，大家都战战兢兢，生怕挨批评。韩济生回忆道：

> 钱悳是一个非常直言的人。当我们去治疗血吸虫的时候，他就到各个地方巡回检查，好的就表扬，不好的就狠狠地批评。所以我们邻村的组说"钱悳要来了"，我们都觉得像是大王要来了一样。他并不是横，也不是凶，就是批评得很严厉。比如说打那个血吸虫的锑剂，如果把人给打死了那就不得了了。我们组从来没有发生过，所以没受到钱悳的批评。要说上医这么多老师里面，基础的我就崇拜张昌绍，临床的我就崇拜钱悳，这个印象比较深。③

钱悳老师来了以后，并没有找到不满意之处，韩济生他们组总算圆满完成了任务。④

与外科擦肩而过

1951年8月，韩济生结束了基础医学课程，开始到上海中山医院临床实习。各科轮转实习时，韩济生在外科的表现最积极，因为当初学医的梦

---

① 刁承湘：漫漫血防路——上医人抗击血吸虫病历程回顾。见：陈克铨编：《上医文化研讨会文集》。北京：中国工人出版社，2011年，第145-157页。
② 陈克铨、陈婕、刘青等：韩济生——济生之路。见彭裕文、桂永浩编：《正谊明道：上医院士如是说》。上海：复旦大学出版社，2012年，第82-96页。
③ 韩济生访谈，2013年7月16日，北京。资料存于采集工程数据库。
④ 陈克铨、陈婕、刘青等：韩济生——济生之路。见彭裕文、桂永浩编：《正谊明道：上医院士如是说》。上海：复旦大学出版社，2012年，第82-96页。

图 2-6 韩济生（右一）在上海医学院附属中山医院（外科学院）实习（1951 年）

想就是有朝一日成为外科医生，医生和护士们对他的评价也很高，但是有一件事成了韩济生的心病：

在中山医院轮转时，我最积极的就是外科。但是我有个毛病就是爱出汗，一紧张就出汗。手术时，主刀医生倒不紧张，我这个实习医生紧张得直冒汗，护士还得给我擦汗。所以我很丧气，心想"这下我可麻烦了。"这是我的一个心病。但是大家没有感觉到我这一点，医生和护士们都对我特别好，说"你毕业以后就到外科来吧，我们欢迎你！"所以我想我做外科这回是定局了。①

韩济生不知道国家的医学教育方针正在起着变化。为了适应新中国成立初期我国卫生建设事业的迫切需要，医学生学制要缩短。1951 年 4 月，卫生部、教育部联合发布了《关于发展卫生教育和培养各级卫生工作人员的决定》，指出"现行高级医学教育制度，需要逐步改革。属于医科方面之内科、外科、小儿科、妇产科四系一般地采取五年制"。② 在此之前，1950 年 9 月招生时，上医的医本科已经改为五年制。1951 年起，医学院毕业生由国家统一分配。上医当年毕业的九十四人，只留下了二十五名以满足教学医院的工作需要。③

---

① 韩济生访谈，2013 年 7 月 16 日，北京。资料存于采集工程数据库。
② 蔡景峰、李庆华、张冰浣主编：《中国医学通史·现代卷》。北京：人民卫生出版社，2000 年，第 85 页。
③ 姚泰：《上海医科大学七十年》，上海：上海医科大学出版社，1997 年，第 15 页。

本来，韩济生他们这一届应该是在1953年毕业，但是国家急需医学人才，让他们提前一年毕业。为了解决医学教育基础课师资问题，卫生部举办了高级和中级师资进修班。[1] 韩济生他们班被要求选择基础医学专业，前往各师资班进修学习。韩济生回忆道：

图2-7　47级上医学生毕业照（1952年8月。第一排：右三钱振超；第五排：右一曾毅，右四吴新智，右六韩济生）

> 俗话说"谋事在人，成事在天"。临床实习只进行了八个月，就提前在1952年暑期结业了。六年大学的最后一年改为专业实习。根据上级指示，我们班六十余人[2]原则上一律不做临床医师，而统一分配担任基础医学师资，以便满足新中国成立后大量创建、扩建医学院校的需要。但在基础医学范围内，每人可以有一定的自愿选择余地。[3]

为了让同学们服从统一分配，学校特地组织了对相关文件政策的集中学习，并请每位同学写下学习前后对统一分配的看法与态度。韩济生写下了自己从刚开始的顾虑到愉快接受的心理变化：

---

[1] 蔡景峰、李庆华、张冰浣主编：《中国医学通史·现代卷》。北京：人民卫生出版社，2000年，第88页。

[2] 其中二十六人是原来考入上医的，其他三十余人是当时参加南下部队接收上海医疗系统的解放区医学生。

[3] 韩济生：点滴回忆。见：王晓民主编：《芳菲时节：韩济生院士与他的学生们》。北京：北京医科大学、中国协和医科大学联合出版社，1998年，第1—22页。

一、学习前对集中学习的看法，服从统一分配的看法和顾虑

自新中国成立后第一次毕业分配的时候，我就觉得由国家来统筹调配毕业生到最需要的工作岗位上去是非常合理的，但那时并没有和自己联系起来，而且在那时的个人主义主导思想下，觉得要牺牲个人的志趣愿望来服从统一分配是很不容易的。所以看见他们全体签名表示服从觉得很惊奇可佩。以后渐到四五年级，觉得统一分配与自己的关系亦密切起来了。不过由于时代事实的教育和思想改造时对个人主义思想的批判，所以觉得服从统一分配非但在理论上觉得应该，在事实上和感情上也觉得没有异议。对于从事前期①师资一点，亦没有什么反感，因为在理论上已认识到培养医务人才的重要性，并且自己对后期（临床）逐渐转为没有什么好感，认为解决不了多少问题，并且还从个人出发想了许多理由来为前期辩护，如前期重要性很大，自己口才还不错等。不过这时有一个顾虑就是怕做解剖、组织胚胎等，觉得这些东西太死板，没有发展，一个医学毕业生去做这些东西似乎很浪费等，所以心想如果分配到我做解剖，服从当然服从，不过愉快是不会愉快的，其余条件如工作地区、家庭待遇等都不成问题。

对集中学习的看法，我认为既然大家都能服从统一分配，那为何还集中学习，这是时间上的一种浪费。而且，我觉得是不是校方有点不信任我们，好像怕我们会不服从似的。另一方面，我觉得分配的名单最好早点发表，使我们可以早作准备，心里很急着要晓得。

二、学习后

经过学习第一天的讨论，要求澄清对这次学习的看法。经过大家的暴露思想和启发，我觉得这种轻视学习的看法是不正确的。我们非但要坚决服从统一分配，而且要在思想上很愉快地来服从，而且从前自己以为懂得很多，其实对分配的意义是懂得很不够的。急于要知道分配名单就表示自己存在很浓厚的侥幸心理。经过这次学习，使我对统一分配的积极方面的认识提高了很多。学习了可爱的祖国，使我们

---

① 指基础医学。

知道今天的祖国是由无数的先烈的头颅鲜血换来的，对祖国的今天更能宝贵珍爱；通过报告知道一个医学院的费用需要十八个县的农民来负担，因此更觉得要把人民给我们的知识无条件归还给人民。也对个人为主的狭小的感情范围和集体主义舍己为人的广阔的感情作了比较，从志愿军的行为得到了体会。因此觉得再经个人主义出发打算非但不应该而且是非常可耻的。另一方面，祖国伟大的建设的远景更鼓舞着自己，觉得能参加祖国第一个五年计划的基本建设是非常伟大兴奋的。

关于做解剖的顾虑，通过上面所谈思想的提高，和同学的谈话，觉得每门科学都有它的重要性和发展余地，而且退一步说，即使没有发展，而人民需要你去教解剖（解剖是医学生最基本的知识），难道你不愿意答应人民这种召唤吗？所以，现在觉得如果分配我做解剖，一定也能愉快接受。[①]

尽管做一名外科医生是韩济生的愿望，但是他还是服从祖国需要选择了基础医学，报了两个志愿，第一志愿是生理学，第二志愿是药理学。韩济生选择生理学主要是觉得很有意思，认为生理学是一门讲道理的学科，能解答进化、功能活动等很多问题，生活中的很多问题也能得到解释，比如为什么呛了水会咳？闻了胡椒，或眼看太阳会打喷嚏？等等，都很有意思。选择药理学则主要是受张昌绍老师的影响。[②] 后来，韩济生的第一志愿得到了批准，被分配到大连医学院，去参加吴襄教授主持的生理高级师资进修班。就这样，韩济生与外科生涯擦肩而过：

事后我才知道，实际班上也有少数同学分配去外科或其他临床科室，使我羡慕不已。不过今天回想起来，当时组织的决定和有限的个人志愿，似乎不能算是一种太坏的选择。我虽说不能直接去"普济众

[①] 韩济生人事档案：《华东区高等学校毕业学生鉴定表》（1952年8月27日）。存于北京大学医学部档案馆。

[②] 韩济生访谈，2013年7月16日，北京。资料存于采集工程数据库。

图 2-8 上医 1953 届四位院士在中科院第十二次院士大会合影（2005 年。左起：吴新智、韩济生、沈自尹、曾毅）

生"，做那"神乎其技""起死回生"的手术，但后来从事的研究工作也间接地为减轻病人的病痛尽了绵薄之力。①

无巧不成书，和杭高时一样，韩济生在上医的这一届同学中，后来也出了四位院士。除了韩济生外，另三位分别是曾毅（1993 年中国科学院生命科学和医学部院士）、沈自尹（1997 年中国科学院生命科学和医学部院士）、吴新智（1999 年中国科学院地学部院士）。

---

① 韩济生：点滴回忆。见：王晓民主编：《芳菲时节：韩济生院士与他的学生们》。北京：北京医科大学、中国协和医科大学联合出版社，1998 年，第 5 页。

第三章
生理学之路

从 1952 年离开上海到 1962 年到北医，短短十年中，韩济生服从分配，经历了五次调动：1952 年到大连；1953 年到哈尔滨；1956 年到北京卫生干部进修学院；1961 年到北京中医学院；1962 年到北京医学院。幸运的是，韩济生在此期间遇到了三位好老师：吴襄教授主要教他如何进行教学工作，王志均教授主要教他如何做科研工作，季钟朴教授则是整个程序的组织者，用他兢兢业业奉献给发展中国医学教育和科技事业的献身精神，教他怎样做人。可惜的是，无论是从事血液生理研究，抑或是消化生理研究，都只持续了两三年。这样频繁的调动并非出自韩济生的主动选择，完全是服从组织的分配。不停地调动工作，不断地转变研究方向，必然会影响业务上的成绩。但是从好的方面来说，韩济生认为这奔波的十年锻炼了自己从头建设生理实验室的能力。[1] 这一方面反映出新中国成立初期我国医学教育建设的急迫性，另一方面也可以从韩济生身上看到那一代人服从组织的天职。国家需要就是自己的选择，他们自愿地承担起社会的责任，而责任感对任何时代的人都应该是不可或缺的。[2]

---

[1] 韩济生：人生的转折和选择。见：编写组：《韩济生院士》。北京：北京大学医学出版社，2008 年，第 18–22 页。

[2] 傅冬红、韩济生：此生惟愿济众生。《北医人（特刊）》，2008 年第 5 期，第 7–20 页。

生理教学启蒙老师

1952年8月底,韩济生去大连医学院报到,先乘火车到沈阳,然后转车到达大连。大连医学院创建于1947年5月4日,时称关东医学院,是为适应人民解放战争和新中国建设对医学人才的急需在解放区创办的第一所正规医科高校。[1] 韩济生所在生理高级师资进修班的主任是吴襄教授[2]。

整整一年,吴襄几乎天天都和学生在一起。不仅教给学生专业理论和实验技能,同时还传授做学问的一般道理。他讲课逻辑性强,写文章如行云流水,环环相扣,顺理成章,令韩济生钦佩不已。韩济生至今还记得:

吴老师第一堂课时讲:"拿到一本书要先看目录,再看细节,否则就会迷路"。"给学生讲'绪论',也

图3-1 卫生部高级师资进修班大连医学院进修生结业合影(1953年。前排左一吴襄,后排右三韩济生)

---

[1] 大连医科大学:历史沿革。大连医科大学网站,2013-03-28。

[2] 吴襄(1910—1995),字成之,浙江苍南县人,毕业于南京中央大学,获教育学士学位。1946年赴美留学,从事循环和血液生理研究,获科学硕士学位,回国后晋升为中央大学教授。1949年初参加前大连大学医学院的创建工作。1950年夏正式到大连工作。1951—1953年,受卫生部委托,连续举办三届生理学高级师资进修班,为新中国输送了当时极为宝贵的生理学教学和科研骨干。吴襄早年在血液、循环生理方面成绩卓著,确立了中国人的生理水准,包括肺活量、血液、生长率、感觉器官以及基础代谢等诸多方面,填补了国内空白。

要让学生掌握各章排列的有机联系，使他们在学习每一章内容时，了解其在整个生理学中的地位"。"什么叫'领袖'？你把领子一提溜起来，袖子一垂下去，那么这个条理就非常分明了。"①

后来，韩济生在给学生上生理学课时，每次讲绪论总要提到吴先生的这些教学领悟。吴襄曾在1947年编著《生理学大纲》，先后六次修订再版，被国内许多高校（包括台湾医学院校）采用。② 他对教材编写精益求精的态度，也令韩济生印象深刻：

> 吴先生在编写生理学教材（包括教科书和实验指导）中倾注了大量心血，字斟句酌，务求完善。读吴先生的《生理学大纲》时简直就像是一种享受，因为该书条理清晰，引人入胜。可以让学生在较短的时间内就能掌握某一生理系统的基本工作原理，以此为纲，可以进一步学习更具体的资料。他所介绍给学生的是位于森林中的一棵棵大树，是花园全景中的一朵朵奇葩。③

因为举办进修班的主要目的是为了培养高级师资，所以吴襄鼓励学员们在充分准备的基础上，讲一部分大课。1950年6月25日朝鲜战争爆发。美国政府公然进行干涉，战火被引向中朝边界，中国的安全受到严重威胁。10月19日，中国人民志愿军开始渡过鸭绿江，同朝鲜军民一起奋战，进行抗美援朝战争。东北地区是抗美援朝战争的后方区，收治了大量伤病员。④ 大连作为伤病员转移治疗的重要基地，急需大量血源，而人们对献血后身体究竟有何影响缺乏了解，难免顾虑重重。针对这一情况，吴襄等研究并发表了"输血者血液的亏损与恢复"。结果表明，一次献血二三百

---

① 韩济生访谈，2012年9月27日，北京。资料存于采集工程数据库。
② 黄龙：纪念吴襄教授诞辰100周年。大连医科大学网站，2010-09-12。
③ 韩济生：悼念吴襄老师。见：编写组，《韩济生院士》。北京：北京大学医学出版社，2008年，第36页。
④ 到1953年底共收治了伤病员五十四万多名。蔡景峰、李庆华、张冰浼主编：《中国医学通史·现代卷》。北京：人民卫生出版社，2000年，第521-524页。

毫升，血浆蛋白浓度一昼夜内即行恢复，血细胞比容和血红蛋白一般在第三周内也完全恢复。[1]1953年，在吴先生的鼓励下，韩济生第一次面对几千名工人听众从生理学角度作志愿献血的科普演讲。[2]通过这些科普宣传，解除了献血者的思想顾虑，有力地支援了志愿军伤病员输血治疗的需要。[3]

通过这次科普演讲，韩济生不仅认识到了科普活动的意义，可以使更多的人得益，也培养了从事科普活动的兴趣和能力。后来，韩济生写了大量的科普文章，如"人体内的自动控制系统"（1962）[4]，"出汗与卫生"（1962）[5]，"心跳和脉搏"（1962）[6]，"新陈代谢"（1963）[7]，"饥和饱"（1963）[8]，"化验取血会不会影响健康"（1964）[9]，"怎样合理选择食物"（1965）[10]等等。1990年6月2日，中国科普作协表彰韩济生为建国以来成绩突出的科普作家。即使后来当上了院士，事务繁忙，韩济生仍然不忘进行科普创作，除了继续在报刊上发表文章外，还撰写科普书籍，参与创作了由中国青年出版社出版的《你知道吗》一书的生理部分，由科学出版社出版的《毒难戒，毒能戒》。还有一本界于科学和科普之间的关于针刺镇痛的书，可惜后来未能出版。他认为，科学家很忙，但是如果能抽出时间来，写一点科普书，对科学知识的传播是非常重要的。[11]

韩济生视吴襄为自己从事生理教学的启蒙恩师，吴襄也视韩济生为自己的得意弟子。恩师去世后，韩济生在悼文中深情地写道：

---

[1] 黄龙：纪念吴襄教授诞辰100周年。大连医科大学网站，2010-09-12。
[2] 韩济生：悼念吴襄老师。见：编写组：《韩济生院士》。北京：北京大学医学出版社，2008年，第36页。
[3] 黄龙：纪念吴襄教授诞辰100周年。大连医科大学网站，2010-09-12。
[4] 韩济生：人体内的自动控制系统。《光明日报》，1962年7月6日。
[5] 韩济生：出汗与卫生。《光明日报·东风副刊》，1962年8月13日。
[6] 韩济生：心跳和脉搏。《光明日报》，1962年12月18日。
[7] 韩济生：新陈代谢。《光明日报》，1963年2月1日。
[8] 韩济生：饥和饱。《科学大众》，1963年第8期，第4-5页。
[9] 韩济生：化验取血会不会影响健康。《科学大众》，1964年第10期，第396页。
[10] 韩济生：怎样合理选择食物。《文汇报》，1965年3月15日。
[11] 韩济生访谈，2012年9月27日，北京。资料存于采集工程数据库。

吴先生对他学生获得的点滴成绩都予以鼓励，这种情谊贯穿于师生之间，直至他生命历程的终点。1953年，我在他的鼓励下，第一次面对几千名工人听众作志愿献血的科普演讲；八十年代在我担任《生理科学进展》[①]主编后，他经常为办好期刊提供指导意见。1995年，我获得"何梁何利科技进步奖"，除了把奖金的主要部分在北医大基础医学院设立"求索奉献"基金外，特为吴先生选了一只水晶花樽作为纪念品，感谢他的培养之恩。选择水晶是因为其晶莹剔透的特点最能代表我们师生之间的挚情。吴老师于12月初收到纪念品，非常高兴。但12月底，我收到了大连医科大学林坤伟教授的信，我和爱人朱秀媛读罢止不住满眶热泪。信中写道："吴襄老师于（12月）11日因骨折住院牵引，16日开始气喘，17日晨已有气无力，但坚持要笔和纸给你写回信。可是写的字都像画连环圈，认不出来，写了一会儿后再也无力写了，当天中午开始昏迷至今……"不久，噩耗传来，尊敬的吴襄老师与世长辞了。吴先生一生写了很多著作，临别前最后的字迹，竟是对他四十三年前培养的学生的最后叮咛！[②]

巴普洛夫、上帝和爱情

新中国成立初期，学习苏联经验是我国教育事业的一项重要方针，在教育部召开的第一次全国教育会议上就确定了包括"借助苏联经验，建设新民主主义教育"在内的方针。1950年，大连医学院从大连大学独立出来就是学习苏联经验的开端。为了直接掌握向苏联学习的工具，大连医学院在学生中开设了俄文课，并从1953年2月21日开始举办俄文专业书籍阅读学习班，组织师资进修生和全院教师、医生一起脱产参加一个月的速成

---

① 吴襄为《生理科学进展》首任主编。
② 韩济生：悼念吴襄老师。见：编写组：《韩济生院士》。北京：北京大学医学出版社，2008年，第36页。

学习，结业时达到可以阅读俄文专业书籍的水平。①

当时还在正月里，大连的冬天很冷，医学院有暖气，但是宿舍没有。一个宿舍住三人，韩济生和上医同学吴新智、钱振超一屋。吴新智回忆说：

> 大连很冷，比北京还冷。那个房间没有暖气，那么冬天怎么办呢？我们就把煤气炉子上头放个铁皮，烧得通红的，这就算是我们的土暖气了。②

韩济生和吴新智还清晰地记得当时突击学习俄文的场景。韩济生说"一个月什么事都不干，吃了饭就背单词"。吴新智也回忆道：

> 老师就让背格，德文是四个格，俄文有六个格更可怕，有主格和余格，第三格相当于直接宾格，还有间接宾格。每个词的尾巴都要变格，看起来非常可怕，要背每个词的词尾，每个词的形容词也都有这么六个。我们那时候每天要背二百个。头一天二百个好背啊，第二天四百个，第三天六百个，然后八百个，一千个，就像狗熊掰棒子，掰了新的又丢了旧的。那时候我们就弄小纸条，这面写中文，那面写俄文，拿皮筋缠起来背，记住的扔一边，就这么反反复复背。③

这样的突击学习还挺管用，一个月后就真能看懂专业书籍了。后来到了哈尔滨，韩济生还翻译了俄文教材，用挣的八十块钱稿费给刚出生的儿子韩松平买了一辆婴儿车。半个世纪后，韩济生在采访中提起此事，松平才知道："那个车坐着挺舒服的，没想到是这么来的。"在儿子上大学时，韩济生教他用写纸条的方法背英文单词，韩松平在采访时得知父辈当年学俄文的情形时恍然大悟：

---

① 第一次全国教育会议召开于 1949 年 12 月。自金永熙、傅心如、吕景波等编：《大连医学院院志》。大连：大连医学院院志编辑委员会，1991 年，第 10—11 页。
② 吴新智访谈，2012 年 6 月 12 日，北京。资料存于采集工程数据库。
③ 同②。

怪不得上大学的时候他教我这么背英文单词，原来这是他学俄文的方法：一个单词一个卡片。卡片一面写英文，另一面写中文，看到中文写出英文，看到英文写出中文。把背熟和还没有记住的单词卡片分开放，每天复习、强化记忆不会的单词，一直到记住所有单词为止，不留死角。①

除了语言要学俄语外，在生理学上，学的也是苏联的巴普洛夫学说。在上医学习时，由于从小受家里的熏陶，韩济生饭前都要祷告。当时条件很艰苦，菜很少，一组同学在一个桌子上吃。吴新智说：

我记得我们下饭的菜很少，什么菜我想不起来了。他是基督徒，每一次吃饭前他开始祷告。我跟他一个桌子，我多少年一直跟他一个小组，我们住一个宿舍，一个桌子吃饭，都站着，没座位。他祷告时，大家一开始都等他，后来不知道哪一天好像是菜里面有肉，有的同学就熬不住了，所以他还是很吃亏的。②

毕业时，韩济生已与同学朱秀媛确定了恋爱关系。朱秀媛为河南开封人，那时是基督徒。到了大连，学巴甫洛夫，讲唯物主义，吴新智就跟韩济生开玩笑：

"巴普洛夫、上帝还有爱情，有矛盾啊。谁会战胜谁？是上帝战胜了巴普洛夫呢，还是巴普洛夫战胜了上帝，爱情是站到哪一边呢？"③

其实在上医学习时，韩济生的思想已经产生了变化。虽然还坚持做祷告，也去"松德堂"做礼拜，但随着医学课程的学习，韩济生开始认真思考宗教问题，发现其中有一些讲不通的地方，比如人的起源问题。学了解

---

① 吴新智访谈，2012 年 6 月 12 日，北京。资料存于采集工程数据库。
② 同①。
③ 吴新智、韩济生访谈，2012 年 6 月 12 日，北京。资料存于采集工程数据库。

剖、进化论、生理学以后,基本就不相信了。1949年5月,上海解放。为了避免惊扰市民,解放军战士露宿街头;下雨了,宁愿在屋檐底下淋着雨也不进民宅。这个情景给韩济生留下了深刻的印象,解放军这种高尚的精神感染了他,使他对共产主义产生了好感。①如今在大连进修时,又学到了巴甫洛夫的学说,明白了心理活动与生理活动存在的联系,知道了条件反射等,思想起了很大的转变。1953年7月11日,在进修班快结束的时候,韩济生终于下定决心,放弃基督教信仰,申请加入新民主主义青年团(三个月后在哈尔滨医科大学按期转正)。8月12日,韩济生撰写了毕业论文"巴甫洛夫学说与辩证唯物论",深刻地讲述了自己对巴甫洛夫学说和辩证唯物主义的理解。②

从量血压到第一个科研

大连进修完毕,韩济生内心希望回南方工作,特别是上海,但在志愿书上还是写上了"服从分配"。结果被分配到比大连更北的哈尔滨——哈尔滨医科大学(简称哈医大)生理系。哈尔滨给他最深的印象是几乎有半年都在下雪或积雪,天气很冷,但是同事们对他都很热情。

韩济生当时刚刚入团,满腔热血,一到哈医大,立即不分昼夜地投入工作。每周带六次实验,还自己刻蜡版,编写实验讲义,干得很欢。没有科研,就自己找问题、做研究。在教学实验记

图3-2 韩济生在松花江太阳岛过团日活动(1954年5月。"一口气都吹完了,还没有照好!")③

---

① 韩济生访谈,2013年7月16日,北京。资料存于采集工程数据库。
② 韩济生:巴甫洛夫学说与辩证唯物论。1953年8月12日,未刊稿。存地同上。
③ 文字为韩济生当年在照片背面所注。

录中，韩济生发现用描笔在熏烟纸上描记固定的方法缺点很多，就想办法用墨水直接在白纸上描记，提出了多种墨水描记及墨水配制方法，提高了记纹器记录法的便捷性。[①]据此他写了"记纹器上的墨水描记方法"一文，投到《中华医学杂志》发表了。韩济生第一次得到了稿费，特地给朱秀媛买了一张邮票，作为纪念。[②]

除此之外，由于平时一天到晚都要上课、带实验，韩济生根本没时间来做科研。暑假里，他跑到松花江边上的休养所去看看能做点什么。休养所里有很多高血压病人，韩济生在给他们量血压时就想，量血压本身有个加压过程，加压对血管会有阻力，会不会反射性地引起血压的变化呢？[③]从这么一个简单的想法出发，韩济生开始了自己第一个真正的科学研究，并与同事杨纪曾一起在《哈医大学报》上连发了"正常和病理情况下的人体血管反射""高血压患者血管反射检查的初步报告""人体血压测量方法的探讨"三篇论文。

"人体血压测量方法的探讨"[④]一文充分展示了韩济生从一个简单问题出发、步步深入探索的科研能力。文中开头先讲：

> 测量人体血压的方法是临床上最常用的检验方法之一。它要求能准确地反映出人体血压水平和变化，可是不能损及机体而又简便易行……
>
> 医生们有一个熟知的事实，就是对同一对象连续测量两次血压，所得之值不一定完全符合。

开篇看起来很平常，并无什么特殊之处。同一个人连续量血压所得值不同这个现象确实很常见，不仅是医生，普通百姓也能发现。但一般人可能并不会接着往下想究竟是什么原因导致的这种现象。文章也不急着去探讨"为什么"的问题，而是先确认"是什么"，到底有没有这个现象。

---

① 韩济生：记纹器上的墨水描记方法。《中华医学杂志》，1954年第11期，第922-923页。
② 韩济生访谈，2012年9月27日，北京。资料存于采集工程数据库。
③ 同②。
④ 韩济生、杨纪曾：人体血压测量方法的探讨。《哈医大学报》，1956年第1期，第43-49页。

为了明确这一事实，我们就在各种不同的时间间隔进行了试验。首先是按下列方法：先测血压一次，待压力降至零后，立刻再加压重测。就 160 次（连测两次回算作一次）测定的结果进行分析，发现两次所得收缩压和舒张压完全一致的只占 9%，其他 91% 或收缩压有变化或舒张压有变化或两者都变。第二次测得的收缩压与第一次相较，有时高有时低，未能发现一定规律，两者之差一般（85%）在 2—6 mmHg，有时可高达 10 mm 以上……

这只是一般的描述性分析，也说不上有什么高明之处。但接下来，该文就开始分析：面对这一现象，至少有三个可能：首先是血压本身原来就如此迅速地波动着，其次是两次中有一次的数字是技术上的误差，最后是测量血压的各个步骤影响了血压水平，使之发生波动。

这一来，读者可能就会产生兴趣了。这三个可能到底会是哪个呢？怎样来一个个排除或检验？

就动物实验时用直接法所得极平稳的高压曲线看来，第一个可能是极小的。高等动物由于其锐敏的调节机制，当机体不受巨大的刺激时，其血压水平是很恒定的；两次测血压之间只隔数秒钟，在这短暂的时间内似难作如此巨大的波动。除此之外，由于呼吸所引起的血压值规律性的波动，当然也应考虑在内，但后者当不能引起上下达 10 mm 的变化，也不能解释何以第二次所得的舒张压一般均较第一次为高。第二个可能性是存在的，但随着测量次数的增多，它应当会逐渐减小。最后第三个假设，即测血压的各步骤在引起血压的波动，这可能性当推最大了。

以上的解释严丝合缝，有理有据，已经基本解答了前面的问题，但该文又提出一个问题：

二次紧接的血压测量会引起血压值的波动，那么如果把相隔距延长，情形当如何呢？我们进行了下列试验：每 3 分钟测血压一次，连续观察十次，然后将所记各点连成曲线。对 14 名正常人测定的结果，发现……正常人的曲线虽也有波动，但大多是逐渐下降的，其波动是不大的（多在 10 mm 以内）。

换成一般人，也许会觉得问题解决得差不多了，可以就此打住了，但是该文紧接着又引出一个问题：

我们估计高血压患者的血压波动会比正常人大，就对 14 名高血压患者进行了同样的试验，发现其结果与正常人有显著的差异……波动性较正常人为大……由于测血压的各步骤影响着血压的水平，高血压患者的血管中枢兴奋性较正常人为高，那么他受这种影响的程度可能也大，这一点也是很易推测的。

为了验证测血压的方法是否会引起血压的波动，又想出了一个办法：

必须有一种能灵敏地连续反映出血压状态的仪器，以便在用普通方法测血压的同时就能标示出该时的循环变化。为解决此问题，我们采用了臂容积器的方法。令受试者的两手（包括前臂前 1/3）各伸入一臂容积器，左手上臂绕以测血压用的加压带。当将气压入左臂的加压带时，如果该时全身血压确有变化，则右臂的血管口径也必有变化，血管口径的变化必引起臂容积器的改变，后者可从臂容积器的曲线记录出来。

在举例描述分析了两位患者（其一为高血压患者）的臂容积曲线后，发现有"右臂容积的两次缩小（曲线下降）"现象，分析有两种解释：

第一是由于机械性的血液重分配而引起的……第二种解释则是由于向左臂打气加压这一刺激引起全身缩血管反射，因此右臂容积才见缩小。因此应该把右臂容积的变化当作是反射的结果来理解和探讨。

也许有人会觉得至此真相已经大白了，是"反射"引起的，但是文章又继续问道：

> 如果是反射，它的本质是怎样的呢？是由谁引起而其影响的广度和深度又如何？
> 首先要想到的是用气球打气时所发生的咝咝声可能引起缩血管反射而发生第一波……我们就这一推测作了试验，即在实验中途插入一次单纯的打气声而不加压，一部分受试者这时也能引起血管收缩，但过一二次后很快就消退了。这一反射消退后，再予加压，则仍能引起曲线下降，表示第一波产生的因素中有一部分是由于打气声所引起的。
> ……
> 既然高血压患者的血管运动中枢对不同刺激所做的反应一般较正常人为大，因此欲较准确地测得高血压患者的血压，重复测量更为必要。

至此，文章已经很明白地说明了"是什么"和"为什么"的问题。作为一个学术研究，已经够深入的了。但是作者并未满足于此，而是接着想办法解决"怎么办"的问题：

> 我们在打气用的橡皮球和通至加压带的橡皮管之间加上一个软橡皮囊，也即通称的二联球。先用甲球加压，气体即入乙球，到适量后将螺旋关紧。当真正测血压时用手按捏乙球，压力即上升，缓缓放手压力即下降……

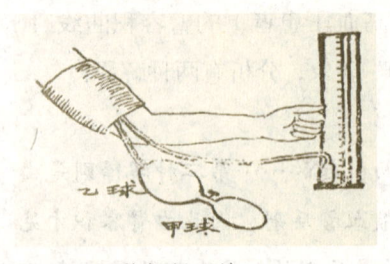

图3-3 二联球测血压法

上面举例的这篇论文只是由量血压所引发产生的三篇论文之一。之所以花这么多篇幅来介绍韩济生的第一个科研，因为它有以下几个特点：其一，当时韩济生没有任何科研任务或压力，完全是在科学探索精神驱使下的自主研究；其二，他研究的是一件大家习以为常的小事，却能独具慧眼，发现其中的奥妙之处；其三，没有科研经费的支持，没有足够的团队，没有足够的设备，连二联球也是自己动手做的。可以想象，一旦接到国家给的任务，有科研条件（人员、经费、实验设备）等多方面的支持，迟早都会出成绩。

虽然受条件所限，这个研究的样本量可能不够大，但其中显示出的对科研问题的敏感性、对未知问题不断探索的闯劲、严谨求实的态度与韩济生后来的科学研究是一脉相承的。先弄清楚"是什么"，再去求索"为什么"，接着想办法解决"怎么办"，韩济生后来的针刺镇痛研究遵循着同样的科研逻辑。

韩济生关于血压的研究并未结束，他后来在研究针刺镇痛机理时，又把针刺的生理作用研究扩大到心血管系统。1988 年，韩济生的"中枢神经系统 3 类阿片肽对血压的调节作用"研究获卫生部二等奖。另外，他还阐明了中枢阿片肽和抗阿片肽在失血性休克发生、发展中的作用（七五攻关课题），并提出了防治措施。以这两项工作为基础组成的"中枢神经递质和神经肽对血压的调控"研究，成为韩济生申请中国科学院学部委员的主要科研成果之一。[①]

对量血压的研究还扩展到了生活中。在距第一个科研六十年后，韩济生在家中又进行了一次量血压的分析。儿子韩松平说：

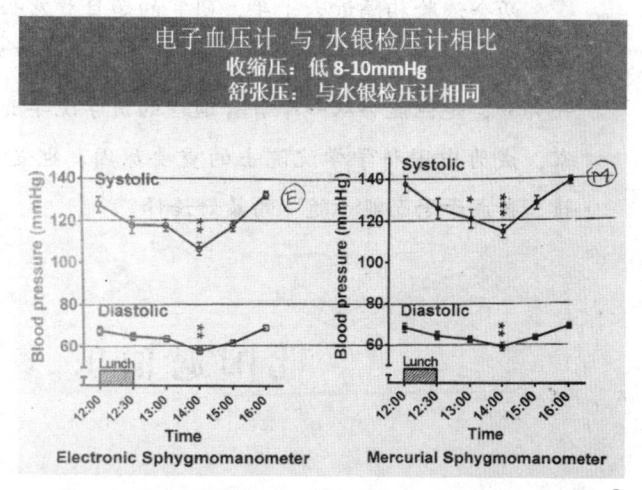

图 3-4 韩济生所作电子血压计与水银检压计比较图（2013 年）[②]

---

① 韩济生人事档案：中国科学院学部委员候选人简表（1990 年）。存于北京大学医学部档案馆。

② 未发表。

我的妈妈朱秀媛有餐后低血压的毛病，需要经常测量血压。医生朋友说，用便携式电子血压计测量血压不准，就送了她一台水银血压计。父亲并没有轻易相信这个结论，而是用两种血压计给自己和妈妈在餐前和餐后测量血压，亲自对两种血压计的测量结果进行比较，在制图后进行统计学分析。他的结论是："电子血压计测得的结果与水银血压计的结果基本一致，只是收缩压的绝对值较后者低 8—10mm Hg"。其可能的原因之一，是电子血压计的压力是恒速上升的（如同对二连球的 B 球施压），没有一阵一阵压力波动引起的血管收缩反应，正好印证了六十年前的设想！

……

　　两个试验相隔近六十年，研究的题目竟然如此相似。这种一丝不苟的治学精神，贯穿于他六十年科学生涯，是他学术成长过程中的一部分，是他能够从一个普普通通的医学院毕业生成长为一个科学大家，成为中国科学院院士的重要原因，也是对"业精于勤而荒于嬉，行成于思而毁于随"的最好诠释。[①]

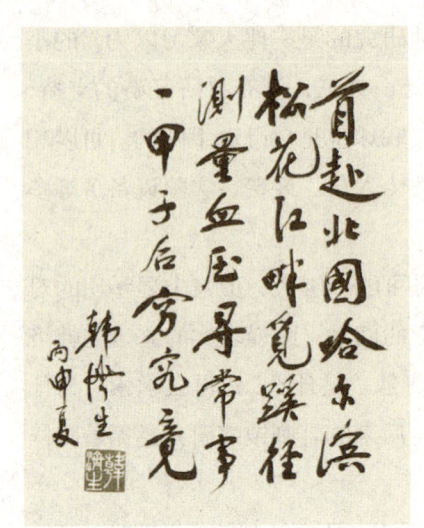

图 3-5　韩济生题词纪念六十年后重新探究血压测量问题（2013 年）

北国遇伯乐

　　在哈医大，韩济生遇到了影响其一生的伯乐——哈医大的校长兼生理

[①] 韩松平：业精于勤而荒于嬉，行成于思而毁于随。见：老科学家学术成长资料采集工程领导小组办公室编，《感悟科学人生》。北京：中国科学技术出版社，2014 年，402-404。

系主任季钟朴教授[①]。原来,韩济生之所以被分到哈医大,是因为季钟朴教授亲自请校友吴襄教授挑选一名学生的结果。当初即使韩济生在分配志愿上写上海,最终很可能还是会来到哈尔滨。不过,这是韩济生事后才得知的。

图3-6 韩济生夫妇(右)看望季钟朴老师和师母(左)(1987年)

韩济生来到哈医大后,工作积极主动,深得季校长的赏识。工作当年,韩济生就被评为哈医大"好工作者",评选小组对其思想和工作方面都非常认可,尤其是在辅导学生方面:

> 辅导工作最为同学欢迎。有的助教反映,他是四位辅导老师中最好的一个。学生有时候专门来找韩老师,这充分说明他在同学当中的威信,也说明了这样的老师对学生是有吸引力的。
> 总的反映是,学习好,有方法,有热情。
> 实验辅导也是同样的,能创造性的劳动,表现在自己为了使同学更好地理解讲课内容,做出散光和耳蜗管的模型。[②]

---

① 季钟朴(1913—2002),医学教育家。1937年毕业于南京中央大学心理学系。抗日战争时期任中国医科大学教育长兼生理教研室主任。解放战争时期,成功地研制了前线急需的干血浆粉。新中国成立后,历任哈尔滨医科大学校长兼生理教研组主任、北京卫生干部进修学院生理学教研组主任、卫生部医学教育司司长、中医研究院院长兼北京中医学院院长。1978年后,从事中西医结合研究工作,并提出了中西医结合的方法和途径。著有《实用生理学》。为了促进中医药走向世界,与世界卫生组织共同成立了针灸、中医、中药等传统医学合作中心及国际针灸培训中心。积极提倡用现代科学方法继承和发扬中医药学,促进中西医结合,提倡在西医院校开设中医学课程,在中医院校开设西医学课程。见:曹洪欣、李怀荣:《中国中医研究院人物志》。北京:中医古籍出版社,2005年,第332-333页。

② 韩济生人事档案:哈尔滨医科大学评好材料·生理科助教韩济生。存于北京大学医学部档案馆。

第三章 生理学之路 55

不过一年后（1954），季校长就被调到北京任卫生部医学教育司司长了。韩济生感到自己失去了一位良师，但也未多想，毕竟一个年轻助教和一位校长之间差距太大，此后也就没再有什么联系。① 可是季司长却没忘记这位能干的小同事。韩济生回忆道：

> 1956年春，我接到哈医大人事处通知，调我到北京卫生干部进修学院工作。这一调令来得有点突兀，当时不了解即将去报到的是什么单位，因此我先来京探路。到了北京才知道，这是卫生部新建的直属单位"卫生干部进修学院"，季司长兼任生理教研室主任，调我来共同创建生理教研室，一边给干部学员讲授生理课，另一方面也可开展一些科研活动，乃欣然奔赴京城。

这一时期的卫生干部进修学院，主要针对的是从部队转业到地方卫生部门工作的人员，大多文化水平低、缺少医学科学知识的情况，通过进修学习，使他们逐步从外行变成内行，其中不少人后来成为某一方面的技术专家，一些人成为卫生行政部门的领导干部。②

到了卫生干部进修学院后，从采购生理实验器材、设计实验台、编写实习指导等工作开始，韩济生从头建立实验室。除了教学工作外，韩济生他们就进行血液生理研究：

图3-7　韩济生在位于北京天坛的家中工作（1956年）

---

① 韩济生：高山仰止，景行行止——怀念季钟朴老师。见：编写组，《韩济生院士》。北京：北京大学医学出版社，2008年，第43-44页。

② 蔡景峰、李庆华、张冰浼主编：《中国医学通史·现代卷》。北京：人民卫生出版社，2000年，第87页。

当创建工作初具规模时，季司长就带领科教司的部分干部王佩、刘秉勋等，每周来进修学院半天，轮流进行学术报告和自由的学术讨论。此外，还把当时占主导地位的苏联生理学界的条件反射学说与西方学术界的对血液成分的内分泌调控结合起来，选定科研课题，集中研究造血过程的神经体液调节。具体题目最后确定为"低氧环境刺激红细胞造血的神经体液调节机制"，这与国际研究"红细胞生成素（erythropoietin）"的工作几乎同期开展，起点很高。但好景不长，批判"白专"的运动骤起。季司长的培养干部计划"理所当然"地被确定为"白专"道路，受到严厉的批判。初具规模的科研幼苗就这样被突然袭来的暴风雨摧毁。①

韩济生原本在 1956 年超龄退团后就有了入党要求，但是批判"白专"和后来的反右运动，又让凡事认理的韩济生产生了一些困惑：

> 反右运动中，我认为既然是思想批判，应该让对方也说话，才能以理服人批得彻底。为此，曾想给人民报社写信，说毛主席不会同意你们的做法。为此被划成严重右倾。反右运动中，在上海卫生局工作的哥哥和在沈阳某部空军学校教书的弟弟都成了右派。②

不过这些政治运动，并没有影响韩济生的工作热情。这段短暂的科研经历，使他在查文献、进行实验设计、做预备实验、学习统计方法等各方面，受到了初步锻炼。科研是不能做了，但进修学院的生理教学照常进行。1959 年 1 月 1 日至 4 月 15 日，韩济生承担了两个班的教学任务：

1. 这一阶段的工作任务就是两个班次的教学。
（1）第 2 届保专班（100 名），讲巴甫洛夫学说和生理学基础 40

---

① 韩济生：高山仰止，景行行止——怀念季钟朴老师。见：编写组：《韩济生院士》。北京：北京大学医学出版社，2008 年，第 43-44 页。
② 韩济生人事档案。存于北京大学医学部档案馆。

学时。

（2）医院院长班（126名），讲巴甫洛夫学说20学时。

保专班的课程中，《生理学基础》是新开的课程，如何选材、写讲义，分配时间比例等都毫无经验，所以花的时间较多，一些实验示范也要帮助同事边学边做边研究，因此心里很紧张。实际准备工作从1958年12月就开始，这四个月来主观上是尽了最大努力，晚上、星期天从不空闲地来准备，就是到了临讲课前还要默背好几遍才上台。从教学效果方面来看，同学是比较满意的。因为有了保专班的基础，所以院长班的教学工作更提高了一步。

2. 为什么要这样努力地工作？

这次对保专班的备课特别细致慎重，因为认识到这是进修学院的重点班次，体会到这些老同志的水平得到提高的话，对我国卫生事业会起到特别巨大的作用，所以倾自己的全力来备课，只要对同学有帮助，自己花多少时间精力都甘心情愿，这是思想的主导方面。除此以外，还有下面几个想法：（1）生理教研组平时课程很少，现在有课了，真是养兵千日，用兵一时，应该好好干一场，才对得起党和学校。（2）是对个人的想法：如果教学工作有成绩，同志们会对我有较好看法。如果教学工作搞不好，那大家都会看不起我。①

季司长参加了"巴甫洛夫学说"等课程的演讲。韩济生从而得到了季司长零距离、一对一的教导，无论从做人、做学问两个方面，都得益匪浅：

我1956年到京，经历了反右、拔白旗、大跃进等运动，又体验了天灾人祸交织造成的"困难时期"。当时物资奇缺，人人营养不良。季司长是重点批判对象，饱受精神和肉体的折磨。眼看着季司长身体越来越瘦，我们都很心疼。一次，我爱人朱秀媛上街赶上排队买奶粉

---

① 韩济生人事档案：思想小结（1959年1月1日至4月15日）。存于北京大学医学部档案馆。

的机会，买了两桶。我们自用一桶，留一桶给季司长。自认为一切正常，情感诚挚。不料却挨了一顿批评，说是"不能随便接受任何礼物，这是规矩。你还是留下给孩子吃吧"。这一顿批评来得突然，但也大大增强了我对季司长"高山仰止"的敬畏之情。[①]

这是韩济生第一次送老师东西，就碰了壁。这件事韩济生记了一辈子。后来，某单位审批学位点请韩济生填写专家鉴定意见，顺便送上两千元表达谢意，他只按审稿标准收了五十元审稿费，其余悉数退还。在一次研究生毕业典礼上，韩济生连问了学生们三个问题："今天你们是学生，明天就是医生、药师，后天可能当院长。你们看病拿不拿红包？开贵重药品和检查单拿不拿回扣？对那些令人深恶痛绝的坏风气能不能从我开始改变？"[②]

劳动中的思考

到了后来，教学活动也不得不让路于政治活动，劳动锻炼被认为是知识分子改造的根本道路。1958年5月11日，韩济生被派到十三陵水库工地劳动半月，主要工作是挖土、担土、装车、清道等。在"卫生部义务劳动干部鉴定表"的"自我鉴定"一栏，韩济生写道：

> 到十三陵水库工地来劳动，一方面是对水库工程的支援，另一方面也是对自己的一个锻炼和改造的机会，自从听到报告说水库能否按期建成不仅是国内的政治问题，也是国际问题时，对支援的意义认识更进了一步，心想一定要好好劳动，贡献自己的一分力量。

[①] 韩济生：高山仰止，景行行止——怀念季钟朴老师。见：编写组，《韩济生院士》。北京：北京大学医学出版社，2008年，第43-44页。

[②] 张晶晶：欲济苍生应未晚。《中国科学报》，2012年12月8日（人物周刊）。

图3-8 韩济生（第二排左二）在十三陵水库留念（1958年）

到工地以来，自己认为对劳动是努力的。原来不大会挑担，而且有点怕挑担肩痛，经过锻炼也能挑满筐了。在挖土挑担等方面向有经验的同志学习，努力提高自己的劳动本领。对劳动组织等方面想起一些意见也能尽量向队长建议。因为接受了管理急救箱的任务，所以对同志们的健康情况尚能关心。①

韩济生干活从来不惜力，不偷懒，他说：

叫我来劳动我就好好劳动，有的人老想着偷懒，觉得怎么样可以偷懒就赚了，我是觉得怎么可以多出力我就是赚了。②

由于表现突出，韩济生被评为了小队模范，小队意见如下：

作为知识分子来说，表现得较突出。如劳动前积极锻炼，初次参加劳动还是拼出全部力量，干劲十足。不怕苦、不怕累，进步快，关心集体，经常提出意见，团结互助做得好。小队同意作小队模范。③

---

① 韩济生人事档案：卫生部义务劳动干部鉴定表（1958年5月11日至25日）。存于北京大学医学部档案馆。
② 韩济生访谈，2013年7月16日，北京。资料存于采集工程数据库。
③ 韩济生人事档案：卫生部义务劳动干部鉴定表（1958年5月11日至25日）。存于北京大学医学部档案馆。

接下来是大炼钢铁，进修学院的院子里构筑起了土炼钢炉，要把废钢铁、砸碎的铁器等融化"炼"成"钢"。大炼钢铁需要连续战斗，不能中途停歇，任务十分紧张。韩济生将临产的妻子送到医院后就走了。12月10日，女儿韩一虹出生时，韩济生还在炼钢。女儿回忆道：

> 我生下来的时候正是"大跃进"的年代，正是大炼钢铁的时候。据说，我妈妈临产了，我爸把她送到医院去，我妈妈就客气一声说：我没事了，你先回去工作吧。结果我爸爸就认真了，真的就走了，所以我出生后很久，爸爸才见到我。①

韩一虹出生后发高烧，韩济生也不能及时陪女儿去医院。在当时全民热情高涨的氛围下，也完全能理解。但韩济生即使是在劳动锻炼中，也不忘了勤思考提建议，越思考，他越觉得想不通：

> 我在想"钢和铁有什么差别？铁为什么会变钢呢？"人家就说两者的碳含量不同。那为什么火烧到这种程度的情况下碳还能存得住呢？等等。我就到药物所去问他们要来钢拿去做实验，铁也拿去做实验，我也来解释一下。当时越来越感觉到这是个没道理的事情，到现在我也没有弄懂。我们家的锅也捐献了，铁器也捐献了，一融化最后就是一个铁疙瘩。这是干什么呢？想不通。我这人从来不懒惰，也从来不能不思考。包括"文化大革命"，还有毛主席指示，我都要问个"为什么"。家里孩子发烧了，炼钢铁，也不让请假，你这么炼铁还能够炼得下去吗？！当时就是有很多不合理的事情，好多事情都经不起思考，后来我就开始反抗。不许？不许我也带孩子去看病。②

1959年4月16日，韩济生又被派到居庸关卫生局绿化造林大队劳动半月。当天，就被分配至果林队任副队长，全队共有十一人。他们队的工

---

① 韩一虹访谈，2012年10月25日，北京。资料存于采集工程数据库。
② 韩济生访谈，2013年7月16日，北京。存地同上。

作主要是挑水浇苹果树，韩济生总是捡较重的活干，比如从河里挑水上坡这类的活。在鉴定表中，他记道：

> 在果林队劳动，主要工作是挑水，其余也有果树、苗圃的管理等工作。在工作中基本上是努力的，捡比较重的活来干。我觉得每一件工作都是对自己的考验。如有时挑水累了，脚步就要放慢，但考虑到我这第一担放慢了，整个挑水接力线上速度就要放慢，所以就振作起来加紧脚步，用一些英雄形象和荒山变果林的美景来鼓舞自己和别人。
>
> 在副小队长的工作中尽自己的力量来紧凑的安排工作，发挥最大效率，加速完成队上所给的任务。如当一种工作快完时，及时组织力量去搞另一工作；预先到现场勘查情况做好劳动安排等。并注意尽量使小队每个同志都能得到最大锻炼。有时找机会了解同志们思想情况，做到互相帮助，思想上共同提高。
>
> 工作中缺点很多，主要是急躁情绪，遇见工作不能按计划理想顺利进行时，往往就态度急躁，不注意方式方法。①

如果有队员临时被抽走，韩济生则一人顶两人的工作。挑水时，爬最高最远的一段，尽量使别人走较平坦较短的路程。全队休息时，韩济生就抓紧时间修补水桶等工具。②

1960年8月，韩济生又去位于北京郊区大兴礼贤的卫生部农场劳动半个月：

> 这次总共参加了收割稗子、玉米、高粱、青麻，翻白薯秧和锄草等，许多事情都是从头学起，说明自己在生产劳动方面是非常幼稚无

---

① 韩济生人事档案：居庸关劳动鉴定表（1959年4月16日至4月30日）。存于北京大学医学部档案馆。

② 同①。

知的。毫无疑问，集体劳动是非常愉快的事情，但有许多手工劳动确实费很大力气。例如在开始翻白薯秧的头两天，腰酸得直不起来，心里真体会到"一粥一饭来之不易"，我们吃的每一颗粮食都是许多同志用这样辛勤的劳动去换来的。同时，看到我们农场大片庄稼被一场大雨淹掉许多，造成很大损失，也更体会到中央提出的以农业为基础，各行各业都来支援农业的重要意义。将来在自己的教学科研工作中，应该更好更多地考虑怎样为农业服务的问题。

在这半个月劳动中，总的说来，主观上也想好好工作，想办法把事情做得快些做得好些，但是结果往往没有做到。如割稗子割得很慢，还割了自己的脚。锄草的速度也不够快。[①]

1960年底，进修学院宣告停办，工作人员解散，重新分配。

留 在 北 京

这一次，韩济生以为自己将要离开北京了：

听说人员都将分配到银川去支边，我们为此认真做好了准备。我和秀媛还特意带着四岁的男孩松平和两岁的女孩一虹，去逛了一次长城，表示将与北京告别。那年冬天特别冷，我们爬到长城上想照一张相留个纪念，但胶卷竟然断在相机里没有拍成。我暗暗思忖，这预示前途险恶？抑或长城不愿与我们家告别？谜底只有天知道。当时还不懂得"走后门"，探消息，只会傻等。[②]

[①] 韩济生人事档案：大兴农场劳动鉴定表（1960年8月）。存于北京大学医学部档案馆。
[②] 韩济生：点滴回忆。见：王晓民主编：《芳菲时节：韩济生院士与他的学生们》。北京：北京医科大学、中国协和医科大学联合出版社，1998年，第1—22页。

第三章　生理学之路　　63

不久，韩济生得知自己不用去银川了。1961年9月，韩济生被正式调到北京中医学院生理教研组担任生理讲师。事后，韩济生得知这也是季钟朴老师的安排。

北京中医学院（北京中医药大学前身）由国务院在1956年9月批准成立，翌年1月划归卫生部直接领导[①]。是新中国成立后最早创建的四所中医院校之一，系全国重点医药院校。为了充实师资队伍，该校从全国各地延聘中西医骨干教师，除了中医教学外，还着手建设西医教研室及各种仪器设备。[②]

在北京中医学院，韩济生每学期要给药学系学生教生理课，包括讲课和实习。较之卫生干部进修学院后期的任务不足，这时的工作十分紧张。韩济生拿出了当年在哈医大大干教学的劲头，住在办公室。工作之余，韩济生与生理教研组主任刘国隆结成了互助组，韩教刘英文，刘则教韩电子学和电工学，组装半导体收音机，十分融洽。当时所学的电子知识和技能，后来都派上了用场。[③]

韩济生的业务水平和勤奋努力，大家有目共睹，所以后来北京医学院想调转他时，中医学院并不舍得放他。确定调转后，虽然韩济生只在中医学院工作了一年，单位还是对他的工作作出了高度的评价：

优点：

一、韩济生大夫在服从组织分配方面是很好的，来到中医学院后20天立即担任中药系的生理课，自己毫不讲条件并能认真备课，保质保量，讲课清晰、内容丰富，无论中药系办公室或同学反映都很好。同时，学生送来感谢大字报。

二、韩大夫自学精神好，勤勤恳恳，刻苦钻研，早起晚睡（住在教研组），努力学习，对时间非常珍惜。不仅提高本门业务，且能进

---

① 蔡景峰、李庆华、张冰浃主编：《中国医学通史·现代卷》。北京：人民卫生出版社，2000年，第597-598页。
② 张宏儒：《二十世纪中国大事全书》。北京：北京出版社，1993年，第447页。
③ 韩济生：点滴回忆。见：王晓民主编：《芳菲时节：韩济生院士与他的学生们》。北京：北京医科大学、中国协和医科大学联合出版社，1998年，第1-22页。

修其他学科（例如自学生化，进修电子学等），都能学深学透，最后熟练掌握。这种学习精神可作我们的典范。

三、韩大夫对帮助同学方面非常热情，在业务上毫不保留，有问必答，并能主动去了解同学们在学习上有何困难。实验中发现新问题不仅让同志们看，还从实际工作中去找问题，不受理论约束。

在英文学习上对我组同志帮助更大，甚至分三个班的水平，但韩大夫都能热情耐心地帮助，并能督促同志们学习。

四、韩大夫与组内同志相处地非常融洽，对同志都是一视同仁，不摆架子，态度真诚，为人直率开朗。

五、对自己要求严格。

1. 在生活上妥善安排，每周只回两次家，其余时间用在教学与提高业务上。

2. 能克服困难，不计较个人利益。很长时期在教研组睡在大桌子上，直到院长下来检查暖气时才帮助解决了一张床。但他自己从不叫苦与埋怨。

3. 星期二晚上的政治辅导报告，由于不作要求，所以有很多人都不去听，但韩大夫每次都去，即使知道工作调转仍能贯彻始终。

4. 自己每天工作学习都有计划安排，不浪费一分钟。

5. 劳动观念强，每次参加劳动或扫除时，都能找重活做。

六、关心教研组工作。在研究工作或探索实验及安装仪器方面都积极开动脑筋想办法。

缺点：

有时表现急躁，今后到新单位应注意，否则容易影响同志间的关系。[①]

服从分配、刻苦钻研、善于学习、勤于思考、珍惜时间、实干不埋怨等，评价中总结的这些特点，是韩济生一以贯之的行事风格。

---

① 韩济生人事档案：北京中医学院生理教研组给韩济生的鉴定（1962年10月24日）。存于北京大学医学部档案馆。

神经科学的引路人

1962年的一天，韩济生收到北京医学院生理教研室主任王志均教授的来信，约他星期天到中山公园一叙。

图3-9 韩济生（左）庆祝王志均老师从教六十周年（1995年）

王志均（1910—2000），生理学家。1936年毕业于清华大学生物系，之后在协和医学院进修生理学，先后在昆明、贵阳新建的医学院任教。抗战胜利后，1946年获奖学金赴美国进修，师从芝加哥伊利诺伊大学医学院著名消化生理学家艾维（Ivy）教授。1950年，以优异的成绩获得哲学博士学位，导师称赞他写的英文论文比一般美国学生写得更好[1]。其博士论文"移植胰脏狗的小肠释放的促胰液素和促胰酶素的生理学测定"，在世界上第一次阐明了胃肠激素释放的自然刺激，被国内外同行誉为消化生理方面的经典著作。[2]

---

[1] 韩济生：悼念王志均老师。见：编写组：《韩济生院士》。北京：北京大学医学出版社，2008年，第39-40页。

[2] 徐天民、韩启德主编：《北京医科大学人物志》。北京：北京医科大学、中国协和医科大学联合出版社，1997年，第110页。

韩济生如期赴约：

> 我才知道中央有新政策，要为各行各业的专家配助手。王先生问我愿不愿意到北京医学院去做他的助手，我听到此消息，喜出望外，"当然愿意"！但是我又想，北京医学院可是大地方，怎么会让我去？我与王先生只有一面之交，平时无来往，他怎么会要我去？所谓一面之交，是有一年吴襄教授到北京来与王先生共同修改生理学教材时，把我叫去帮助他们打下手。当时王先生大概觉得我文字还可以（这可能还要归功于从小看《封神榜》《东周列国志》等书的经历吧！），所以想起来要我。①

但是中医学院不愿放人，王志均向卫生部提出要求，在季钟朴司长的斡旋下，终获批准。

1962年10月，在北医五十年校庆之际，韩济生到校报到。王志均交给韩济生两项任务：一是协助他带研究生，特别是作论文的初步修改；二是从事科研工作。韩济生回忆道：

> 王志均教授就告诉我："我一辈子都是搞消化研究的，不是胃就是肠就是胰。但是我们知道消化器官的活动受神经的影响，你一生气消化就不灵了，这个道理我就不知道。我给你一个题目，研究脑子和中枢神经系统如何控制消化代谢的影响。"他还给了我一篇文献，看人家是怎么研究体温调节的：把猴子放在热的环境里面去，等猴子满身出汗时，将其脑脊液抽到另一个动物体内，那个动物也会出汗；如果把猴子放到很冷的环境里面，冻得发抖，再抽了脑脊液打给另外一个动物，那个动物也会发抖。可见体温调节都是有化学物质来支配的。②

---

① 韩济生：点滴回忆。见：王晓民主编：《芳菲时节：韩济生院士与他的学生们》。北京：北京医科大学、中国协和医科大学联合出版社，1998年，第1—22页。

② 韩济生访谈，2012年9月27日，北京。资料存于采集工程数据库。

韩济生说自己对消化生理一无所知，就从零开始吧。他辅助王教授带汤健和袁斌两位研究生一起工作，共同研究。其中袁斌的课题是"中枢神经系统对血液脂肪酸的调节作用"。为了解决颅脑定位注射技术，他们去协和医院参观了美国产的脑立体定位仪，回来后自制了家兔脑立体定位仪，练习向脑室和脑核团立体定向埋置电极或瘘管的技术（谑称向脑子里"打钉子"）。当时，文献中有大鼠脑内摄食中枢和饱中枢的解剖定位资料，他们按此类推，用立体定位仪在家兔脑内也找到了这两个中枢，插入"钉子"后可以随心所欲地指挥兔子开始摄食或停止摄食。韩济生不仅给医学生讲课时作示教，还由中国生理学会邀请到几个单位表演，对推动神经科学实验研究，起到了一定的促进作用。在此基础上，他们向家兔脑内定位微量注射乙酰胆碱和去甲肾上腺素或其阻断剂，观察其对血糖和血脂肪酸水平的影响，写了两篇论文。[①]

韩济生说自己从王先生那里学到的东西太多了：

> 在教学上，王先生一贯强调反对灌输式教育，支持启发式教育，常通过一些生动的故事说明著名科学家如何提出问题、发现问题、解决问题，从而激发学生对科学的兴趣和内在动力。[②]

> 为了启发学生随时思考科学问题，他用了个形象的比喻，说"科研创新有时出于灵感，起床后在刷牙的过程中也可能冒出一个新想法"，后来因这个论述在"文化大革命"中屡遭批判。[③]

> 王先生很重视科研结果如何表达。他说，同样一件事，如果给你一小时，你可以讲清楚；如果只给五分钟，你应该也能讲出要害之处，而不能说五分钟我讲不了，必须有六十分钟才能讲。这一论点非常形象，极其精辟，对教师和科研人员都极其重要。王先生讲课之精

[①] 韩济生：点滴回忆。见：王晓民主编：《芳菲时节：韩济生院士与他的学生们》。北京：北京医科大学、中国协和医科大学联合出版社，1998年，第1-22页。

[②] 韩济生：人生的转折和选择。见：编写组：《韩济生院士》。北京：北京大学医学出版社，2008年，第18-22页。

[③] 韩济生：悼念王志均老师。见：编写组：《韩济生院士》。北京：北京大学医学出版社，2008年，第39-40页。

彩，文章之风采，永远是我学习的榜样。另一方面应该强调的是，王先生作科研工作的战略家风度。这表现在他既能在消化生理上越钻越深，又能跳出消化看消化，去作消化的中枢控制。遗憾的是，我只跟王先生作了三年科研，没有作出显著成绩，就应国家的需要转到针灸研究领域了。但王先生给我指出的科研方向，却为我后来的针刺麻醉原理研究，特别是从神经化学角度阐明针刺镇痛原理，打下了必要的基础。[①]

后来，韩济生对前来参观访问的中外学者介绍实验室发展史时，都要讲到是王志均教授把他领进了神经科学的大门。

[①] 韩济生：点滴回忆。见：王晓民主编：《芳菲时节：韩济生院士与他的学生们》。北京：北京医科大学、中国协和医科大学联合出版社，1998年，第1-22页。

第四章
投身针麻原理研究

已过而立之年的韩济生，在科研领域中，已逐渐将精力集中到"中枢神经系统如何控制消化功能"的课题上。正当他潜心致力于这一领域时，1965年，韩济生接到了一个特殊的任务。

一个特殊的任务

二十世纪五十年代，我国出现了研究中医的高潮。1950年8月，第一届全国卫生会议在北京召开，确定了新中国卫生工作的方针"面向工农兵、预防为主、团结中西医"。1953年11月18日，中西医学术交流委员会成立。同月，毛泽东主席在中央政治局会议讨论卫生工作时提到：

> 中国对世界有大贡献的，我看中医是一项。现在西医少，广大人民，尤其农民，依靠中医治病……但我们对中医，须有全面的正确的认识，中医也必须改造，必须批判地接受这份旧遗产。看不起中医是不对的，把中医说得都好、太好，也是错误的。中西医一定要团结，

  *西医一定要打破宗派主义。*①

  这促使了我国科研人员对中医问题（包括针灸）进行科学研究。1955年1月，毛主席指示：中国医药有悠久的历史，对人民有很大贡献，要建立机构研究中医药……几年来未做出成绩是不对的。②这个略带批评的指示对当时的中医研究可以说是一个巨大的政治压力。1956年8月24日，毛主席又指示：要以西方的近代科学来研究中国的传统医学的规律，发展中国的新医学。③五十年代末，中苏开始交恶，苏联逐渐撤回了技术援助专家，中断了与中国的科技合作，而当时美国等西方国家对中国也实行技术封锁。如何发展科学技术成为中国面临的重要问题。④中央由此提出了"独立自主，自力更生"的方针，对中医的研究赋予了很大的期望，周恩来总理等领导曾多次过问。在中央的重视下，全国范围内掀起了学习中医的热潮，简便有效的针灸疗法被广泛地应用于临床各科。在此基础上，促成了针刺麻醉的诞生。⑤

  第一例正式的针刺麻醉手术发生于1958年8月30日。上海市第一人民医院耳鼻喉科的住院医师尹惠珠在未用药物麻醉，只是针刺双手合谷穴的情况下，摘除了一名病人的扁桃体。整个过程中，病人仅有轻度恶心、局部少量出血。12月5日，西安市第四人民医院在使用陕卫七型电针仪的情况下摘除病人的双侧扁桃体成功。12月8日，该院将电针麻醉成功的消息向卫生部报告。卫生部对此甚为重视，专门发电报祝贺，并希望："再接再厉，在电针穴位刺激代替麻醉手术方面，进行系统地研究总结，努力做出更大的贡献"。上海、西安等地的针麻应用，在全国医务界引起强烈反响，加上卫生部电报的推动，各地医院纷纷开始推进针麻手术。到1959

---

  ① 蔡景峰、李庆华、张冰浣主编：《中国医学通史·现代卷》。北京：人民卫生出版社，2000年，第595页。
  ② 同①，第596页。
  ③ 同①，第597页。
  ④ 黄艳红：中国针刺镇痛机理研究的社会史分析。北京大学博士学位论文，2006年，第49页。
  ⑤ 张仁：《中国针刺麻醉发展史》。上海：上海科学技术文献出版社，1989年，第8页。

年底，针麻手术已涉及临床各科九十余种手术。①

二十世纪六十年代初，我国进入困难时期，国民经济贯彻执行"调整、巩固、充实、提高"的八字方针。针麻也从轰轰烈烈的热潮中冷却下来，进入反思阶段。②随着手术例数的增加，针麻的不足之处也暴露得愈加明显，如三关问题（镇痛不全、内脏牵拉反应、肌肉松弛不够），个体差异问题，尚未成熟即急于推广、操作不当等引起的问题等。临床上不再满足于追求手术种类和病例数量的多少，而开始着重克服针麻本身的不足。另外，关于针麻原理的研究也提上了议程。③周恩来总理对此高度重视，指示卫生部部长钱信忠："我给你一个任务，组织力量研究针灸止痛的原理，你要好好地抓，一定要落实。我们中国人在几千年前就能用针刺治疗各种疾病，一定要讲出其科学道理"。④其实在1958年首例针麻手术后，就有了少量的机理研究工作，但是十分零散，主题也不明确。⑤

周总理下达指示后不久，钱信忠部长就召开了全国二十多所重点医学院校的党委书记会：

> 我告诉他们，周总理给我们下达命令了，这很可能就是祖国传统医学走向世界的第一个突破口。这些书记们积极性都很高，周总理作为国家领导人讲话了，我们的工作就好办了，后来很多非重点院校也搞起了针刺研究。在医学界形成了第二次针灸热。⑥

可以说第一次针灸热主要表现在针麻的临床应用上，参与的多为临床医师和针灸师；第二次针灸热则主要反映在机理研究上，参与的多为大学

---

① 张仁：《中国针刺麻醉发展史》。上海：上海科学技术文献出版社，1989年，第8页。
② 同①，第8—15页。
③ 黄艳红：中国针刺镇痛机理研究的社会史分析。北京大学博士学位论文，2006年，第71页。
④ 李俊兰：周总理的嘱托、遭遇知识经济。《北京青年报》，2000年7月17日。
⑤ 黄艳红：中国针刺镇痛机理研究的社会史分析。北京大学博士学位论文，2006年，第71页。
⑥ 李俊兰：周总理的嘱托、遭遇知识经济。《北京青年报》，2000年7月17日。

院校和研究机构的研究人员。

时任北医党委副书记的彭瑞骢也参加了这次会议。作为卫生部的重点院校，自然要不打折扣地落实周总理的嘱托。① 哪知道找教授，教授不做；找副教授，副教授也不做。他们说这么多年，又是冷水疗法，又是鸡血疗法，这次又要做什么"针刺麻醉"，还是算了吧。

1965年9月的一天，彭瑞骢书记找年轻的讲师韩济生谈话，希望他担起这项任务，完成总理的嘱托。② 服从组织安排是韩济生的天职，但是他还有些犹豫。韩济生当时的心情是复杂的：

> 一方面，我对"针刺麻醉"一无所知（当时"针麻"处于半保密状态），要离开王志均教授这样著名的消化生理权威的树荫，去独闯一个不摸深浅的新领域，肯定困难重重，前途未卜。而且心里也有负担，如果做不出来怎么办，是不是会说我反对中医或别的什么呢？但另一方面，"养兵千日，用兵一时"。国家培养自己做生理学工作者已经十二年，算来超过了四个千日，现在下达了明确任务，安能拒之而不受？③

韩济生是西医出身，对中医尤其是针灸并不了解，心中并无把握。彭书记说："我帮助你了解，你明天跟我到通县结核病研究所，到那里我们亲自去看看针刺麻醉怎么做的。"④ 第二天，他们就驱车去了通县，观看胸科专家辛育龄教授做肺叶切除术。那是一位女工，二十多岁，因结核病需做肺叶切除。术中，没有用药物麻醉，只是在四肢上扎了针灸。一位总针灸师根据手术的进行步骤发出指令，四位针灸师按照指令在各自负责的肢体上捻针，经过三十分钟针刺诱导期，手术开始了。手术灯下，刀、剪和止血钳在胸部长长的切口处操作，但病人却还能清醒地与护士说话，脸上也

---

① 李俊兰：周总理的嘱托、遭遇知识经济.《北京青年报》，2000年7月17日。
② 郭桐兴：中国科学院韩济生院士漫谈济生之路. 腾讯科技网站，2009-03-24.
③ 韩济生：人生的转折和选择. 见：编写组：《韩济生院士》. 北京：北京大学医学出版社，2008年，第18-22页。
④ 李俊兰：周总理的嘱托、遭遇知识经济.《北京青年报》，2000年7月17日。

毫无痛苦的表情，还能用麦秆吸橘子汁。① 韩济生用"吃惊不已"形容自己当时的感受。② 看了手术以后，韩济生觉得可以接受这个任务，因为事实摆在那里，肯定有它的道理，只不过不知道罢了。③ 于是，韩济生和汤健、周仲福经过严肃的讨论，依依不舍地离开了消化生理研究室，开始投身于针麻原理的研究。④

这是韩济生人生路上第三个重要的选择：

> 这个选择是领导安排与个人选择相结合做出的决定。但当时绝没有想到，这一锤竟定了终身，一干就是三十余年！⑤

"是什么"和"为什么"

实验室刚起家时主要就是三个人，韩济生带着汤健和周仲福一起干，在学校的重视、支持下也动员了基础部其他教研室的许多教员和技术人员共同战斗。韩济生认为，要知道"为什么"，必须先确定"是什么"，一切都需要从现象到本质，确认事实才能开始研究。

在临床上，麻醉师习惯于应用药物进行麻醉，现在要用针刺来代替药物，自然称之为"针刺麻醉"（针麻）。然而，对于基础研究人员而言，虽然接受的是针麻研究任务，但更倾向于称之为"针刺镇痛"。因为，与传统的药物麻醉不同，针刺下病人的意识并没有消失，只是痛觉变得迟钝，

---

① 韩济生：针刺镇痛研究成果是世界性的科学财富.《中西医结合杂志》，1986（特刊），第62-68页。
② 李俊兰：周总理的嘱托、遭遇知识经济.《北京青年报》，2000年7月17日。
③ 韩济生"杏林大家谈"讲座——"唯愿此生济苍生"，2013年6月18日，北京大学医学部。资料存于采集工程数据库。
④ 韩济生：针刺镇痛研究成果是世界性的科学财富.《中西医结合杂志》，1986（特刊），第62-68页。
⑤ 韩济生：人生的转折和选择. 见：编写组.《韩济生院士》. 北京：北京大学医学出版社，2008年，第18-22页。

而使某些外科手术操作得以进行。在此过程中，针刺不仅能起到镇痛的作用，还能对生理功能起到一定的调节作用。虽然，针刺的作用不限于镇痛，但是镇痛确实是针麻的核心和要素。① 要研究针刺为什么会镇痛，首先要确定针刺是不是真的能镇痛：

> （交给我们的研究任务）是"针刺为什么会麻醉，为什么会止痛？"等于是针刺可以止痛麻醉是已经定了，不用你研究了，只需要你讲出个为什么来。幸亏我受过上医科学的训练，我在上医的时候，不光看学习的课本，每个礼拜要到图书馆去看一篇英文文献（培养了批判性思维能力），现在这点功夫用上了。我说我们都不知道"是什么"，怎么就能够研究"为什么"呢？我不相信扎针以后就会有这么大的止痛作用，我首先得看看针刺真的能止痛吗？当时可以说是举全校基础医学的力量，学校说"你要多少人？就给你。"所以我们就把解剖、生理等教研组都动员了起来。②

韩济生说第一步要想办法测痛，然后再看看扎针是不是有止痛作用。他们想了各种办法来测痛，在皮肤上又是火烫又是针扎，最后与北京航空航天大学的刘亦鸣③ 工程师合作，想办法把逐渐增强的阳极电流施加于皮肤，通过电流把氯化钾溶液中的钾离子导入皮肤，引起皮下神经纤维兴奋，产生痛觉。经过反复试验、改进，终于做出了合乎实验要求的钾离子痛阈测量仪。④ 学生们也都很有奉献精神，积极报名当被试者：

---

① 韩济生：针刺麻醉向何处去？由针刺麻醉（AA）到针刺辅助麻醉（AAA）。《中国疼痛医学杂志》，1996年第1期，第1—5页。

② 韩济生访谈，2012年9月27日，北京。资料存于采集工程数据库。

③ 刘亦鸣，1934年生，湖南邵阳人。1951年入学清华大学航空工程学院，1956年毕业于北京航空学院，北京航空航天大学研究员，中国电子学会高级会员，中国电子学会生命电子分会委员，中国针灸学会针灸器材专业委员会委员，曾任中国传统医学仪器学会副理事长。从事航空发动机工艺、电子测控技术、无线电电工仪器仪表的研究和计量工作，致力于将先进的电子技术应用于中国传统医学。与韩济生合作为针刺止痛的研究和临床研制了许多科研和临床用仪器，包括韩式治疗仪系列、经络诊断仪系列、针灸麻醉仪系列，等等。

④ 刘亦鸣、韩济生：韩氏穴位神经刺激仪的研制。见：编写组：《韩济生院士》。北京：北京大学医学出版社，2008年，第81—87页。

我（韩济生）讲课的时候说："同学们，现在我们领了一个任务，研究针刺会不会产生麻醉或者止痛作用？为什么会有这些作用？现在我们需要有同学做被试者，看看痛觉会不会在扎针后变迟钝了。有没有人愿意参加？"同学们个个都举手，都非常热情地参加。①

接下来，韩济生他们在实验室放了八张床，同时对八名受试者进行"针刺对人体皮肤痛阈影响"的试验。②当时国内也有其他机构在做测定痛觉变化的研究，不过韩济生带领北医组采取了不同的办法：

比如上医针麻研究组主要看扎针以后哪些部位痛，哪些部位不痛。他们花了很多的功夫，但是最后发现针刺是全身都止痛的。我们则不同，是从时间关系来测痛觉的变化，看扎针多长时间后开始镇痛，拔掉针多长时间后作用消失。结果发现扎针后要半个钟头才充分发挥作用，停了以后又逐渐消失，对这些基本现象的认识后来都用上了。③

韩济生他们在一百九十四名正常人和病人身上，详细观察记录了针刺镇痛的规律。他们发现镇痛的过程来说，具有缓起缓降的特点。比如在合谷穴上连续针刺（提、插、捻、转）三十分钟左右才能充分发挥镇痛效果（即痛阈显著升高），这在临床上称为"诱导期"。而且不仅在穴位附近有镇痛效果，在全身都有明显的镇痛作用。它并不符合"口面合谷收，肚腹三里留"这一口诀所描述的镇痛效果，而是扎针后，全身的痛阈都升高了。④待到镇痛作用充分发挥后把针拔出，镇痛作用并非立即消失。韩济生清醒地想到，在这类人体试验中，心理作用的影响或"安慰剂效应"是很难避免的。所以，他们设计了各种对照实验来估计这种影响。但有一个有趣的现象引起了韩济生的兴趣，即痛阈的升高和回降有其特定的时程。

---

① 韩济生访谈，2012年9月27日，北京。资料存于采集工程数据库。

② 韩济生：针刺镇痛研究成果是世界性的科学财富。《中西医结合杂志》，1986（特刊），第62-68页。

③ 韩济生访谈，2012年9月27日，北京。资料存于采集工程数据库。

④ 同③。

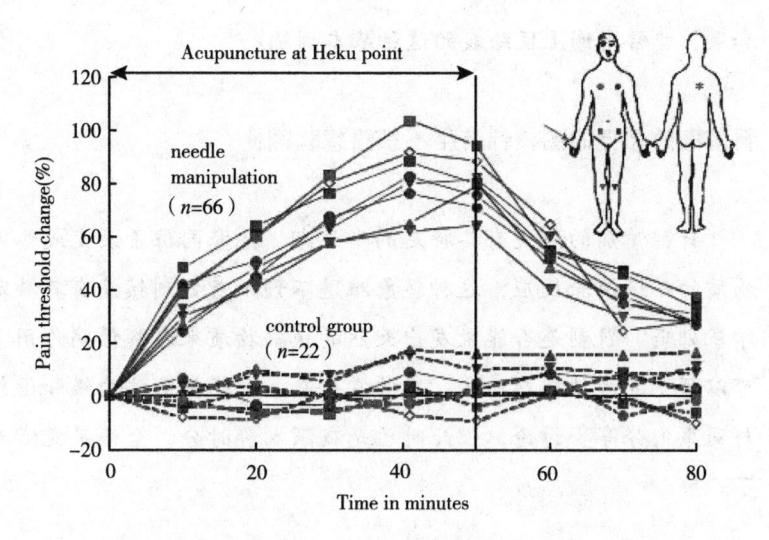

图 4-1　针刺合谷穴引起的痛阈变化

（刺激期间痛阈缓慢升高，停止刺激时痛阈缓慢回落，两者的动态变化数据完全吻合，提示针刺镇痛机理中有神经化学因素参与的可能性）

不同组的受试者针刺不同的穴位（合谷、太冲、足三里等），痛阈升高的幅度可以有很大差别，但撤针后痛阈恢复的速度却有惊人的相似性。[1]

每天晚上，韩济生要把白天实验得到的数据进行整理，他喜欢画图，也因此而发现了针刺镇痛的规律：

> 我这个人就爱画图，白天像工业生产似的，八个人躺在那里测痛；晚上数据都到了我这来。我就一把算盘，一支计算尺，没有人帮忙。白天大家做实验，晚上我统计。例数越多，统计曲线越光滑。当把停针后痛阈恢复的下行曲线画在半对数坐标纸上时，发现其斜率极为一致，成了一条直线，非常有规律。每十六分钟，痛觉阈值降低一半，再过十六分钟，再降低一半。哎呀！这个规律我找着了以后啊，心里非常高兴，心想这下子我们肯定是抓住什么东西了。这不是一般的"安慰剂效应"所能解释的。所以我觉得当时花时间去测定针刺镇痛的基本的时间规律和空间规律，帮助太大了。做研究要先弄清楚因

---

[1]　韩济生：针刺镇痛研究成果是世界性的科学财富.《中西医结合杂志》, 1986（特刊），第 62-68 页。

和果,非常感谢上医给我的这种基本训练。①

看着面前漂亮的图,韩济生不禁浮想联翩:

  针刺镇痛的消失有其特定的半衰期,就像同位素衰变或体内化学物质的一级消除反应,这种现象难道不预示着针刺镇痛有其特定的化学基础吗?针刺是否能激发出天然的镇痛物质来发挥镇痛作用?一个可以预见的规律就在前方,我异常兴奋,真想把这些曲线和设想立即与同事们分享、讨论。但此时已是夜深人静时分,全楼早就空无一人了。②

1966年2月,在上海召开的第一次全国针麻学术大会上,韩济生代表北医针麻组报告了这一结果。他的报告得到了卫生部钱信忠部长的表扬。③报告完毕的当天晚上,韩济生更坚定了要把毕生精力贡献给针麻原理研究事业的决心:一定要阐明古老的针灸疗法之所以能镇痛的内在机制。但是接下来的"文化大革命"使这一心愿被迫搁置了起来。1965年接受的针麻研究任务,刚刚做出了一点现象,就被迫停止了。

下 乡 去

"文化大革命"期间,开展知识分子上山下乡活动。活动以"大批判"开路,教授挨批,教师下放。朱秀媛被打成了反革命,韩济生也"被下乡":

---

① 韩济生访谈,2012年9月27日,北京。资料存于采集工程数据库。
② 韩济生:针刺镇痛研究成果是世界性的科学财富。《中西医结合杂志》,1986(特刊),第62-68页。
③ 朱秀媛访谈,2012年9月27日,北京。资料存于采集工程数据库。

"文化大革命"运动初期,我爱人因给药物所总支委员提意见,被打成反革命,遭关押,被抄家,险些被轰下乡。我本人也被迫带着男孩下乡劳动,女孩则与其母同住在隔离室。在这种情况下,我对于哪些是党支部的决定,哪些是党内某些个人的意见分不清楚,发言与写大字报往往趋于偏激。其后的一些政策更使人越来越不明白,甚至得出结论:"只要我认为对的准是错了,我认为错的往往对了。"对自己丧失了信心,思想陷入混乱。直到后期,从纪念周总理逝世事件等,形势才逐渐明朗。经验教训归结为一条,只有学好马列主义才能提高分辨能力。要独立思考而不随波逐流。要三思而行而不仓促反应。当然,要做到这些,并不容易。①

对于爱人朱秀媛,韩济生顶住外在的压力,坚信她是清白的,始终给予信心与支持。朱秀媛回忆道:

在批判会上,我大声呼喊"毛主席万岁!"从不低头。在这种情况下,他们采取了野蛮措施,抄家、隔离审查,等等。我爱人韩济生到隔离室去看我,对我说:"千万不要说一句谎话,历史会证明你的清白"。我也从来没有丧失过信心。隔离一个月,让我回家的当天,济生陪同我到邮局给陶铸②同志发出"加急电报"。一两天内,陶铸就派来几名解放军,单独在药物所传达室接见了我。自始至终没有流一滴眼泪的我,见了亲人似的,眼泪止不住向下流。当天晚上,所领导通知我:"恢复工作,并予以道歉,彻底平反。"在我隔离期间,济生给我精神上的支持,孩子从来不认为妈妈是反革命。我的学生陆健敏穿着军装到隔离室来看我。我的老师宋振玉到党总支去"说理",还经常给我递条子,通消息。相隔一个月,全所群众组织携手召开平反大

---

① 韩济生人事档案。存于北京大学医学部档案馆。
② 陶铸(1908—1969),在 1966 年召开的中共八届十一中全会上当选为中央政治局常委,兼任中央书记处常务书记,并任国务院副总理、中共中央宣传部部长。

第四章 投身针麻原理研究

会，为我进行了彻底平反，盛况空前。①

在"文化大革命"初期，韩济生也差一点被打成"反革命"。老友吴新智回忆道：

> 差不多在1969年，"文化大革命"期间，有人来外调，调韩济生，说他是不是在学校参加反革命小集团啊？我说这是哪有的事啊。我跟他一直是一个小组的，知道他不是反革命小集团。我在学校的时候连续好几年都当班长，最后一年是学生会组织部长，所以很清楚。我就问他从哪得来的信息，说是我们班另一个同学交代的。那个同学在"文化大革命"的时候也是被冲击的对象，他的父亲和国民党有点关系，就被逼供成了国民党的特务。特务就应该有电台吧，没有就打，所以就说有，接着又得交代在哪，不交代又得挨打，就胡说了一个地方就去挖，也挖不出什么来。那个同学那时年纪轻轻的，三十多岁头发全白了。就"交代"了一个反革命小集团，把韩济生给编进去了。朱秀媛家里原来是有地的，"文化大革命"的时候，有人要想弄你的话就会挖空心思，说她家是地主，就批判。那时候朱秀媛在药物所，我们家在一个院，我们小孩都去看，回来说"哎哟！朱阿姨怎么挨斗了"。这样批斗以后不久就说是资产阶级反动路线。我们那时候来往也不多，都躲着，不敢有关系，都怕什么时候会出事。②

韩济生下乡去了北京郊区的农村培训赤脚医生。即使离开大学到了农村，韩济生也总是用科研的思维去解决问题。他去了以后，正赶上当地流行性脑炎流行：

---

① 朱秀媛：我的回顾与感悟。见：《秀丽人生，和美人生：朱秀媛教授八十华诞纪念册》。北京，2007年，第10-31页。未正式出版。

② 吴新智访谈，2012年6月12日，北京。资料存于采集工程数据库。

我们都知道得了脑炎会出现脑部水肿，只要打甘露醇，水肿就会减轻，可是谁也不知道隔多久应该打一次。我对赤脚医生说："我们没有别的，只有血压计、一个表，可以看看心跳、呼吸。"先看血压，如果血压"唰"一下高上去了，呼吸也慢下来了，这个时候估计脑压高了，那就给病人打一针甘露醇。大约五分钟后，血压开始下降，被抑制的呼吸也开始恢复原有的频率。大概过了两三个钟头，血压慢慢地又上去了，这时候看起来又要打一针了。当时也没有方格纸，就在一张纸画了很多格，把观察到的血压、呼吸变化按时间画成图。赤脚医生从来没画过图，就这样在实践中进入初步的科研了。后来有的赤脚医生成了咱们的工农兵学员，还能回想起来当时的情景呢。①

输液瓶没地方挂，得有人一直举着。韩济生又想到了一个办法：

小时候家里穷，姐姐们就编樟脑丸挂袋去卖来贴补家用，我想我也可以编一个网兜，把这个输液瓶给挂起来。于是我就地取材，找了细绳子编起网兜来。旁边的人看着就说"你一个男的，还会编网兜啊"，我答道"那有什么男女之分啊"。编好了，输液瓶就可以挂在竹竿上了，挺有意思的。缺什么就想办法做什么，只要想要做，没什么太高深的。一个人的活力和动力其实是推动自己前进的最要紧的因素。②

韩济生解决问题的动手能力一直很强，就像当初做血压研究时的"二联球"，后来的"脑立体定位仪"，都动手解决了。

因为写得一手好字，每当有最新指示发布后，韩济生就会被急招回学校刷"工农兵永远领导学校"等标语。高高的屋顶上弄个轱辘，下面挂个木箱，韩济生站到木箱里，下面的人就把他拉上去。韩济生事先会想好每

---

① 韩济生访谈，2012 年 9 月 27 日，北京。资料存于采集工程数据库。
② 同①。

一划要刷几块砖，上去以后，就开始数砖头刷。① 在那样特殊的年代里，教师在学校不能做科研，"刷标语"竟成了韩济生的重要任务。

回家以后，韩济生闲着无事可做，就开始学缝纫。即使做缝纫，他也爱问个"为什么"，为什么我们中国人的裤子后面宽大（多余），外国人穿的裤子却那么合身？经过反复试验，发现原来是裤子后叶从腰到档的弧度不同。调整这个弧度，做出来就合身。他给女儿一虹做裙子，非常合身，女儿很高兴。邻居有位四川老太太不禁夸他："韩济生哪，做皮的、棉的、绸的，都行。""文化大革命"结束以后，他也没丢掉这个特殊的"爱好"。儿子松平印象深刻：

> 父亲有很多爱好，很有才。我以前拉小提琴，买了一把小提琴，生怕盒子被磕破弄脏，所以总想弄一个套子把它套起来。父亲居然能用家里的缝纫机，把一条黄褐色条绒的旧裤子改造了一下，做成了一个小提琴盒子的套子，严丝合缝。有棱角的地方，还用深褐色的灯芯绒做了一个边，非常合体，再用一个布袋子一背，神气得不得了。还有一件事，我上大学时每天跑步，经常穿一件蓝色的绒衣。跑热时就脱下来，随手扔到边上去。怕丢了，父亲就在衣服左胸帮我用绿线绣了一棵由"平"字变形的松树，用一棵树的象形把松和平的意义都包括了进去，是我自己的一个 logo。日子太久，父亲大概已经忘掉这件事了，但我一直记得。所以，父亲在很多方面都是很有才的，后来他也不是不喜欢这些东西，而是为了他更喜欢的科研把这些爱好都给放弃了。②

"文化大革命"期间，每天上班，不是开批判会，就是上街游行欢呼"最高指示"。韩济生在下乡期间白天在农田里干活，心里却想着回校以后怎么接着做针麻研究。后来回到北医后，也不参加政治帮派，学校动物房没人养实验动物了，他就自己养。吴新智说：

---

① 韩济生访谈，2012 年 9 月 27 日，北京。资料存于采集工程数据库。
② 韩松平访谈，2012 年 9 月 27 日，北京。存地同上。

韩济生脑子很清楚，这点我非常佩服他。他这个人又能说，又有水平，当时的造反派肯定想拉他，但是他不跟他们掺和。研究针灸要用狗做实验，北医动物房的工人也去造反去革命了。那时候还没提抓革命促生产，革命了就不养狗了，不养狗就没法做实验了，所以韩济生就自己饲养狗。后来各个单位都成了两派，一派所谓保皇派，一派所谓造反派，他两派都不参加。①

　　同事任民峰说："老韩，这么下去怎么办呢？整天这么乱哄哄，没有干活的时候，能行吗？"韩济生虽然也有点迷茫，但是内心却有着坚定的信念，说："不会长，这样的弄法不会长，总会变的！"②

针灸外交

　　正如韩济生所坚信的一样，事情果然有了转机。
　　除了"乒乓外交""熊猫外交"外，针灸作为一种外交手段在特定的历史时期发挥过重要作用。二十世纪七十年代，资本主义和社会主义两大阵营对立多年，各自宣传己方制度的优势。为了冲破西方阵营的封锁，消除"麦卡锡主义"反共势力的影响，中国政府当时十分需要国际正面的舆论宣传。当有外宾来访时，要拿出最能展示社会主义成绩的项目。可惜，"文化大革命"期间，除了少数国家重点扶持项目外，我国科学研究大面积停止，能向外宾展示的成果少得可怜，主要有四项：氢弹和人造地球卫星发射成功，南京长江大桥，人工合成结晶牛胰岛素，针刺麻醉技术。对于来自科技发达国家的外宾来说，大部分并没有吸引力。而且这些成就中除了针刺麻醉（针麻）以外，其他都不适合现场演示。针麻手术源于古老

---

① 吴新智访谈，2012年6月12日，北京。资料存于采集工程数据库。
② 韩济生讲座——"人不是生来专为做某一方面专家"，2013年4月27日，北京大学医学部。资料存于采集工程数据库。

的中国针灸术,看上去立竿见影,适合演示,足以吸引西方人的眼球,是当时最合适的"宣传品"。①

在1972年2月尼克松访华前,请外宾参观针麻手术已经成为中国重要外交手段之一。据上海外事记载,自1971年5月至1972年2月初,单上海就接待了外国人士百余名。②1971年夏,在中美"乒乓外交"开始不久,《纽约时报》副社长、著名记者赖斯顿(James Reston)应邀访华,成为中美关系缓和后第一个应中国政府之邀到北京访问的美国记者。当时,《纽约时报》因发表国防部文件被白宫下了"暂时禁刊令"。时报上诉到美国最高法院,胜诉。但此事也激怒了尼克松总统,命令白宫官员未经批准不得接受《纽约时报》的采访或提供任何新闻。可是赖斯顿尚蒙在鼓里,7月初,他携夫人飞抵广州,然而前往北京的行程因故被推迟(其实是基辛格向中国政府提出的要求),并由乘飞机改为火车。到京后,他才得知基辛格先于自己访问了北京,而且中美已联合宣布尼克松总统来年即将访华的消息。也许是因为没有抢到重大新闻受了打击,赖斯顿"下腹部出现了第一次刺痛"③。第二天,在周恩来总理的安排下,赖斯顿住进了北京"反帝医院"④就医。周总理请了十一位医学权威给他会诊,最后由吴蔚然医师为其作了阑尾切除术。术后第二天,出现腹部胀痛。征得本人同意后,一位中医师为赖斯顿施行了针灸治疗。周总理专程到医院看望了赖斯顿,安慰说经过针灸治疗后会很快康复,并答应了其采访请求。⑤

不知是巧合还是特意地安排,在同一天,即1971年7月18日,新华社首次向全世界正式报道了"中国医务工作者和科学工作者创造成功针刺麻醉"的消息。次日,《人民日报》头版刊登了新华社关于针刺麻醉的两则

---

① 李永明:《美国针灸热传奇》。北京:人民卫生出版社,2011年,第47—48页。
② 辛育龄:记尼克松访华团参观针麻手术。《中国中西医结合杂志》,1998年第18卷第9期,第515—516页。
③ 赖斯顿发表于1971年7月26日《纽约时报》的报道,转引自:李永明:《美国针灸热传奇》。北京:人民卫生出版社,2011年,第10页。
④ 即协和医院。
⑤ 李永明:《美国针灸热传奇》。北京:人民卫生出版社,2011年,第7—10页。

重要新闻，第一则"我国医务工作者和科学工作者创造成功针刺麻醉"介绍了针麻的操作方法和意义：

新华社十八日讯　我国革命医务工作者和科学工作者，热烈响应伟大领袖毛主席关于"中国医药学是一个伟大的宝库，应当努力发掘，加以提高"的伟大号召，把革命精神和科学态度结合起来，运用近代科学知识和科学方法，将祖国医学宝库中关于针刺止痛和针刺治病的经验加以总结和提高，创造成功了我国独特的麻醉技术——针刺麻醉。这种麻醉技术的创造成功，突破了外科手术必须使用麻醉药物的旧框框，对医学发展作出了重大贡献……

针刺麻醉，是用几根针或一根针扎在病人的肢体、耳朵、鼻子或面部的某些穴位上，经过一定时间的诱导和刺激达到镇痛的效果，从而使医生能安全地进行头部、胸部、腹部和四肢的多种手术。我国城乡各地和人民解放军的许多医疗单位当前正在运用这种新的麻醉技术。大量的临床实践表明，针刺麻醉安全，简便，经济，有效。目前已有四十多万名病人，包括几个月的婴儿和七八十岁的老人，用针刺麻醉进行了手术，成功率达到百分之九十左右。

由于针刺麻醉不需要麻醉机等复杂的麻醉器械，不受设备和气候、地理等条件的限制，因而除了可以在城市推广外，特别适用于山区、农村和战争环境……

针刺麻醉手术是在病人神志清醒的状态下进行的。病人除了痛觉迟钝或消失外，其他生理机能都能保持正常。

……

针刺麻醉的发现和发展，将推动人们进一步探索经络学说等中医基本理论的实质，同时对现代生理学、生物化学、解剖学等基本理论学科也提出了新的研究课题。十多年来，我国革命医务工作者和科学工作者在临床实践的基础上，为进一步认识针刺麻醉的基本原理积累了丰富的资料。目前，针刺麻醉这一新生事物还有一些不够完善的地方。例如有些手术在进行到某些步骤时，病人还感到疼痛；牵拉到内脏时，有的病人感到不舒服。广大革命医务人员和科学工作者遵照伟大领袖毛主席关于"中国应当对于人类有较大的贡献"的教导，决心努力学习马克思主义、列宁主义、毛泽东思想，用辩证唯物主义指导医疗实践和科学研究，大胆实践，勇于创新，认真总结经验，使实践经验上升到理论，使针刺麻醉更加完善，为攀登医学科学高峰而努力奋斗。①

第二则消息"中西医结合的光辉范例——欢呼我国创造成功针刺麻醉"描述了具体的针麻手术过程，介绍了针麻的推广和进展情况：

> 我国革命医务工作者曾经用几根小小的银针，使瘫痪病人站起来，聋哑人高唱《东方红》，盲人重见红太阳。现在，他们又在毛主席无产阶级革命路线指引下，同样用几根银针，创造成功了我国独特的麻醉技术——针刺麻醉，使历史悠久的祖国医学大放异彩，为医学科学的发展作出了重大贡献。
>
> （一）
>
> 在一间敞亮的手术室里，北京市工农兵医院和北京市结核病研究所的医务人员，正在替脓胸病人扈书轩进行大型胸廓改形手术。
>
> 这里，看不到笨重、复杂的麻醉器械，也闻不到麻醉药的浓烈气味，只见医务人员用两根小小的银针扎在扈书轩的耳朵上，轻轻地持续捻转了二十分钟左右，就在病人神志清醒的状态下开始了手术……
>
> 医生一面用稳、准、轻、快的动作替他切断肋骨，一面关切地对他说："你有什么不舒服，尽管说。"扈书轩回答道："我感觉很好，一点也不痛，你们放心大胆地做吧！"……
>
> （二）
>
> 江西南昌县罗家公社卫生院，设备简陋，医务人员大多数是从大队"赤脚医生"中选拔来的。但是，这里的针刺麻醉手术却做得很

---

① 新华社记者：我国医务工作者和科学工作者创造成功针刺麻醉．《人民日报》，1971年7月19日。

好……现在，罗家公社卫生院已经能用体针麻醉、耳针麻醉和鼻针麻醉进行二十多种中小型手术，成功率达到百分之九十以上。

既安全有效而又经济简便的针刺麻醉，为在农村开展外科手术创造了非常有利的条件。工厂、农村的基层卫生人员和"赤脚医生"登上手术台，已经不是罕见的事情了。

……

针刺麻醉在农村推广，大大地方便了广大群众，有力地促进了农村合作医疗制度的发展和巩固。江苏省有关部门举办了多次针刺麻醉学习班，使针刺麻醉技术迅速普及到全省各个专区、县、市和农村人民公社的基层医疗部门，受到广大群众的热烈欢迎。贫下中农编了快板诗赞扬说："针刺麻醉真正好，扎上几针就开刀，安全简便疗效高，祖国医学是个宝，感谢毛主席的好领导。"

（三）

针刺麻醉这个中西医结合的光辉成果，为麻醉学的发展开创了一条新路……

无产阶级"文化大革命"前的八年中，全国各地做的针刺麻醉手术不到一万例；"文化大革命"以来，各地做的针刺麻醉手术已经超过四十万例。上海市可以做手术的医院，有百分之九十以上运用了针刺麻醉。上海第二医学院附属工农兵医院，有百分之九十的脑外科手术使用针刺麻醉方法，结果大大降低了手术后的死亡率。几年前，人们只知道有体针麻醉和耳针麻醉，现在，广大医务人员又在实践中发现和创造成功了鼻针麻醉、面针麻醉、手针麻醉、电针麻醉和水针麻醉等，真是百花齐放。[1]

结合自己的亲身体验，赖斯顿在住院期间写了篇短文"现在让我告诉你们我在北京的阑尾手术"，摘要在1971年7月26日的《纽约时报》头版刊登，这是美国主流媒体首次报道美国人在中国接受针灸治疗。头版显

---

[1] 新华社记者：中西医结合的光辉范例——欢呼我国创造成功针刺麻醉．《人民日报》，1971年7月19日．

著位置还报道了美国阿波罗15号宇宙飞船将于当天升空的新闻和照片。当时，除了阿波罗以外，美国新闻界的另一个热点就是中美关系。白宫刚刚宣布尼克松总统即将访华，由于美国公众对红色中国的内部情况几乎一无所知，赖斯顿发回的报道正好满足了读者的好奇心。文章还配有作者接受针灸治疗的照片。文中写到，针灸师李占元在他的右肘部和双膝下扎了三针，并用一种"像廉价雪茄烟一样的草药艾卷"灼烤腹部，明显减轻了他腹部的不适，再也未复发。关于针灸，"中国官方媒体正在报道一些令人难以置信的成功病例，包括解除消化系统的疼痛、精神系统疾病和神经系统的有关病变。报告治疗成功的病例不但包括瘫痪和关节炎，对于失明和耳聋也有非常好的疗效。"出院后，赖斯顿还参观了针麻手术，留下了深刻的印象。令赖斯顿没想到的是，报道意外地引起了美国公众对中国针灸的极大兴趣，随之而来关于针灸的新闻报道源源不断，引发了美国针灸热。[①]

其实在赖斯顿访华前，还有两位从越南顺访的美国科学家在1971年5月参观了针麻手术。他们是耶鲁大学的亚瑟·高尔斯顿教授和麻省理工学院的伊桑·西格纳教授，专业分别是植物生理学和微生物遗传学。他们在亲眼目睹了针麻手术后，改变了当初怀疑的态度。但对美国医学界来说，这两位科学家并不是医生，他们的观点不足以令人信服。同年9月，中华医学会出面邀请了美国儿科医生塞缪尔·罗申夫妇，心脏病学家保罗·怀特夫妇和格雷·戴蒙德夫妇，精神病医生阿尔文·沃塞曼夫妇，内科医生维克多·赛德尔夫妇一行访华一个月。周总理会见了代表团部分成员。[②]郭沫若副委员长，黄家泗、吴阶平、林巧稚、吴英恺等中国著名医师接待了他们。代表团在广东人民医院和北医三院都观看了针麻手术，发现病人在手术中都非常清醒，可以随意对话，并非他们原先猜想的"催眠术"。但是中国医师关于针麻原理的解释，如"经络""穴位""气"等让他们摸不着头脑。回国后，他们在美国主流媒体发表了一系列报道，但仍有一些医师不能接受，认为他们中没有麻醉师，没法做出真正的评估。[③]

[①] 李永明：《美国针灸热传奇》。北京：人民卫生出版社，2011年，第7—22页。
[②] 中华医学会：中华医学会纪事（1915—2010）。2010年，第84页，内部资料。
[③] 李永明：《美国针灸热传奇》。北京：人民卫生出版社，2011年，第36—39页。

针麻手术也被列入第二年尼克松访华团的参观内容。为了迎接这次参观，周恩来总理指示要做好充足准备。负责这次手术的正是当初韩济生第一次观看的针麻手术主刀医师辛育龄。辛育龄曾撰文回忆当年的手术过程：

中国针刺麻醉手术的成功对世界各国的医学家、生理生物学家，特别是麻醉学家是一个极大震动，有三十多个国家的专家和新闻记者专程来中国参观访问。就在1972年2月初，北京结核病研究所接到外交部和卫生部通知，说周总理指派叶剑英元帅亲自观察针麻肺切除手术，检查针麻手术的可靠性，为尼克松访华参观针麻手术做准备。卫生部选定由北京结核病研究所做针麻肺切除手术，但该所地处通县，距市区较远不便接待外宾，于是让该所负责组织手术班子并带着病人到北京医科大学第三附属医院做针麻肺切除手术。于当年2月12日，我们在该院成功地进行针麻肺切除手术。在手术前叶帅接见我和周冠汉等针麻手术人员，对大家说"针刺麻醉的成功是中西医结合的典范，此成果对针灸学发展和中西医结合事业有促进作用。'针麻热'已传播到国外去了，使他们感到新奇。尼克松访华团提出要观看针麻手术，总理指示针麻手术可让外宾看，但要有把握，只能成功不能失败，术前要做好充分准备，保证做到万无一失，所以今天我先来看看，百闻不如一见嘛，你们不要紧张，跟平时做手术一样"……

2月24日上午八点半，黑格将军（基辛格因忙于谈判没来）率领随团官员和美国新闻媒体共三十余人，到达医院。外宾首先提出要观看手术的全过程，于是便让他们在手术前先同患者见面，查看病人在手术前没有用任何麻醉性药物，随即一同进入手术室。外宾非常认真查看病人的精神状态，从病人接受针刺穴位，捻针诱导到开胸手术。外宾看到病人神志清醒，平静无恙，没有痛苦的表情，便相互议论说：真是神妙！记者们反复询问了病人在术中的感觉，并将病人在术中呼吸、心律、血压等显示数据全部作了摄影和记录。术毕病人坐在手术台上谈笑自如地回答记者们的询问。有记者问：您术中害怕吗？答：我相信医师们的手术技术能给我治好病，不怕！问：既然您在术中很清醒，那么您想过什么吗？答：我尽力同医师配合，把手术做好。问：您在术中紧张吗？答：在手术开始时有点紧张，但很快就过去了。问：在术中我们多次问您感觉如何，是不是对我们的打扰令您厌烦了？答：你们来看我做针麻手术，也是关心，我很高兴！

送走病人后，又进行了二十分钟的座谈会，由手术医师答复外宾提出的有关针麻镇痛原理、针刺操作技术和手术病人的选择以及准备工作。还有人提出针刺麻醉手术有无心理学因素，针麻同药麻相比有何优点，病人能自己选择药麻或针麻吗？手术前是否曾服过麻醉或镇痛性药等问题？对上述问题医师们如实地解说。尼克松总统的私人医师说："中国的针麻手术在美国早有传闻，多数人不相信。今天我们看了针麻肺切除的全过程，针麻的镇痛效果是真实的"。纽约时报记者也说："我不再认为是神话了"。最后黑格将军讲话："针麻手术效果令人信服，给我留下深刻印象"。①

尼克松访华团的针麻手术接待任务按事先计划顺利完成，过程被美国记者们通过卫星向全世界转播，征服了美国民众，也征服了世界，这也正是中国当时在外交上最需要的宣传效果。之后，美国媒体对针灸的报道层出不穷，《生活》《新闻周刊》《时代》《人物》《时尚》《体育画报》《星期六周刊》，甚至《花花公子》等杂志都发表了关于针灸的报道，众多好莱坞明星、体育大腕及知名政客等现身说法，推崇针灸。中国的针刺麻醉让美国医学界尤其是麻醉医学界感到了压力，如果针麻效果可靠，药物麻醉就面临着危机。对于民众的好奇和质疑，美国科学界的权威机构有责任对公众做出说明，对针刺麻醉给出科学解释。于是在1974年，美国国家科学院、国家工程学院、国家医学科学院等机构联合组成了一个囊括麻醉、神经生理、心理、镇痛等多学科专家的"美国针刺麻醉研究组"赴中国考察，旨在对中国的针刺麻醉做出一个科学的

---

① 辛育龄：记尼克松访华团参观针麻手术，《中国中西医结合杂志》，1998年第18卷第9期，第515–516页。

评估。[1]

除了美国外，前来参观考察针麻的其他国家医师也络绎不绝。据《中华医学会纪事》所记载，在尼克松访华之后，中华医学会还接待了埃及麻醉医师协会代表团、叙利亚麻醉医师、日本针麻原理研究者代表团等。[2]

尼克松访华后，已被停止多年的针麻原理研究有了转机。

---

[1] 李永明:《美国针灸热传奇》。北京：人民卫生出版社，2011年，第53-64页。
[2] 中华医学会：中华医学会纪事（1915-2010）。2010年，第85，88页，内部资料。

第五章
重返针麻研究

中国在大力推广针灸麻醉并开展针灸外交的同时,对针麻的原理研究重新受到了重视。韩济生重新走上了针麻研究之路,从此再也未离开过。

兵分三路,独辟蹊径

尼克松访华后不久,针麻原理研究重新得以开展。韩济生忆道:

> 1972年5月,支部委员范少光来找我谈话:"老韩,针麻原理研究已经停顿六年了,再捡起来干怎么样?"我说:"不敢!批判得还不够吗?"老范解释说:"周总理有指示,针刺麻醉光会做手术不行,还要讲出道理来。你放心大胆干吧,犯错误我们一起承担"。其实,我何曾忘却针刺释放镇痛物质的设想?!在我的设想中,已经把针刺在脑内释放镇痛物质的设想与中枢神经传递信息中"化学编码"的设想合而为一,很想利用原已掌握的脑室注射等技术来研究针刺镇痛的神经

化学原理。[1]

这次谈话之后,韩济生说干就干!

此时,全国各地的针刺镇痛研究也开始恢复。想要在这众多的队伍中脱颖而出,做出独特的贡献,绝非易事。针刺镇痛研究可以分为三个进路:其一,探讨经络学说与针刺镇痛的关系,即从经络的角度来解释;其二,分析针刺信号的神经传导通路,研究神经系统中的哪些结构参与了针刺信号的传导和整合,即从神经生理学(尤其是电生理学)的角度来解释针刺镇痛作用;其三,分析哪些神经递质、化学物质参与了针刺信号的传递与调节,即从神经化学的角度来解释。这三个进路在针刺镇痛作用的产生原因、实质和方式等方面的结论是不同的(见表5-1)。简而言之,经络研究认为,针刺穴位后"得气","气"循经感传,到达疼痛的部位,使痛感减弱和消失。神经生理学研究则认为,针刺的作用是一个神经反射活动,从而在传入神经、中枢、传出神经三个环节开展研究。神经化学进路则考虑的是参与针刺镇痛的都有哪些递质,其产生和起效的原理如何。[2]

表 5-1　针刺镇痛研究三种进路的比较 [3]

	经络进路	神经生理学进路	神经化学进路
针刺部位的性质	穴位	深部感受器	深部感受器
针刺作用的实质	得气	不同来源神经冲动的相互作用	内源性镇痛物质的产生和释放
针刺镇痛的方式	气至病所	针刺信号抑制了疼痛信号	产生镇痛(及抗镇痛)物质
针刺镇痛的过程	循经感传/皮肤-内脏联系	中枢神经痛觉传导机制及其调制通路	针刺引起镇痛物质的产生和利用

---

[1] 韩济生:针刺镇痛研究成果是世界性的科学财富。《中西医结合杂志》,1986(特刊),第62-68页。

[2] 黄艳红:中国针刺镇痛机理研究的社会史分析。北京大学博士学位论文,2006年,第19-20页。

[3] 参考自:黄艳红:中国针刺镇痛机理研究的社会史分析。北京大学博士学位论文,2006年,第20页。经韩济生修正。

关于针刺原理的神经生理学研究开展早于神经化学。二十世纪四五十年代，我国一批神经生理学研究人员的回国以及生理学进修班的开设，使得神经生理学的人才相对充足。[①] 韩济生在上医的生理学老师徐丰彦教授就是其中一位。从二十世纪五十年代末开始，徐丰彦就响应用现代科学方法整理和发扬祖国医学的号召，领导教研室人员从事针刺疗法生理机制等方面的研究。当时，对于针刺机制的研究应该怎样进行，一直存在分歧。二十世纪六十年代初，朝鲜的金凤汉宣称发现了经络实体，后命名为——"凤汉小体"。1963年12月14日，人民日报刊登了三篇相关文章，"关于经络系统""为朝鲜科学研究的卓越成就欢呼""我卫生部和医学科学院等致电朝鲜有关单位祝贺朝鲜经络系统研究的巨大成就"，全文登载了金凤汉的论文，高度赞扬了朝鲜科学家的成就，并认为他们是"我国科学工作者的学习榜样"[②]。徐丰彦参加考察组去朝鲜考察经络研究。回国后，他明确地对领导说，朝鲜的经络研究不可信。1965年，上海市组织成立针刺麻醉研究协作组，任命徐丰彦为机制研究组组长。"文化大革命"结束后，他重新组织起研究组，对针刺调整异常心血管活动的机制进行深入的研究，对于针刺作用的神经机制，特别是多种神经递质的作用，进行了系统、深入的观察。[③] 上海机制研究组的副组长则是中国科学院学部委员张香桐教授，提出过针刺镇痛是两种感觉传入在中枢神经系统相互作用的假说。[④] 韩济生在大连的老师吴襄教授也与同事们一起研究过针刺效应的神经机制。[⑤]

韩济生他们认为如果也去做针麻的电生理研究，只不过是全国各个针刺麻醉研究小组中的一个，并无优势可言。神经的传递是通过电来传递的，但是到了"突触"这个地方就要通过化学物质传递。其实电生理的角

---

① 黄艳红：中国针刺镇痛机理研究的社会史分析。北京大学博士学位论文，2006年，第25-26页。

② 评论员：为朝鲜科学研究的卓越成就欢呼。《人民日报》，1963年12月14日。

③ 刁承湘、季为群编：《上海医科大学志（1927-2000）》。上海：复旦大学出版社，2005年，第972页。

④ 张仁：《中国针刺麻醉发展史》。上海：上海科学技术文献出版社，1989年，第24页。

⑤ 黄龙：纪念吴襄教授诞辰100周年。大连医科大学网站，2010-09-12。

图 5-1　北医针麻原理研究组初创时期（1972 年。前排左起：汤健、周仲福、韩济生、任民峰、于英心；后排是进修生）

度和神经化学的角度是互通的，但是当时大家都去做电生理，神经化学的队伍则不大。于是，他们决心开辟另外一个道路，就是做针刺镇痛的神经化学研究。[①] 当然，神经生理学和神经化学两个学科本身并不能截然分开，研究中会有很多相互借鉴和依赖之处。

从人体观察到动物实验

此后二十多年里，韩济生一直住在集体宿舍，每周只回一两次家，平均每天工作达十六七个小时。为了节省时间，他采取了"快速走路锻炼法"，既节省了走路时间，又锻炼了身体。

[①] 韩济生"杏林大家谈"讲座——"唯愿此生济苍生"，2013 年 6 月 18 日，北京大学医学部。资料存于采集工程数据库。

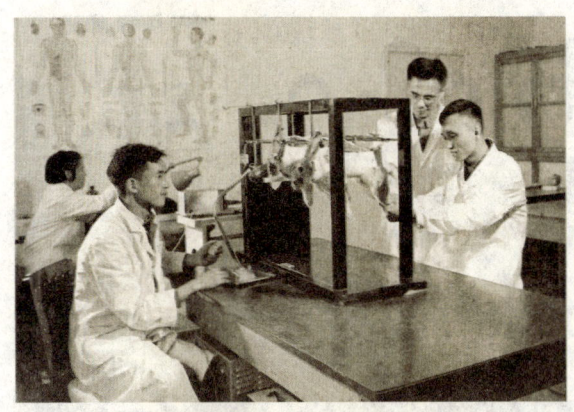

图 5-2 韩济生（右二）指导进修学员做家兔针刺镇痛实验（1972年）

图 5-3 韩济生（右一）与进修学员讨论实验设计（1973年）

图 5-4 韩济生做兔脑立体定位手术（1974年）

韩济生推论：①针刺时体内可能产生出一些具有镇痛作用的化学物质；②由于痛觉是由中枢神经系统（脑和脊髓）控制的，这些物质可能主要是在中枢神经系统中发挥作用。要寻找镇痛物质就必须有动物模型，在学习了上海生理所辐射热测痛经验的基础上，他们把辐射热源小型化，建立了家兔和大鼠针刺镇痛（AA）模型。为验证这些设想，韩济生和同事给家兔在相当于人的足三里（膝盖外下方）和昆仑穴（足后跟）部位用手指施加压力，或在该部位针刺并通以每秒两次至十五次的脉冲电流，发现都能产生镇痛效果。待到镇痛效果充分发挥时，应用脑脊液交叉灌流的方法，取出该兔（甲兔）脑中的脑脊液，将其注入另一正常兔（乙兔）的脑室中，发现乙兔虽未接受针刺，竟然也能引起镇痛。在全组五人

图 5-5　韩济生（说话者）与实验室同事及进修生

的观察下重复了十六对实验，证明针刺组与对照组差异非常显著。这就证明，给兔针刺的过程中，其脑内确实产生了镇痛物质，后者可被转移至乙兔的脑中发挥作用。

1972年10月，在上海的第二届针麻大会上，韩济生报告了家兔脑脊液交叉灌流实验结果，证明针麻有其物质基础，这是北医研究组全体同事一百天奋斗得到的结果，对此，已担任卫生部科教司司长的季钟朴非常高兴。[①]1974年，这个实验结果发表在《中国科学》杂志上，"北京医科大学基础部针麻原理研究组"是他们最初被允许发表论文时的署名单位，一直持续到1977年，没有出现个人的姓名。

研究有了初步进展，但下一步怎么办？韩济生他们考虑道：

> 当时有两种选择：一是取脑或脑脊液进行化学分析提取有效成分，以发现一些新的镇痛物质；二是从脑内已知化学物质中去寻找与

---

① 韩济生：高山仰止，景行行止——怀念季钟朴老师。见：编写组：《韩济生院士》。北京：北京大学医学出版社，2008年，第43-44页。

第五章　重返针麻研究　　97

图 5-6　北京医学院针麻原理研究进修班结业留念（1976 年 12 月。前排左三王志均，左四陈海峰，左五胡传揆，三排右一韩济生）

针刺镇痛有关的成分。由于当时我们缺乏必要的生化分离经验和实验手段，就采取了第二种途径。事后有人问我，你们 1972 年的工作比英国人发现脑啡肽还早三年，如果采取了第一种途径，是否会由我们中国人首先发现脑啡肽？我的回答是"不可能，或可能性极小"。原因是没有思路！可以设想，当时我国生物科学理论研究已停顿了六七年，没有关于吗啡受体的研究，没有阿片拮抗剂纳洛酮的应用，怎能想到体内有自己的吗啡样物质？！简言之，如果不站在巨人的肩上，怎能看到遥远的彼岸？

采取第二种途径需要查阅大量有关中枢神经化学的文献，为此全组付出了很大的努力来学习和讨论，表面看似乎冲淡了对针麻的研究，因而一度被误解为"挂羊头卖狗肉"（做针麻是幌子，研究神经化学是实质）。但不掌握必要的知识，何来正确的思路？！[1]

---

[1] 韩济生：1/4 世纪的求索。见：编写组：《韩济生院士》。北京：北京大学医学出版社，2008 年，第 13—16 页。

经过这几年的积累，韩济生萌生了编书的想法：

"文化大革命"期间，主调是"书读得越多越蠢"。知识分子要写业务书，梦想而已。但是，1965年周总理通过卫生部交代下的研究针麻原理的科研任务我始终牢记在心。虽然"文化大革命"打断了它的进程，但"初尝禁果"留下的想念挥之不去。

经过实践自己亲眼看到：扎针持续半个小时全身的痛觉变得迟钝了。这种变化，来之姗姗，去之缓缓，好像针刺引起脑子里产生了什么变化，使痛觉功能打不起精神，懒惰下来。这是一种什么机制在发挥作用？脑子由千千万万个神经细胞组成，神经细胞之间通过化学物质传递信息，称为"神经递质"。

生理学提到的外周神经系统中的神经递质屈指可数，而对中枢神经系统中的神经递质所知更少。要研究针刺镇痛这样缓慢变化的道理，必须了解脑内的化学环境发生了什么变化。既然承认自己知识不足，就只能老老实实，边干边学，别无他途。

当时我有一个学友任民峰，是我在"上医"时的高班同学，与我同龄。他从北京下放到西北，有机会再回到北京，志愿到北医我们研究组从事科研。我们俩同住一个宿舍。在那非常年代，白天不是开会，就是游行。只有一早一晚是我们自己的时间，就抓紧读书，看杂志，做笔记。为了节省吃早饭的时间，我们在头一天吃晚饭时就多买两个馒头，一点咸菜，打一壶水，作为第二天的早餐。遇到看不懂处，两人切磋交流，也带动全组年轻人学习。

就这样，从1972年学到1975年，我逐渐有点心得，又通过实践的检验，也有了一些感悟与体会。这时心生一念：何不将学习心得编成一本书，供大家参考？定下这一目标，更促进了学习的系统性。

"学到用时方恨少"，要编书时更感到太少，到1976年3月终于成书，交由科学出版社出版，书名《中枢神经介质概论》，1977年9月正式面世。总共33.4万字，印数19900册，定价1.35元。

今天看来，第一次印刷将近两万册，可称大胆！但出乎我意料，

图 5-7 《中枢神经介质概论》(第一版、第二版)

此书销售情况极佳，1979年已销售一空。1980年修改增补出第二版，字数39.7万。1982年10月第三次印刷，共计印数27460册。这在当年科学书籍万马齐喑的年代，已算是畅销书了。

第一版和第二版的差别，除了内容上的增补，还有一个差别，就是作者署名，原为"北京医学院基础部针麻原理研究组生理组"，改为"韩济生、任民峰、汤健、范少光、周仲福"。其中含义，不解自明：知识分子的劳动逐渐开始受到了尊重。[①]

由于当时中国生命科学界参考书极为缺乏，《中枢神经介质概论》出版后很受欢迎。后来，韩济生曾多次遇到其他学者说自己是读了该书才去做神经科学研究的。

顺利的开端

在初步的探索后，韩济生他们选中了 5-羟色胺作为第一个研究目标。但是 5-羟色胺生成的原料是什么？它的受体阻断剂是什么？它的受体激动剂是什么？都不知道。他们只有拼命地看书，晚饭吃完了先买两个馒头，第二天早上泡点开水就一边吃馒头一边看书。要确定中枢 5-羟色胺是否参与针刺镇痛，最重要的是要有 5-羟色胺合成抑制剂或受体拮抗剂，

---

① 韩济生：不忘初心，从一而终。见：蒋郎朗主编：《精神的魅力2018》。北京：北京大学出版社，2018年，第20—27页。

看取消其作用后针刺镇痛效应是否还存在。作为工具药，拮抗剂往往比激动剂更重要，这是药理学界的共识。但是去哪找这个工具药呢？当时在联合国世界卫生组织供职的朱章赓教授来参观，看了韩济生他们脑室灌流的结果，说"嘿！真是有这个化学物质啊！"了解到他们的困难，朱教授答应帮忙订购几种化学试剂以应急需。[①] 结果他回到瑞士去后，一个月，两个月，三个月过去了，什么消息也没有。韩济生他们不知道当时海运最快就要三个月，以为这事不了了之了，人家可能只是说说而已。结果三个月后，三种工具药陆续到达。立即投入实验后表明，无论大鼠或家兔，当降低脑内 5- 羟色胺含量时，针刺镇痛效果即明显减弱；而提供 5- 羟色胺的前体，则使针效加强。用荧光分光光度法测定脑和脊髓中 5- 羟色胺含量和更新率，发现针刺可促进 5- 羟色胺的生成和释放；以个别动物而论，凡针刺引起 5- 羟色胺增多的，镇痛效果就好。应用双盲法在临床上进行试验，发现用氯丙咪嗪加强 5- 羟色胺的突触传递，可明显加强针麻效果。在 1973 年至 1978 年这五年期间进行的一整套实验几乎是一气呵成。所有证据都指向同一结论，即针刺可动员中枢（脑和脊髓）中的 5- 羟色胺，发挥镇痛效应。此时全组军心大振，对前途充满信心。韩济生认为如果说一生事业中确有"幸运"，那么这就是一例。[②]

几个月前从文献中学到的理论知识现在转化为活生生的实验数据，韩济生内心感到无比的愉快。他们将研究结果发表在了《科学通报》和《中国科学》中。

相比之下，关于儿茶酚胺的研究则经历了一个远为艰苦的历程。主要是因为脑内的去甲肾上腺素（NA）对于针刺镇痛主要起对抗作用，脊髓中的则相反，起加强作用。1979 年，韩济生与同事在《中华医学杂志》上发表的一篇文章中报告了六个实验，五个支持脑内去甲肾上腺素对抗针刺镇痛作用，一个则与上述结果相反，当时无法解释这个现象。两年后方才认识到，这是因为第六个实验中所用的药物同时干扰了脊髓中的去甲肾上

[①] 韩济生：针刺镇痛研究成果是世界性的科学财富.《中西医结合杂志》, 1986（特刊），第 62–68 页。

[②] 同①。

腺素，而后者是有利于针刺镇痛的。韩济生总结道：

> 科研工作就是由不知到知，由知之不详到知之较详的过程。一个现象暂时不能解释是不足为奇的，只要如实记录，深度挖掘，穷追不舍，矛盾总能逐步得到解决。①

物极必反：针刺耐受现象

1978年的春节期间，韩济生与任民峰相约来到实验室做实验。无意中发现给大鼠电针的时间越长，镇痛效果越差，动物似乎对电针的作用产生了耐受。对电针耐受的动物，即使注射吗啡也不产生镇痛作用（交叉耐受）。而且，给有的老鼠扎针，一扎痛阈就升高，但有的老鼠，怎么扎都没效。他们就把扎针无效的老鼠（脑子）匀浆做成提取物，抽出来打到另外一个老鼠脑子里，发现也使得另一个动物对扎针无效。从矛盾论的观点，他们设想是否此时针刺所释放的阿片肽的作用太强，因此体内产生了对抗阿片的物质，从而使针效降低？② 给老鼠扎针连续通电刺激六小时，让它脑内产生大量的（设想中的）"抗阿片物质"，引起电针镇痛耐受，这时候再看它的脑子里是不是有抗阿片的物质，这个实验结果一个星期就做出来了，发现里面确实有抗阿片物质。③

1978年12月18日至22日，中国共产党第十一届中央委员会第三次全体会议在北京举行，拨乱反正，决定把全党的工作重点转移到社会主义现代化建设上来。已年过半百的韩济生也迎来了"科学的春天"。1979年2月，由于教学科研成绩突出，当了十七年讲师的韩济生被破格直接晋升

---

① 韩济生：1/4世纪的求索。见：编写组：《韩济生院士》。北京：北京大学医学出版社，2008年，第13-16页。

② 同①。

③ 韩济生访谈，2012年9月27日，北京。资料存于采集工程数据库。

为正教授（生理学）。院党委、北京市教工委及北京市革委会的审查意见如下：

韩济生同志拥护党，拥护社会主义，工作积极认真。为科学研究勤奋、刻苦、废寝忘食，作出了一定贡献。

教龄已达25年，1961年提升为讲师。对生理学科的基础理论掌握得比较全面，理解较为深刻，教学水平高，教学效果好，编写教材也有一定的水平，外文水平较高。

科研能力强，在他指导的中枢神经介质针刺镇痛作用的研究中，关于化学因素在针麻过程中的作用，及吗啡样物质和受体与中枢介质5-羟色胺在针刺镇痛中相互调节的关系等方面，接近或赶上了国际先进水平，在全国科学大会上获奖。

能热心培养青年教师，近年来培养和指导了十八名进修生，主编了《中枢神经介质概论》一书（已出版），总结和指导青年教师、进修生共同完成科研论文30余篇，发表于《中国科学》《科学通报》《北医学报》等杂志。

根据韩济生同志的表现和成绩，经上下多次讨论，同意越级提升为教授。

中国共产党北京医学院委员会（章）
1978年7月31日

同意提升韩济生同志为教授。

中国共产党北京市委员会教育工作委（章）
1978年11月17日

同意。

北京市革命委员会（章）
1979年2月5日 [①]

[①] 韩济生人事档案：高等学校确定与提升教师职务名称呈报表（1979年）。存于北京大学医学部档案馆。

3月18日,韩济生怀着要为党的事业工作的满腔热情,再次郑重地提交了入党申请书:

> 十一届三中全会决定党的工作重心转向社会主义建设,要建立一个四个现代化的伟大的社会主义强国,这是一个多么振奋人心的宏伟蓝图啊!为把这蓝图变成现实,需要有千百万党员和革命志士为之努力奋斗甚至献出宝贵的生命……我今年已经50岁了,体力、精力都不如年轻时旺盛,但政治要求比年轻时更加迫切,我自信还可以为党工作十年廿年。①

6月1—5日,卫生部在北京召开首届全国针灸、针麻学术研讨会。国内会议代表六百余名,另外还有来自三十多个国家和地区的一百五十多位外国学者,这是我国针麻史上规模空前的一次盛会。② 韩济生应邀在大会上做报告,说明脑内吗啡样物质在针刺镇痛中起着十分重要的作用。如果用吗啡受体拮抗剂阻断吗啡受体的作用,针刺镇痛效应大幅降低或消失。但如果针刺时间太长,镇痛作用会逐渐减弱,产生"耐受"。

---

① 韩济生人事档案:入党申请书(1979年3月18日)。存于北京大学医学部档案馆。
② 张仁:《中国针刺麻醉发展史》。上海:上海科学技术文献出版社,1989年,第46-47页。

第六章 跨出国门

在医学领域里，作为中国独创的科学技术，也许没有任何项目比针灸和针刺麻醉产生过更大的国际影响。韩济生等中国学者有关针麻的基础研究，揭示了针刺镇痛的机制，为针灸疗法在世界范围内的普及奠定了坚实的基础，也为中国外交及东西方文化交流起到了特定的作用。针刺作为一种麻醉方法虽然未能普及，但针麻研究引发的一系列后续针灸西进效应及其对中华文化的传播作用，是同时期其他发明创造所不能比拟的，其影响要远远超过针刺本身的医疗作用。①

第一次跨出国门

全国针灸、针麻学术研讨会后不久，韩济生因一个偶然的机会第一次跨出了国门。韩济生的夫人朱秀媛在中国医学科学院药物研究所工作，她有位老师是宋振玉教授。1979 年，宋振玉接到以前的导师、美国药理学

---

① 李永明：《美国针灸热传奇》。北京：人民卫生出版社，2011 年，第 204 页。

学会理事长梁栋材（E. Leong Way，美籍华裔科学家）的邀请，请他去波士顿参加国际麻醉药研究学会（International Narcotic Research Conference，INRC）年会。宋振玉已经多年不做相关研究了，就推荐韩济生出席。① 于是，韩济生有了去美国参会的机会。会前，应美国国立精神卫生研究院（NIMH）考斯塔（E. Costa）教授的邀请，顺访华盛顿进行学术交流。②

此时距中美恢复正常外交关系不久，1979年1月1日，《中美建交公报》才正式生效，中国学者去美国开会很少。7月初，韩济生只身赴美，对于这次出国经历，他记忆犹新：

> 离开北京那天，大雨滂沱，我爱人朱秀媛也到机场送行。那时出国的人还很少，北京医学院的马旭院长亲自去机场壮行。当时我的英语还不熟练，第一次走出国门不免有些紧张，但硬着头皮装出若无其事的模样与送行者挥手告别。飞机起飞后，马院长对朱秀媛说："韩济生这次是单枪匹马打天下去了！"他大概也为我捏了一把汗。③

由于中美隔离太久，民间交往渠道少，互相了解不多，韩济生初到美国就遭遇了尴尬：

> 我到华盛顿后，住进中国使馆准备的宿舍，第二天电话约好，考斯塔教授开车来接我，要我在门口等。但是我不知道使馆门口不能停车的规矩，就站在玻璃大门之内等待，考斯塔开车转了几圈没见到我，只好找停车场停车，再步行进来，浪费了不少时间。这是第一次小小的误会，我体会到了"入境问俗"的重要。
>
> 好在我在考斯塔实验室作的学术报告很成功。放幻灯片的讲解词都是预先准备好的，所以一切都很顺利。回答问题时有些结结巴巴。

---

① 郭桐兴：中国科学院韩济生院士漫谈济生之路。腾讯科技网站，2009-03-24。

② 韩济生：点滴回忆。见：王晓民主编：《芳菲时节：韩济生院士与他的学生们》。北京：北京医科大学、中国协和医科大学联合出版社，1998年，第1-22页。

③ 郭桐兴：中国科学院韩济生院士漫谈济生之路。腾讯科技网站，2009-03-24。

例如关于放射受体分析法的有些技术细节我答不出来，只好蒙混过关了。报告的成功可能超过了考斯塔的预想，他很高兴，携夫人带我一起去考斯莫斯（Cosmos）俱乐部进餐，于是招来了第二次麻烦。这个俱乐部在美国是一个特例，进俱乐部大门的人都必须身着西装革履。因为一直听说美国人不讲究穿着，穿得过于正式反而不自在，所以我穿着一件衬衣未打领带就去了，到了门口就被挡驾。只能临时去衣帽间借黑西装和领带，服务生费了好大劲才找到一件小号西装，还得把袖子折起才行。至于吃带血牛排的情景更不必多提了。①

国际麻醉研究学会年会在波士顿海滨的鳕鱼角（Cape Cod）召开，还得坐飞机去：

  离开华盛顿，到了波士顿下飞机时已经傍晚了，可是不知去鳕鱼角的车子在哪里。我提了一个箱子，满机场到处找，最后车快开了才找到。②到了鳕鱼角，我根据上次华盛顿赴宴的经验教训，穿戴上全副行头——西装、领带去出席招待会。这一次却看见大家穿着都比较随便，鳕鱼角是一个海边避暑胜地，有的刚从海边回来，还穿着短裤。这才了解到美国社会生活的多样性，使我这个初来者简直无所适从。③

图6–1　韩济生在美国鳕鱼角参加国际麻醉研究学会年会（1979年7月）

---

 ①　韩济生：点滴回忆。见：王晓民主编：《芳菲时节：韩济生院士与他的学生们》。北京：北京医科大学、中国协和医科大学联合出版社，1998年，第1-22页。
 ②　韩济生访谈，2012年9月27日，北京。资料存于采集工程数据库。
 ③　韩济生：点滴回忆。见：王晓民主编：《芳菲时节：韩济生院士与他的学生们》。北京：北京医科大学、中国协和医科大学联合出版社，1998年，第1-22页。

因为以前没有中国大陆的人去参加过这个会，有人觉得很新鲜而感兴趣，也有人认为中国人讲不出什么东西。虽然韩济生有点紧张，但因为准备充分，英文也不错，以系统、深入和确凿的实验证据，证实了针刺能使中枢神经系统释放出具有镇痛作用的化学物质，令人信服。

前面提到的1974年赴华考察的"美国针刺麻醉研究组"虽然在1976年就写出了第一版的考察报告"针刺麻醉在中华人民共和国"，但是直到韩济生来美报告后的第二年（1980）才最终发表。[①]

韩济生演讲结束以后，全场响起了热烈的掌声。主持人纽约大学的艾瑞·赛蒙（Eric Simon）教授对韩济生说：从1972年开始我一直主持这个大会，你演讲所得到的掌声是我主持会议以来听到的声音最响、时间最长的一次。韩济生回忆道：

> 邀请我参会的梁栋才教授非常高兴，邀请我写一篇综述登载在国际《药理学和毒理学年鉴》（Annual Review of Pharmacology and Toxicology）上。要知道这是一本药理学界顶级的综述刊物，不接受一般的投稿，只有某一领域权威性学者才有资格写稿，我不禁问他："我行吗"？他说"行！你写吧。"在他的鼓励下，我开始认真收集国内外资料，细心编写。生怕英文不好，给梁教授丢脸，后来趁着去瑞典进修的机会，请特瑞尼斯（L.Terenius）教授修改定稿。最后，文章"针刺镇痛的神经化学原理"[②]终于在1981年送出，1982年刊出。[③]

该文刊登后受到广泛引用，而且长盛不衰，截止到2016年底被引频次仍然在 Web of Science 的针刺镇痛相关文献中排到第八位（共369次）。

大会结束了，韩济生从波士顿飞回旧金山，又应邀到加州大学旧金山分校梁栋材实验室去做演讲。作完报告，韩济生准备按计划乘民航客机回国。

---

① 李永明：《美国针灸热传奇》。北京：人民卫生出版社，2011年，第157页。

② J. S. HAN、L. TERENIUS: Neurochemical Basis of Acupuncture Analgesia. *Annual Review of Pharmacology and Toxicology*, 1982, 22: 193-220。

③ 据韩济生给陈琦的邮件补充回忆，2017年4月。

意外收获的国际友谊

这趟出国学术报告都很顺利，没想到临回国了，机票出了问题：

> 民航说，你乘飞机到达美国以后，需要确认一周后回国的机票，由于你当时机票未经确认，现在没有你的座位，要等一周才有飞机。我想：这不是流落他乡了吗？因为这次出国，口袋里只有卫生部给的一百美元，现在已所剩不多。幸亏经中国驻美领事馆介绍，住到了当地的侨领谢侨远先生家里，才解了这个围！[①]

虽然吃住问题解决了，但是这一周的时间看来只能白白浪费了。冷静下来后，韩济生意识到可以利用这几天去找国际同行请教：

图6-2　韩济生与美国斯坦福大学哥德斯坦教授
（1979年，旧金山）

> 当我从愤怒、失望的情绪中冷静下来后，换了一个角度思考：既然耽误旅程已成事实，是否能利用这一周时间，找个实验室请教一些科学问题？但当时没有电脑，没有网络，从何去"搜索"到附近的一个同行？我只好在自己脑子里搜索。好在我当时要求自己，也要求学生读文献时最好要记住作者的全名和单位。我大脑搜索的结果显示，美国加州有一个斯坦福大学，那里的药理系有一位哥德斯坦

[①] 韩济生：点滴回忆。见：王晓民主编：《芳菲时节：韩济生院士与他的学生们》。北京：北京医科大学、中国协和医科大学联合出版社，1998年，第1—22页。

（Avram Goldstein）教授，是专门做阿片受体和阿片肽研究的，现在我身在加州，何不去找他学点东西？随即请人开车直接找到哥德斯坦的实验室。未经预约，作为不速之客贸然来访，确实显得突兀。我只好自我介绍，说明来意："我是北京医学院生理教研室的教员，从事针刺镇痛原理研究。我的科研假说是针刺可以产生镇痛作用，可能是由于它促进了脑子里产生有镇痛作用的化学物质。你是研究吗啡样肽类物质的，这方面有何见教？"鉴于当时英国人已经从猪脑内发现了由五个氨基酸组成的脑啡肽，美国加州大学发现了三十一个氨基酸组成的内啡肽，都参与针刺镇痛。"您发现的由十七个氨基酸组成的肽类物质强啡肽，不知道是否也参与针刺镇痛？"他听了这段故事，非常感兴趣，当时他对自己发现的强啡肽究竟有什么生理作用心存疑虑：把它注入大鼠脑内，大鼠打滚；把它注入脊髓，老鼠发生瘫痪。他很想知道，在生理状态下强啡肽的作用究竟是什么。谈到如何促进自身脑内强啡肽的分泌，他更是一无所知。经过几个小时的讨论，发现我们之间科研思路的互补性极强。他当场决定给我几个毫克的强啡肽（价值上千美元），还给我强啡肽的抗体（无价）带回国，希望由此开展合作。[1]

1997 年，哥德斯坦在一篇回忆自身科研历程的论文中，在"中国"一节中谈及他与韩济生的友谊：

> 1978 年，"文化大革命"终于结束。一天，一位中国生理学教授突然出现在我的实验室，从此我开始了与韩济生之间一段长期而有兴趣的合作和友谊。令人惊讶的是，虽然韩此前从未出过中国国门，却讲得一口流利的英语，对西方科学的进展也知之甚详。在首次见面中，他告诉我他在研究针刺止痛的机理。怀着一种挑剔的心情，我问他对针灸的总的看法。他回答说："这是一个怎样从人们的期望值中把真正

---

[1] 韩济生：不忘初心，从一而终。见：蒋朗朗主编：《精神的魅力 2018》。北京：北京大学出版社，2018 年，第 20—27 页。

的事实解剖出来的问题"。这一机智的回答,给我留下了极深刻的印象。十八年来,韩在大鼠、家兔和人体上进行的大量工作显示,针刺如何引起中枢神经系统中内源性阿片肽的释放,而导致镇痛。最有意思的是,他发现阿片肽的释放与电针刺激的频率有关:2 Hz 释放脑啡肽,100 Hz 释放强啡肽。

我曾三次访问中国——第一次是 1984 年韩邀请我访华,第二次 1986 年率领美国科学院神经科学代表团访问中国,第三次是 1991 年应韩的邀请到北京医科大学举办关于"阿片肽"的讲习班。其间我分别被北京医科大学和中国科学院上海药物研究所授予名誉教授衔。

韩济生的这次滞留,意外收获了一份终生的国际友情。哥德斯坦认为,韩济生关于阿片肽功能活动的研究事业大有可为。因此在他 1987 年结束实验室工作后,把实验室的全部仪器、药品等用两个集装箱运到北京医科大学,无偿赠给韩济生实验室。还到北京为北京神经科学学会举办了长达五天的讲习班,把他毕生从事阿片肽研究的体会和盘托出。这是他一生中连续讲课最长的一次经历。①

在和哥德斯坦接触的过程里面,韩济生觉得自己得到了尊重。后来,韩济生总是教导学生:

在国际上,你不能够一味地说 yes,什么都"是是是",觉得外国人什么都好。你有什么不同的意见要讲出来,才更能得到人家尊重。但是为了能够听懂他们的意思,为了能够表达出来,要有训练才能行。我曾在国内外多次演讲,体会是演讲完后在国外提问的人很多,但在国内常常是鼓掌结束。②

所以,不管是讲课还是演讲,韩济生总是鼓励学生及听众要多多提问:

---

① 王晓民:韩济生教授国际联系二三事。见王晓民主编:《芳菲时节:韩济生院士与他的学生们》。北京:北京医科大学、中国协和医科大学联合出版社,1998 年,第 195-197 页。
② 韩济生访谈,2012 年 9 月 27 日,北京。资料存于采集工程数据库。

我总是说:"我现在开始讲课了,但到演讲末了的时候你们一定要提问。如果没有提问,我下次就不讲了。"在这样的压力之下,慢慢地提问多起来了。对外交流时,要有训练的基础,而且不仅要外语好,思路还要敏捷。听报告的时候要不断地写小抄,把问题写下来,要敢于发言。但是另一方面呢,又要有训练。问问题要单刀直入,三言两语表达清楚。①

请把你的论文留下

这次意外滞留还有另外一个插曲,使韩济生的研究与在美华裔针灸师们的命运有了一个交集。

在二十世纪七十年代,美国出现针灸热时,针灸诊所大量出现,很多华裔迅速转行学习针灸,针灸师队伍良莠不齐,为后来针灸在美国的坎坷道路埋下了伏笔。1972年,纽约第一个"针灸中心"在曼哈顿挂牌开业,不到一周,就接到了八千多个预约电话。当时一般的西医诊所每天只能看十几个病人,这么多人预约扎针灸引发了美国医学界和医疗管理部门的担忧。面对突如其来的"针灸危机",纽约医学会连日开会讨论对策,决定对纽约医疗管理和执法机构施压,修改法规条例,将"针灸"纳入"医学治疗"。这样一来,针灸的消费者就成了"患者",没有医疗专业执照的人扎针就成了"非法行医"。接着,纽约就出现了执法人员大批逮捕针灸师、查封中医诊所的事件。期间,加州等地也发生了类似的事件。②

在此背景下,韩济生的到来给当地的针灸医生们带来了希望:

谢伯了解到我是从事针刺原理研究的,喜出望外,问我是否能

---

① 韩济生访谈,2012年9月27日,北京。资料存于采集工程数据库。
② 李永明:《美国针灸热传奇》。北京:人民卫生出版社,2011年,第66页。

给旧金山（大埠）地区的针灸医师做一次学术演讲。我心想这有何难，欣然允诺。殊不知语言问题引发了困难。该地区针灸医师都讲粤语，不讲普通话，也不熟英语。而我恰好相反，能讲普通话和英语，不懂粤语。情急之下，谢伯找了一位懂英语和粤语（不懂普通话）的华侨，把我讲的英语译成粤语。大家听完报告后热情高涨，说"请把你的论文留下，我们要把你的论文精装保存，以后如果还有人说针灸不科学，我们就用你的论文给以反击"。一双双热泪盈眶的眼睛，一次次温暖热情的握手，点燃了我内心的自豪感。我真想立即用这切身感受告诉在北京的同事和学生们：我们的努力和辛苦没有白费！

图6-3 韩济生（左一）在旧金山为华人做报告（1979年）

谢伯为了表示对我演讲的谢意给了我八十美元。我用一美元在一家"garage sale"（在自己的车库把家里不用的物品半送半卖）买回一个水晶果盆作为此行的纪念品，把余下的七十九美元放在谢伯家卧室的台灯座下。过了机场安检门，我叮嘱谢伯回家检查一下台灯。我一回到北京，就接到谢伯的越洋电话："你是我第一次接触到的大陆学者，体会真深啊！"[①]

走出国门，是韩济生人生经历中的重要一步。在波士顿的演讲，让他受到了鼓舞，只要能做出科学可靠的针灸研究，就能说服国际同行。在旧金山，华裔针灸师们的热泪，更加让他感到了自己工作的意义，基础研究

---

① 韩济生：半个世纪的愉快回顾。见：编写组：《韩济生院士》。北京：北京大学医学出版社，2008年，第23-27页。

带着样本出国进修

自从发现针刺耐受现象后，韩济生他们试图将导致"耐受"的物质提取出来，但是因为缺乏有效的生化手段，并没成功，只知道分子量在一千左右。[①] 从美国回来不久，韩济生获得了世界卫生组织的奖学金，有一个出国进修半年的机会。他选择了去瑞典乌普萨拉（Uppsala）大学药理系特瑞尼斯（Terenius）实验室，那里拥有世界一流的分离各种蛋白质的技术。在进修小结中，韩济生曾这样介绍瑞典和乌普萨拉大学：

> 瑞典地处欧洲北方，有一部分领土落入北极圈内。首都斯德哥尔摩位于北纬60度左右（北京为40度），但因有墨西哥暖流经过，气候还不算太冷，去冬最低温度是零下15度左右。全国人口800万，地广人稀，大片土地被草地和森林覆盖，空气清新。几百年来未遭战祸，社会安定，生活水平位于世界前列。瑞典语与德语和英语略有相似之处，居民大多懂英语。
>
> Uppsala离首都70公里，是一文化城。Uppsala大学建校500余年，是北欧历史最悠久的大学之一。Uppsala大学"生物医学中心"相当于该大学医学院的基础部，是新盖的建筑群，设备良好，有几个科室在世界上享有较高声誉：例如电泳法和凝胶过滤法等生化常用分离方法，是该校生化系发明的；药理系的Terenius教授是内源性吗啡样物质的发现者之一。[②]

[①] 韩济生访谈，2012年9月27日，北京。资料存于采集工程数据库。
[②] 韩济生人事档案：北京医学院生理教研组韩济生赴瑞典进修小结（1980年6月12日）。存于北京大学医学部档案馆。

1979年9月底，韩济生带着那些电针耐受的鼠脑提取物来到了瑞典，做有关吗啡耐受原理和内源性抗鸦片物质方面的研究。科研中缺什么方法就去学什么，这是韩济生学术研究的经验之一。①

　　到了乌普萨拉，韩济生租了一套公寓房子。"远离祖国，才更感祖国亲"，当地有一华侨订了《人民日报》，韩济生从另一留学生那转借看了几份一个月前的报纸，感到尤其亲切。其实在国内，韩济生并不是天天看人民日报，但在这里拿到旧报纸，每个字都读遍了才罢休。当收到生理教研组从国内寄来的信件时，他更是高兴，看了又看，读了又读。②

　　为了节省车费，韩济生每天骑车去实验室。10月底，乌普萨拉下了第一场雪，接下来几天每天都有零星小雪。韩济生感到这里比北京冷，写信给家里寄帽子和棉鞋来，好准备过一个漫长的冬天。每天下午四点以后，天就黑了下来。实验室的人说他来的时间真不巧，赶上一个冬天。不过又说要看风景就夏天来，做工作要冬天来。因为夏天很多人休假，六、七两个月没有什么人做实验。你要问什么事，人都不在，冬天正是干活的时候。

图6-4　韩济生在雪地上骑车去实验室（1979年冬，瑞典乌普萨拉）

图6-5　韩济生在瑞典乌普萨拉实验室吃自带的饭（1979年）

---

　　① 韩济生访谈，2012年9月27日，北京。资料存于采集工程数据库。
　　② 韩济生人事档案：韩济生瑞典进修汇报书信（1979年11月3日）。存于北京大学医学部档案馆。

为了节约时间，韩济生每晚都会把次日的午饭做好，第二天在实验室热一下快速吃完，有时几种菜混在一起，自己戏称为"长命八宝汤"。就这样，在乌普萨拉度过了第一个月，初步习惯了这边的生活：

> 每周六出去买一次食物，每天晚上回家做饭，中午带饭到研究所去热一热吃，或吃罐头。当地人除中饭时间外，上、下午各喝一次咖啡，我就一概不参加了。他们每周工作五天，我一般是星期六出去买食物，有时去工作半天，有时不去。星期天仍去做实验，抓紧时间学习。一共180天，现已过去30天。不过这30天收获还是不小的，尽自己最大努力去完成组织上交给的任务。①

这一个月，韩济生主要学了一些基本方法，包括凝胶层析、聚焦电泳、β-内啡肽和脑啡肽的放射免疫测定，脑片体外培养等等，熟悉了实验室的各种仪器操作。这些先进的实验方法使韩济生在后来的科研生涯中如虎添翼，他曾谈道：

图6-6 韩济生在瑞典乌普萨拉的高压液相实验室（1979年）

> 这些方法学了以后，对于一个学生理的人来说，简直是拿了一个新的武器。因为一般来说，国内的生理学家只会电生理之类的方法，而我学了这些化学分离方法以后，运用很自如。②

---

① 韩济生人事档案：韩济生瑞典进修汇报书信（1979年11月3日）。存于北京大学医学部档案馆。

② 韩济生访谈，2012年9月27日，北京。资料存于采集工程数据库。

对比国内的研究条件，韩济生不禁感叹：

这里实验条件好，效率高。许多仪器都是24小时整天整夜开着，所以不必预热，随时可用，而且大都是自动记录。药品试剂如有缺少，可与厂家打电话，二天至一周即可寄到。用过的玻璃仪器有专人负责洗刷（塑料用具用毕即弃）。我们的条件与此相比有很大差距，所以要赶上世界先进行列需做出加倍努力！

这里有一种气氛，对工作人员高度信任。上班是弹性时间，可以早来早走，也可以晚来晚走。工作人员每人发一把钥匙，不仅可开研究所的所有进入口，而且可以开本教研组所有库房，包括仪器、药品、文具等等。图书馆也是24小时开放，不上锁。星期天图书馆人很少，无人值班，谁要借书，留下卡片签上名，即可把书拿走，也无期限，有人需要借时图书馆来催还。

系里学术空气很浓。主任Terenius每天到各组转一转，讨论业务问题。因有秘书帮助，所以他可专心研究业务问题，很多行政事务工作都由秘书代办了。Terenius每两周与研究生和技术员讨论一次文献，每人分头查看四种杂志，各人提出该杂志中比较有兴趣的文章，在粗略报告的基础上，选重要文章每人复制一份，下次重点讨论。此外还不断有外来的学者作学术报告。每次时间不长，1到1.5小时结束。讨论时发言踊跃，很少冷场的。教研组的走廊上有一格子柜，每人一小格……主任想到有什么科研设想或问题想与某人或某几人交流，可写条放在该人的小格内。各人有事汇报也可如法办理，这样平时各人都可专心工作，不至于老受打扰。工作环境很安静，说话都很轻，不闹。①

后来，韩济生回国以后借鉴了这里的某些管理办法，比如利用信箱与研究生们及时交流等。

---

① 韩济生人事档案：韩济生瑞典进修汇报书信（1979年11月3日）。存于北京大学医学部档案馆。

第二个月，韩济生从被动地学方法，开始主动地改进一些实验用具和操作方法等。① 除了继续做离体脑片培养实验外，还按特瑞尼斯教授的意见，开展了一部分针刺镇痛动物实验。教研组对他的工作也很支持。10月30日，韩济生给国内打电话请求寄来针麻仪和测痛灯，11月19日仪器就到了。相比仪器设备条件，可以用来做实验的动物却很有限：

> 这里的动物来源不易，一共只有9只大鼠可供我实验，新要的只有100多克重。兔子要到丹麦或德国去买。这和这里药品器材丰富的情况成为鲜明对照。②

除了实验条件以外，韩济生也注意到这里与国内不同的研究生培养工作：

> 对比我们前几年的工作，主要是急于完成科研任务。当然从全组来说工作具有一定的系统性，而且正是由于我们在党的领导下能集中全组力量在一个时期突击一个方面的工作，所以才能在较困难的物质条件下为国家做出一点贡献。这是应该肯定的。但另一方面对每人的训练来说就嫌不足，不够深入系统。虽然也粗略地为每人订出一个主攻方面，但往往被具体工作打乱，难以坚持。在目前新的条件下，似乎需要有一个整顿时期。例如，有的人从脑内定位研究方面，有的从针刺镇痛动物模型方面，有的从神经递质代谢更新率研究方面……把过去的工作系统整理，并加以补充发展，争取在若干年内写出较完整的综合论文，达到一定水平。这是从针麻组的现状来考虑，从全教研组来说我想也有类似情况。

> 新的研究生在跟随工作人员做一定的科研基本训练后，也可以分

---

① 韩济生人事档案：韩济生瑞典进修汇报书信（1979年12月30日）。存于北京大学医学部档案馆。

② 韩济生人事档案：韩济生瑞典进修汇报书信（1979年12月1日）。存于北京大学医学部档案馆。

工各把一个口子……做一些基本研究。如果将来每一方面都有具备较丰富的理论基础和较熟练的技能的专门人才，则有新的课题来也就比较容易做出成果。这样做一个时期内可能出成果比较少一些，但从培养人才和国家长远利益来看是有好处的。我们反对四平八稳不急不忙搞科研，但也不能老是那样匆忙赶任务。要冷热结合，干一段就冷静下来想一想。我在这里星期六和星期天有一点时间看看文献想想问题，对这一点感到很宝贵。前几年总是被各种任务压得很紧，喘不过气来，没有时间考虑问题，长此以往是不利的。[①]

即使在今天看来，这些思考对我国的科研队伍培养仍然很有借鉴意义。

一个人的圣诞节

到了 12 月份，当地人已开始准备过圣诞节，到处都是浓浓的节日气氛。但是天气很不好，几乎天天下雨或下雪，很少出太阳，下午三点多天就黑了。[②] 这是韩济生来瑞典的第三个月，已经进入状态，预备实验结束了，开始收集资料。其他人都去度假了，韩济生一人正好可以好好利用实验室，得益于先进的实验设备，做实验的效率远高于国内：

> 由于实验周期缩短，所以认识的长进就快，成功了很快可以总结经验，失败了很快可以接受教训。特别是最近，人们都忙着过圣诞节。这星期全体工作人员放假一周，所以实验室空荡荡，一切仪器都可为我所用。高压液相仪平时忙极了，现在可以安心去做。感到收获

[①] 韩济生人事档案：韩济生瑞典进修汇报书信（1979 年 12 月 1 日）。存于北京大学医学部档案馆。
[②] 同①。

比以往任何一周都大。①

这时韩济生同时有三个题目，除了离体脑片培养看吗啡耐受鼠脑的蛋白合成外，还有针麻阻断实验，以及 12 月初开始着手的吗啡耐受鼠脑"抗鸦片物质"研究。三个题目穿插进行，工作量很大。韩济生总结这三个月来自己的主要研修内容：

> 1979 年 10—12 月：参加该系正在进行的题目，即研究吗啡耐受大鼠脑内蛋白质合成的特点，在离体脑片的培养液中加入 ^{3}H- 标记的酪氨酸和 ^{35}S 标记的甲硫氨酸，使之合成含放射性同位素的肽类和蛋白质，然后应用凝胶过滤、高压液相层析、聚焦电泳等方法将其分离提取，对比正常鼠和吗啡耐受鼠的差别，通过这一工作，熟悉了该实验室常用的生化分离技术。②

进修时间眼看过半，特瑞尼斯帮他与世界卫生组织联系，看能否申请到经费延长时间。③ 韩济生给国内汇报道：

> 总之，一切都好。我的心情是，领导和组织给我这次机会加以培养，学校和教研组很多同志分担工作，保证我出来学习。我一定不浪费点滴光阴，利用这里条件，尽量多学本领，回来献力四化，不辜负祖国的嘱托。④

第四个月过得很紧张，韩济生做了两批吗啡耐受的全套实验，但结果

---

① 韩济生人事档案：韩济生瑞典进修汇报书信（1979 年 12 月 30 日）。存于北京大学医学部档案馆。
② 韩济生人事档案：北京医学院生理教研组韩济生赴瑞典进修小结（1980 年 6 月 12 日）。存于北京大学医学部档案馆。
③ 韩济生人事档案：韩济生瑞典进修汇报书信（1979 年 12 月 30 日）。存于北京大学医学部档案馆。
④ 同③。

并不理想。而且开始牙痛，吃了自带的四环素一周仍未好，去看了牙医，拍了片，医生建议回中国补龋齿。①

进展与归期

1980年2月16日，是八十年代的第一个春节。中国驻瑞典大使馆专门派人到乌普萨拉来，带了中国罐头加以慰问。韩济生因为实验忙，脱不开身，没去参加春节联欢会。不过，这个月的实验终于取得了顺利进展：

> 这个月的研究工作取得较大的进展。正如上次汇报中所提到的，这里的豚鼠回肠实验几个月没有过关，而我正在等待这一方法作为鉴定手段，因此这一问题成了我工作进展的主要限速因素。所以，从三月份②上旬开始，我要求由我接过该仪器进行摸索，他们也同意。经系统检查，仪器是非常好的，但灌流液的配方似乎有问题，缓冲能力不够。经更换了配方后，立即成功。接着做小鼠输精管生物鉴定，也成功了。因为仪器好，曲线比国内的稳定得多。把几周来积压的样品做了鉴定，可以说完全重复出了国内的结果。证明吗啡耐受的鼠脑内有对抗吗啡的成分，用豚鼠回肠和小鼠输精管两种标本，用吗啡和脑啡肽两种受体激动剂进行试验，都有同样效果。只要用250 mg脑的提取物就可鉴定出来。改进浴槽后可能用50 mg脑的提取物即可进行鉴定。特瑞尼斯教授和许多工作人员都来看此实验，对此结果感到极大兴趣，表示祝贺。现在一方面用初步提取物进行生理药理鉴定，一方面做进一步分离，工作正在按计划进行。当然实验工作总有不顺利之处，由于冰冻干燥机出了毛病，使我花十

---

① 韩济生人事档案：韩济生瑞典进修汇报书信（1980年2月4日）。存于北京大学医学部档案馆。

② 指第三个月。

天功夫准备的 30 只鼠脑样品完全毁掉，真好像是遇到了不可预料的天灾。再重新申请动物（从斯德哥尔摩运来）重新准备，足足损失了半个月时间。但我正在努力工作争取把失去的时间补回来。可以说，直到二月底（来此已五个月）这才开始走到进一步工作的起跑线上来。看来一个科研工作要在另一个实验室重复出来也不是太容易的事。①

可是接下来，韩济生带出国的提取物快用完了。当时，韩济生很痛苦，带的东西有限，学习时间也有限。任务没有完成，回去怎么交代呢？但是没办法，出国学习的时间到了，生活费已经停止，他又自费延长了一个月，临走以前又到斯德哥尔摩的卡罗琳斯卡大学见习了两周。归途中，韩济生想到英国顺访一位国际著名的神经化学专家沃格特（Vogt）教授，对方已经同意，可以支持部分路费，并不增加国家负担，但未获卫生部批准，韩济生只能怀着遗憾回来了。

虽然这次进修只有七个半月，在紧张的实验室工作之余，韩济生还是抓住机会进行了一系列学术交流活动：

1. 在 Uppsala 大学药理系作两次学术报告：（1）北医生理针麻组的工作介绍——中枢神经介质在针刺镇痛中的作用。（2）文献综述报告：

图 6-7　韩济生在瑞典马尔摩（Malmo）访问瑞典科学家奥赫曼（Ohman）（1980 年）

---

① 韩济生人事档案：韩济生瑞典进修汇报书信（1980 年 2 月 4 日）。存于北京大学医学部档案馆。

5-羟色胺与吗啡样物质的相互关系。

2. 在斯德哥尔摩作报告两次：（1）在卡洛琳斯卡学院报告针刺镇痛原理，重点讲中枢神经介质的作用。（2）由于上述报告反应较好，其他单位也要求听讲，因此由"神经科学协会"出面组织再讲一次。

3. 相继而来的邀请有：（1）瑞典南方的隆德（Lund）大学（隆德是瑞典的第二个大学城）；（2）挪威奥斯陆的"斯堪的纳维亚精神生物学会年会"；（3）香港"神经科学学会"等，希望我去作演讲。前两处在离开瑞典前已讲毕。对香港的邀请，我驻瑞大使馆表示同意，向国内请示。因国内批准较晚，此次未能成行。

4. 在斯德哥尔摩和德隆讲演的同时，对该两地的某些实验室进行了参观。有两个实验室给我的印象特别深刻：（1）斯德哥尔摩卡洛琳斯卡学院组织学系的荧光组化和放射自显影技术都是世界第一流的，特别在该系看到用高压液相和电化学方法微量测定1—2毫克脑组织内单胺类物质含量，电化学部分的设备仅需一千余美元。如能派人作短期学习，可以立刻为我所用。（2）隆德大学的脑研究实验室（主任B. K. Siesjo教授），将形态、生理、生化、临床结合起来，研究脑缺血、缺氧、癫痫和病理生理问题，是一个很好的科研基地，值得派人去学习。

5. 斯德哥尔摩的卡罗林斯卡学院是瑞典最大的医学院，诺贝尔奖金即由该院颁发。该院院长Bengt Pernow教授今年五月约请我去该院，由生理系主任Ottoson教授（诺贝尔奖金评选委员会成员）和组织学系Hokfelt教授作陪，设宴招待。谈到卡罗林斯卡学院与北京医学院结成姐妹学院的可能性。他们建议，由瑞方派5—6名专家组成的小组到中国作2—3周的集中讲学（例如生物膜、神经元等专题），我方可派同等数量的人到卡罗林斯卡讲学（2—3周）或进修（6—12个月）。国际旅费自付，在对方停留期间由主人负责客人的生活及进修费用。我将上述初步讨论结果向使馆科技处汇报后，使馆约请Ottoson教授到中国驻瑞使馆当面洽谈以上内容，然后由Ottoson教授代表卡罗林斯卡学院写出初步建议送交使馆转到国内卫生部。瑞方态度很积极,望有关领导研究后给予答复。①

1980年6月初,韩济生经巴黎回国。回国不久,他就认真撰写了出国进修小结,最后谈到了几点体会:

1.收获:(1)在这八个月中,我利用该实验室的有利条件抓紧时间进行了大量实践,从而对脑内某些活性成分的分离、提取、鉴定技术有了一定的经验和体会,对今后的工作会有很多好处。(2)具体了解了他们是如何组织科研活动的,以便取其长去其短,为我所用。(3)结交了一些学术界的朋友,为今后国际间的学术协作和交流打下良好基础。

2.值得借鉴之处:(1)工作效率高:许多事情都是主任教授当面或在电话中决定,即刻予以解决,由秘书执行。秘书的高效率工作为教授腾出时间,从事科研和教学活动。(2)供应系统社会化:学校没有供应科和大库房,科室自行掌握资金,向社会上的厂商直接电话订货。货物送到后付款,快速简便。仪器有任何问题由厂商派人修理。(3)研究工作既与临床联系,又向理论深度发展:Terenius教授是学化学出身的,但他很重视与临床的联系,经常到瑞典丹麦等各大医院参加科学讨论会,并通过个人联系与临床医生接触。临床送来的血液、脑脊液、脑组织等各种生物标本有固定的技术员来测定和分析,因此不至于打乱本实验室的研究课题进度。另一方面,本实验室的研究生大都向理论深度发展,研究受体、分子水平的一些理论问题。研究生的年限是3—9年,可以拿薪金。所以不是很匆忙地要求出文章,可以比较从容地做一些深入的工作。(4)广泛进行协作:协作关系不仅限于本市,也包括外市、外国。借用仪器比较方便,因为他们的主导思想是,仪器是应该经常用的,用坏了买

---

① 韩济生人事档案:北京医学院生理教研组韩济生赴瑞典进修小结(1980年6月12日)。存于北京大学医学部档案馆。

新的。

3. 关于派遣留学生：(1) 在瑞典斯德哥尔摩有 20 名中国高中毕业生在那里上大学。从学习瑞典语方面来说是很成功的，瑞方不断称赞他们学得快，但从学业务方面来说，四五年以后不过是个大学毕业生，仍无专长；国家花钱多，收效小。而且他们年轻，缺乏鉴别能力，各种影响比较复杂，这种方式派遣太多值得考虑。(2) 研究生的方式较好，在中国学完大学，到外国去学专门知识，国家花钱少，收效大。而且研究生可以担任一部分教学工作，得一些津贴，国家不必付全部费用，甚至可以不必国家出钱。(3) 已经有工作经验的，一去就可以做工作。以深入做一个题目为主，顺便了解其他工作和方法学问题，半年至一年较好，三个月太少一些。但如果已经在国外工作过一段时间，熟悉他们的工作方式，则两三个月也可以学一专门技术。

4. 参观学习：出国学习或工作半年至一年，最好是以一个实验室为主，分出少量时间做一些参观。

5. 要争取机会宣传我国科研成就，树立中国的威望，促进各国科学家之间的了解。当对方赞赏你的科研成果时，参观交谈的气氛就完全改观。未讲以前，人家会问你们有这种离心机吗？把你放在这样一个低水平看待。讲完以后，主动交流他们的成果，热情接待，甚至提出校级联系之类的问题。

6. 用外文发表文章的经费和购买试剂的经费，能否给一部分外汇由科学家自己支配。[1]

后来，韩济生在实验室管理、研究生培养等很多方面借鉴了这次出国进修的启示。

---

[1] 韩济生人事档案：北京医学院生理教研组韩济生赴瑞典进修小结（1980 年 6 月 12 日）。存于北京大学医学部档案馆。

回国后的阿片肽实验

二十世纪七十年代是阿片研究蓬勃发展的年代，1975年至1979年的五年间基本弄清了三类阿片肽和其相关阿片受体：脑啡肽（属于δ/μ激动剂）、β-内啡肽（μ/δ激动剂）和强啡肽（κ激动剂）。这时要真正分清这三类阿片肽在针刺镇痛中所起的作用，如果只靠广谱的阿片拮抗剂纳洛酮一种武器，就显得力不从心了。1979年，韩济生在瑞典时就与特瑞尼斯共同商议合作进行科研。韩济生的设想是：能否把抗体注射到脑的不同核团，去阻滞该肽的功能活动，从功能缺失中推断其生理作用。例如，如果针刺引起脑内某核团释放内啡肽而引起镇痛，则将内啡肽抗体注入该核团，应能有效地阻断电针镇痛。这在当时是一个全新的思路，今天已成为研究神经肽功能的常规方法。[1]由于时间有限，韩济生在瑞典时，该课题未能正式进行。特瑞尼斯建议双方协作继续进行实验，他把制备好的抗体寄到中国来，让韩济生接着做。[2]

韩济生回国以后，特瑞尼斯寄来了三种阿片肽的抗体，韩济生立即安排研究生谢国玺进行实验，他们将抗体分别注入兔脑的不同核团。如果电针通过在某核团释放β-内啡肽引起镇痛，则将β-内啡肽抗体注入该核团阻断β-内啡肽的作用，应能削弱针刺镇痛作用。在这一转化中，他们也付出了不少代价。特瑞尼斯按双盲法寄来成对抗体，其中一管是真的阿片肽抗体，另一管是正常兔血清中提出的免疫球蛋白G（IgG）。当他们用微量生理盐水将其溶解，分别注入兔脑内时，发现两者都能对抗针刺镇痛作用。再试一对，结果依然如此：

---

[1] 韩济生：1/4世纪的求索。见：编写组：《韩济生院士》。北京：北京大学医学出版社，2008年，第13-16页。

[2] 韩济生人事档案：北京医学院生理教研组韩济生赴瑞典进修小结（1980年6月12日）。存于北京大学医学部档案馆。

经过几个月的摸索,最后才弄清原来冻干的 IgG 中含有不少氯化钠。再用生理盐水去溶解,就成为高渗溶液,破坏了关键性的脑核团,因此也削弱了针刺镇痛效果。当去除了高浓度氯化钠后,一切问题迎刃而解。实验结束后揭开密码,将注射物质的种类与实验结果互相核对,发现针刺所释放的 β-内啡肽主要是在脑内起镇痛作用,强啡肽主要在脊髓发挥镇痛作用,脑啡肽则在脑和脊髓都起作用。[①]

此外,虽然韩济生在瑞典时只去卡罗林斯卡学院访问了一个月,但是一直保持着联系。经过韩济生前期的沟通,1982 年 10 月 18 日,卡罗林斯卡学院如约派了学术团访华,在北医举办了为期十一天的"北京医学院与

图 6-8　北京医学院与瑞典卡罗林斯卡学院神经生物学讲座(1982 年 10 月。前排右一许鹿希、右二韩济生、右五李肇特)

[①] 韩济生:1/4 世纪的求索。见:编写组,《韩济生院士》。北京:北京大学医学出版社,2008 年,第 13-16 页。

瑞典卡罗林斯卡学院神经生物学讲座",带来了当时前沿的神经生物学知识和理念。

此时的韩济生已经开始在国内外学术界有了一定的影响,愈发希望能为党和国家做出更多的贡献。1982年12月10日,他又提交了入党申请书,表明了自己入党的动机:

> 我入党不是为了追求名誉地位,相反,我知道作为一个党员要花费很多时间精力去从事党所分配的工作,可能会影响我的学业和学术水平,从而降低自己在国际学术界的发言能力等等。但既然把自己的一切都献给人类最伟大的共产主义事业,那么把时间花在哪里价值最高,就听从党分配了。这就是我的入党动机和认识。①

1983年5月28日,已经担任北医生理教研室主任的韩济生再次提交入党申请书:

> 我是一个从旧社会过来的人,根据自己在新中国成立前亲眼所见和亲身经历,深深知道新中国来之不易。我没有在战争年代经受生与死的考验,但在当前的和平建设年代仍然有许多考验,要克服许多困难,特别是为开创社会主义现代化建设新局面而进行的改革中所面临的各种困难。要克服这些困难,光靠个人的努力是绝对不够的,必须上靠组织,下靠群众。"没有共产党就没有新中国",这句话总结了新中国诞生过程中的全部经验。今天,要在十亿人口的中国进一步建设社会主义。如果没有党的领导,四化建设就只是一句空话。个人的点滴力量只有汇集到党的事业中去才能发挥最大的作用。②

6月13日,由周仲福、范少光介绍,生理党支部通过,韩济生在最初

---

① 韩济生人事档案:入党申请书(1982年12月10日)。存于北京大学医学部档案馆。
② 韩济生人事档案:入党申请书(1983年5月28日)。存于北京大学医学部档案馆。

提出入党申请二十余年后终于成为一名预备党员，次年转正。[①] 此后，韩济生一直以共产党员的标准严格要求自己。2006年6月15日，北京大学举行了盛大的"纪念中国共产党成立八十五周年暨表彰大会"，已年近八旬的韩济生光荣地获得了"北京大学优秀共产党员标兵"称号。

[①] 韩济生人事档案。存于北京大学医学部档案馆。

第七章
在坚守中前行

正当韩济生带领着团队取得一个个研究成果时,国内的环境又起了变化。一场关于针麻的大论争使刚刚站稳脚跟的针麻研究,又受到了猛烈的冲击,此后,针麻慢慢淡出公众视野。

在去掉了政治压力后,许多针麻研究人员也逐渐退出了研究队伍。虽然韩济生也曾经有很多机会去做别的研究,但是他却牢记周恩来总理的嘱托,依旧执着地带领团队继续针刺镇痛研究。研究越来越深入,研究成果得到了国际承认,为针灸在世界的立足提供了科学依据。

旧现象的新解释

在 1979 年之前,社会各界对针麻的热情很高,基本都持肯定态度,也出现了各种赞美针麻的文学和艺术作品。十一届三中全会之后,学术界也开始拨乱反正,强调尊重科学态度,坚持实事求是,提倡学术民主。然而,正是在这样的气氛下,针麻被作为"文化大革命"产物,开始受到否定。1980 年 10 月 22 日,《文汇报》发表了一篇题为"对针刺麻醉的评价要实事求是"的文章,认为针麻"是诸多麻醉方法中不成熟的方法,作用有限","最后很可能在大多数临床使用领域中消失"。[1] 这篇文章发表后,一些人对针麻产生了误解,甚至把针麻看成是神话、骗局,说得一无是处。[2] 国内产生了一场关于针麻的大论争,在舆论上对针麻研究造成了很大的压力。加上科研上已经可以有更多选择,大批研究人员退出针麻研究。

韩济生却牢记周恩来总理的嘱托,并不为这些外界的影响所动。他带领团队进行的下一个研究是强啡肽的镇痛部位,他介绍道:

> 关于强啡肽的镇痛部位在脊髓而不在脑,也有一段有趣的经历。美国斯坦福大学的哥德斯坦教授在1979年发现了内源性阿片肽的第三个家族强啡肽,这是一件大事。但使他失望的是在体外实验中显示强烈阿片作用的强啡肽,注入脑内却不镇痛。我们根据"去甲肾上腺素在脑内对抗镇痛而在脊髓内镇痛"的经验,试将强啡肽注入脊髓,果然产生镇痛,其作用强度为吗啡的6—10倍。这与强啡肽抗体注入脊髓能对抗针刺镇痛作用的结果一致。进一步的工作证明,强啡肽的作用是通过脊髓中的κ受体完成的。[3]

强啡肽在脊髓通过κ受体引起镇痛的新发现,引起了对以往一些现象的重新考虑。例如,加拿大的波梅兰兹(Pomeranz)发现,低频电针镇痛可被纳洛酮(2 mg/kg)阻断,表明与阿片肽有关;但高频针刺镇痛并不能被同样剂量的纳洛酮所阻断,表明其与阿片肽无关。韩济生他们发现,如将纳洛酮剂量加大到足以阻断κ受体的程度,则大鼠的高频针刺镇痛作用也能被阻断。这就引发了一个思路:是否低频(2—4 Hz)电针可释放脑啡肽和内啡肽,其作用易被纳洛酮阻断;而高频(100—120 Hz)电针释放强啡肽,因此必须用大剂量纳洛酮或特异的κ受体拮抗剂才能阻断。

---

[1] 耿希晨、陶乃煌:对针刺麻醉的评价要实事求是。《文汇报》,1980年10月22日。

[2] 焦玄:针刺麻醉座谈会。《中国针灸》,1981年第1期,第48-49页。

[3] 韩济生:1/4世纪的求索。见:编写组:《韩济生院士》。北京:北京大学医学出版社,2008年,第13-16页。

顺着这一思路，他们设计了一系列实验，应用：①选择性的δ和κ受体拮抗剂；②交叉耐受法分别阻断μ/δ和κ受体的作用；③脊髓鞘内注射脑啡肽或强啡肽抗体分别阻断这两种阿片肽

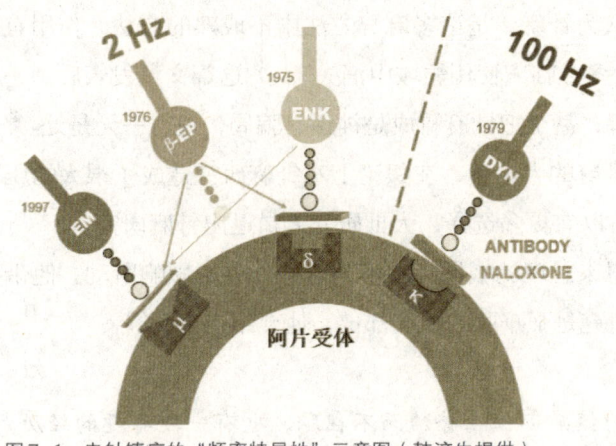

图7-1 电针镇痛的"频率特异性"示意图（韩济生提供）

的作用；④测定脑脊液中脑啡肽和强啡肽的免疫活性等。应用这四种方法得出的实验结果一致说明，2 Hz 的低频电针刺激能促进脊髓中脑啡肽的释放，100 Hz 的高频刺激则会引起强啡肽的释放，2 Hz 和 100 Hz 交替使用或单独应用 15 Hz 电针，则引起脑啡肽和强啡肽同时释放，同时作用于μ、δ 和κ 三类阿片受体引起镇痛。这些结论说起来简单，但是研究过程却很漫长。韩济生总结道：

> 这一结论是从大量动物实验中总结而得的，最后在人体上得到验证。完成这些实验就整整花费了 10 年时间（1982—1991 年），光上述第三项内容就几乎是博士研究生谢国玺整整一学期的工作量，虽然这么多次实验概括起来只得出一张总结图，但这张图得来是很不容易的。这些结论已在人的脑脊液测定中得到证实。这也从一个侧面证明，中医关于"在同一穴位上运用不同的针刺手法可治疗不同的疾病"的说法并非空穴来风，是有一定的科学根据的。[①]

但是作为一个严谨的科学家，韩济生深知"可重复性"的重要性。他需要一位对此工作完全陌生的人员，来重复低、高频电针分别引起不同阿

---

① 韩济生：1/4 世纪的求索. 见：编写组：《韩济生院士》. 北京：北京大学医学出版社，2008 年，第 13—16 页.

片肽释放的现象。1988年，上海医科大学毕业的生理学博士王强申请来做博士后，韩济生请他就上述现象的主要内容进行验证，如能重复出来则进一步分析其神经通路。在短短一个月的时间内，王强用辐射热甩尾和足底加压缩腿两种测痛方法，重复出了本实验室以前的结果。在此基础上进行了一系列中枢刺激、损毁等实验，证明2 Hz电针的信息需上达下丘脑弓状核才能引起脑内释放β-内啡肽和脊髓释放脑啡肽；而100 Hz电针的信息只要上传到脑桥的臂旁核就能返回脊髓，引起强啡肽的释放。这些工作，是对此前十余人的工作的一次验证和飞跃。1990年，韩济生团队的研究成果"大鼠低频、高频电针镇痛中枢部位的研究"获得了国家教委一等奖。

针刺耐受的新进展

关于针刺耐受的研究也有了进展。在瑞典进修时，韩济生试图利用那里的条件从电针耐受的鼠脑中提纯"抗阿片物质"，但因为生物活性物质含量极低，在反复分离提纯过程中极易丢失，因此未获成功。回国后，韩济生一直难以释怀，坚信肯定有与耐受相关的东西存在。1982年，韩济生到美国圣路易大学生理和药理学系作演讲，提到电针能使脑内生成和释放出阿片样肽，但如果电针持续时间太长，针效会逐渐降低而产生"耐受"，并且指出，此时脑内可能产生了某些对抗阿片作用的物质。这种物质可能属于肽类物质，其分子量约为一千，但其化学性质尚未最后鉴定。言者无意，听者有心。该校药理学系从事胆囊收缩素（CCK）研究多年的本菲尔德（Benfield）博士，在讨论中提出八肽胆囊收缩素（CCK-8）是否可能为这种抗阿片物质的候选者？1983年，韩济生再访圣路易大学，这位学者慷慨地赠给他一部分CCK-8和CCK-8的抗血清。韩济生带回国后开始做实验，果不其然，把CCK注入脑子里，吗啡就无效了。而注入CCK抗体后，镇痛效果却非常好。[1] 不久文献中出现了两种具有抗阿片作用的神

---

[1] 黄艳红：中国针刺镇痛机理研究的社会史分析。北京大学博士学位论文，2006年，第37页。

经肽（均为分子量接近一千的小肽），即 CCK-8 和血管紧张素 Ⅱ。韩济生他们随即用微量注射抗体的方法证明，如将 CCK-8 的抗血清注入脑室或脊髓蛛网膜下腔，就能将电针耐受大部分翻转。说明耐受的原因之一，是由于长时间电针使中枢释放出大量 CCK-8，对抗了阿片肽的作用。血管紧张素 Ⅱ 也有类似作用，但强度远较 CCK-8 为弱。[①]

1984 年 8 月 7—10 日，由中国针灸学会筹备召开的第二届全国针灸针麻学术讨论会在北京举行。国内代表四百〇三人，来自五十二个国家地区的国外学者达四百二十二人。在全体会议上，分别由辛育龄和韩济生作了"针刺镇痛临床研究"和"针刺麻醉原理研究"的综述性大会报告。[②] 韩济生在报告中指出，不同频率电针可以引起不同种类阿片肽的释放。并指出，脑内存在一种对抗吗啡或内啡肽的物质，称为胆囊收缩素（CCK）。阿片肽与 CCK 保持对立统一局面。这是针刺镇痛原理研究中两项重要突破。[③]

经过一年多的实验，1985 年，韩济生在国际麻醉研究学会（INRC）上报告了初步实验结果，证明脑室或脊髓内注射 CCK-8 可以抑制电针镇痛，有量效关系。注射 CCK 抗体则可翻转电针耐受，或使电针镇痛无效的大鼠转变为有效，从而证明 CCK-8 可能正是他们当时在寻找的内源性抗阿片肽。同年 11 月 20 日，韩济生被聘任为《生理科学进展》杂志主编。1986 年 10

图 7-2 《生理科学进展》编辑部合影（1998 年。右起：童坦君、韩济生、朱文玉、范少光、冯腊枝、孙长伟、教蕴琪）

[①] 韩济生：1/4 世纪的求索。见：编写组：《韩济生院士》。北京：北京大学医学出版社，2008 年，第 13-16 页。

[②] 张仁：《中国针刺麻醉发展史》。上海：上海科学技术文献出版社，1989 年，第 81-82 页。

[③] 蔡景峰、李庆华、张冰浼主编：《中国医学通史·现代卷》。北京：人民卫生出版社，2000 年，第 613 页。

月14日，中国针灸学会针刺麻醉研究会成立大会暨学术交流会在上海召开，来自全国各地的八十余名代表参加了这次大会。韩济生在会上作了报告并当选为针刺麻醉研究会第一届理事会理事。[①]

在一系列工作的基础上，1992年，韩济生写出了中枢CCK参与电针耐受的总结性论文。1995年又写出两篇总结性论文，一篇是从微观上阐明CCK-8抗阿片作用的分子机制，应邀在1994年加拿大蒙特利尔召开的第十二届国际药理学会上作大会报告。另一篇是从宏观上看CCK-8与阿片系统的关系，证明CCK-8实际上是对阿片系统的功能活动进行负反馈调节中的一个自限系统，应邀在1993年北京召开的一次"中枢神经系统基因表达"国际会议上作报告。其后，又发现用基因转移技术使脑内CCK过量表达可使电针镇痛和吗啡镇痛效果显著减弱，而用反义RNA阻止CCK表达则加强电针和吗啡的镇痛作用，进一步证明脑内阿片肽和抗阿片肽的相对平衡是决定针效的关键因素。至此，关于CCK的研究告一段落，前后经历了十二年（1983—1995）之久。[②] 对于未来的研究，韩济生的启示是：

图7-3 中国针灸学会针麻研究会成立大会暨学术交流会留念
（1986年10月。前排左七韩济生、左十张香桐、左十一徐丰彦、右二曹小定）

---

① 刘辉：中国针灸学会针刺麻醉研究会成立暨第一层学术讨论会.《针刺研究》，1986年第3期，第218页。
② 韩济生：点滴回忆.见：王晓民主编：《芳菲时节：韩济生院士与他的学生们》.北京：北京医科大学、中国协和医科大学联合出版社，1998年，第1—22页。

第七章 在坚守中前行 *135*

当前由于神经化学技术的进展，新的神经肽如雨后春笋不断涌现。这些肽之间如何相互作用，从"阿片肽与抗阿片肽"这一对矛盾的剖析中也许能有所启发。①

这一系列研究也获得了多个奖项，如"CCK 抗阿片镇痛的分子机制"获国家教委三等奖（1994），"CCK 抗阿片镇痛的负反馈机制"获国家教委二等奖（1997），"中枢八肽胆囊收缩素（CCK）决定针刺镇痛和吗啡镇痛的有效性"获国家自然科学二等奖（1999）。

一个提问引发的接力赛

韩济生团队关于针刺镇痛原理的另一个重要发现是镇痛的回路，其想法来自于一个提问：

> 有些科研思路出自长期的思索，有些则来自听众的质疑，后者确是科研思路取之不尽的一个源泉。
>
> 1978 年的一次全国针麻会上，辛育龄教授对我的报告提出了疑问："你把纳洛酮分别注入 4 个核团（中脑导水管周围灰质、伏核、缰核和杏仁核），都能阻断针刺镇痛作用。如果这 4 个核团同样重要，仅仅阻断一个应该只使针刺镇痛降低 1/4，而实际上是降低了 80% 以上。怎么能自圆其说呢？"
>
> 我一时语塞，只能来一个"也许"，"也许这些核团连成一个环形通路，因此打断任何一环都能使通路停止工作"。辛教授鼓励我们"做工作拿出证据来"。
>
> 至今我还记得，当我把这一大问号带回科研组时对全组的震动。

---

① 韩济生：1/4 世纪的求索。见：编写组：《韩济生院士》。北京：北京大学医学出版社，2008 年，第 13–16 页。

经过讨论决定抽出专人攻克这个难题：在核团 A 注射微量吗啡引起镇痛后，在核团 B 注射微量阿片拮抗剂或阿片肽的抗血清看能否阻断镇痛作用，注射脑啡肽降解酶抑制剂看能否加强镇痛作用。同时也不排除其他神经递质（如 5-HT，γ-氨基丁酸等）参与的可能性，这样从 A 到 B，从 B 到 C，逐一检验，工作量是惊人的。这根接力棒传了五代，持续了 12 年。从中培养出 1 名硕士，2 名博士和 2 名进修教师。每人根据自己的实验结果验证了前人的工作，也修正了前人的假设。

在当时关于痛觉生理的文献中，从脑到脊髓的下行抑制通路研究得很多，但对边缘系统如何发挥作用的资料相对较少。根据实验结果他们初步提出了"中脑边缘镇痛环路"的设想；但随着资料的积累，逐渐认识到它不是一个简单的单行跑道，而是包括许多核团的神经网络，这个网络以脑啡肽、β-内啡肽、5-HT、γ-氨基丁酸等作为神经递质。后来又发现，参加这个网络的各核团似乎有着兴则俱兴、灭则俱灭的正反馈联系。[①]

韩济生团队在痛觉生理中提出了一个"中脑——边缘镇痛系统回路"的新命题。在上述任一核团注入微量阿片肽，就能在另一些核团引起脑啡肽或内啡肽的释放；而在任一核团注入微量阿片受体拮抗剂纳洛酮，即可使整个反应大幅度降格。说明从中脑到边缘系统之间存在着一个与镇痛有关的回路，回路的各驿站之间存在正

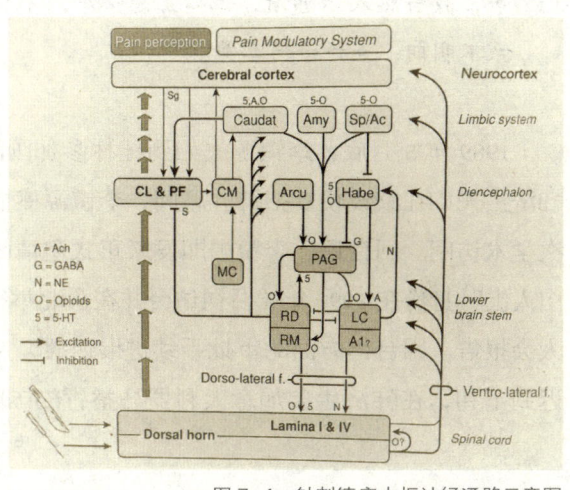

图 7-4 针刺镇痛中枢神经通路示意图

---

① 韩济生：1/4 世纪的求索。见：编写组：《韩济生院士》。北京：北京大学医学出版社，2008 年，第 13-16 页。

反馈联系，其中任何一点受到适宜的刺激都可激活整个抗痛系统，而任一点传导受阻都能使整个系统的活动受挫。[1]

宝 岛 情 缘

血浓于水，韩济生的研究也促进了海峡两岸同胞的文化交流与合作。1984年，韩济生在伦敦国际药理学大会上认识了台湾"中央研究院"院士、台湾大学李镇源教授：

> 1984年我们均受邀于英国药理学会，参加在伦敦举办的第九届国际药理学大会，在同一个科学讨论会上做报告。我讲针刺镇痛原理，他讲眼镜蛇毒研究，因为都是中国人，在茶歇时相遇，特别有亲切感。当时他就提出，有机会希望能邀请我访问台湾，我做了礼貌性回复。1987年在澳大利亚悉尼第十届国际药理学会上再次相遇，重提此事，我当然表示感谢，但心里想：那只不过是一种美好愿望，两岸关系不明朗，互访谈何容易？[2]

1989年5月底，李镇源夫妇到桂林参加国际毒理学会议后顺访北京，韩济生夫妇在家设便宴招待。席间，李镇源盛情邀请韩济生夫妇赴台作一次学术访问。回台后，李镇源即发来正式邀请函，邀请韩济生以"大陆杰出人士"身份在1990年4月初访台并在台北举行的"生物医学年会"上作大会报告。因台湾方面的审批手续进展迟缓，乃将访台时间由4月上旬推迟到下旬，在韩济生参加意大利罗马举行的国际针灸会后访问中国台湾。

---

[1] 求索者的奉献——记著名神经科学家、中国科学院院士、北京医科大学教授韩济生.《科技潮》，2000年第12期，第110-112页。

[2] 韩济生：不忘初心，从一而终。见：蒋郎朗主编：《精神的魅力2018》。北京：北京大学出版社，2018年，第20-27页。

3月14日，台湾方面寄来"大陆同胞旅行证"。① 虽然希望不大，韩济生还是提交了申请，没想到卫生部和国务院有关部门当即批准同意。韩济生回忆道：

> 我想，虽然可能性不大，何不交学校对台办试试。出人意料的是，北医对台办上午上报卫生部，下午即获国务院批准：可以成行！这是大陆学者从大陆出发经港赴台作学术访问的第一起。兴奋之情，可以想象！但要实现破冰之旅，无章可循，其困难之大也可以想见。②

因为是"破冰之旅"，卫生部陈敏章部长及国务院台湾事务办事处负责人特地接见了韩济生，并强调指出：这是我方正式批准以"大陆杰出人士"身份访问台湾的第一例，希望能取得完满成功。③

1990年4月21日至29日，韩济生以第一位"大陆杰出人士"身份（国务院对台办特批）与夫人朱秀媛（医科院药物所）一起，访问了台湾。

中医药学和针灸学的发展和提高是海峡两岸共同感兴趣的话题。兵马未动，舆论先行，在抵台前，美国《世界日报》、台湾《联合报》《民生报》等，即以"韩济生、朱秀媛医药夫妻档本周抵台"等作为专栏题目进行预报。4月21日，韩济生和夫人飞抵台北

图7-5 韩济生夫妇（右一、二）在台北会见李镇源教授（左二）（1990年）

---

① 韩济生人事档案：韩济生、朱秀媛访台报告（1990年5月1日）。存于北京大学医学部档案馆。
② 韩济生：半个世纪的愉快回顾。见：编写组：《韩济生院士》。北京：北京大学医学出版社，2008年，第23-27页。
③ 韩济生人事档案：韩济生、朱秀媛访台报告（1990年5月1日）。存于北京大学医学部档案馆。

时，台湾电视台和各报记者纷纷赶到机场采访。李镇源院士和中医药研究所所长陈介甫教授等人，亦在机场亲切迎接，一切按贵宾礼遇。韩济生夫妇抵台的情景，当晚在电视新闻中迅即播出。抵台当天下午，李院士、陈所长还专为此举行了记者招待会。来自《联合报》《中国时报》《自由时报》《台湾新生报》等十二家报纸的二十余名记者出席参加。出席记者会，韩济生夫妇心有顾虑：

> 下午3时举行记者招待会，12家报纸和"中央通讯社"记者坐满一堂。说实话，我们还是有点顾虑的：业务方面没有顾虑，怕就怕有些政治性问题难以回答。我们的两位"地主"说，请放心，不会有刁难问题。李镇源首先介绍了我的工作（用现代科学技术阐明针灸疗法治疗疼痛的原理）和朱秀媛的工作（人工麝香的研制），随即开始提问。长达一个多小时的记者招待会，全部是围绕着针灸和麝香进行，气氛十分友好热烈。[①]

次日，各报社纷纷报道，很多恰如其分地掌握了这次学术访问的主题。《自由时报》报道："这对医药夫妻旅途劳顿，但在记者会上健谈风趣，且十分谦虚幽默。"《中国时报》报道："以研究针刺镇痛蜚声国际的大陆学人韩济生与研究药理名闻学界的妻子朱秀媛以杰出人士身份昨午抵台，展开为期九天的交流、访问和参观。"《民生报》评论此次访问是"海峡两岸首度合作，开发传统医学宝藏"，"韩济生的理论可以启发国内西医研究针灸的兴趣。并利用这种传统医学深入探讨神经科学未知的领域"，认为"韩济生伉俪来台可以加速中医药科学化的脚步，有助于认识传统医学研究的重要性。"足见台湾各界对科学研究的敬业精神，以及他们对大陆学者的尊重态度。

接下来，韩济生到台北的台大医学院、阳明医学院、荣民总医院、"中央研究院"生物医学研究所、私立长庚医院和台中的私立"中国医药学校"（董事长为陈立夫）进行了演讲。主题是针刺镇痛的神经化学原理，

[①] 韩济生：不忘初心，从一而终。见：蒋朗朗主编：《精神的魅力2018》。北京：北京大学出版社，2018年，第20–27页。

但内容随听众而有变动，有的偏于临床，有的偏重理论。他对听众提出的各种问题都一一作了详细解答，使每一场的听众都深感满意。还同中医药界的四个学会成员进行了学术交流。"中央研究院"生物医学研究所是"中研院"十九个所中最大的一个，吴成文院士两年前从美国回台来所里主持工作，他在听了韩济生演讲后说："我对针灸疗法一直是抱怀疑态度的，今天听了韩教授的演讲，是真正信服了。我想大家都有同感。"荣民总医院的姜副院长说："韩济生教授的演讲从一开始就使我感到内容是科学的，短短一个小时就使我信服，针灸疗法是有科学根据的。""中国医药学院"的董事张成国医师一连问了四个问题，他说多年来积累的疑问今天都得到了圆满解决。陈介甫所长作了全程陪同，他评论说，在他所听过的来台学者的学术报告中，这是"内容最丰富、最精彩"的一次。朱秀媛也在台大医学院和"中国医药学院"分别作了"麝香药理作用"的报告，引起听众的极大兴趣，报纸上也作了充分报道。

在参观访问时，韩济生对台湾的研究条件有了更多的了解：

在主人的妥善安排下，参观了台大医学院、阳明医学院、荣总医院、生物医学研究所、"中国医药研究所"、长庚医院等，可以认为仪器设备普遍地比较先进。尤其是生物医学研究所内一切最先进仪器设备可谓应有尽有。还有一部分经费向所外分配，俨然是一个小型的NIH（美国国立卫生研究院）。工作人员绝大部分是从美国招聘而来，所内的工作语言是英语。荣总医院是一个具有2700多张床位的大型医院，是阳明医学院和国防医学院的实习医院，自己也具有雄厚的研究力量，有22名研究员，分别从不同的单位招聘而来。每位研究员有60—80平方米的实验室，和一个小型的办公室，配备203名固定编制。此外根据自己的科研经费可以雇用更多的研究人员，有的多至8名。据介绍，荣总每年发表的论文数在台湾各医学机构中居于首位，新建的荣总医院是亚洲最大的医学建筑群。

台湾医学界的另一大体系是台大医学院，历史悠久，受日本侵占的影响较深，领导机构的成员几乎都是台大毕业的"纯系"。院址位于台北市中心地带，最近新建的大楼群可与荣总楼群媲美。科研有比较系统的课题。如李镇源教授毕生从事蛇毒研究，至今年逾古稀，已从台大医学院院长和药理教研室主任位置退休，但还有一个实验室，申请了科学基金，继续进行毒素的药理研究，和指导别人的研究。这种精神令人敬佩。

中医药研究的人力财力相对较弱。台中市的中国医药学院是一个私立的中西医学院，由陈立夫任董事长。董事会由五名中医，五名西医，五名社会名流组成，院长由专职管理人员担任。教学内容，中西医并举，学员毕业后可以考中医执照或西医执照，但即使两种执照都考取，也只能选择一种行医，实际上大部分都选西医开业。一旦选了西医，就不能开中医处方，反之亦然。院方认为，这种规定限制了中西医学的合流，而中西医合流正是开办该院的初衷和主旨。最近台湾当局对中医学的研究和发展比较重视，扩建了公立的中国医药研究所，投入六亿新台币相当于二千余万美元，建立一个一万余平方米的研究大楼，预期三年内可以建成。目前正在蓄积力量，所长陈介甫（药理学教授）是我们此次访台的邀请人之一，他的计划是踏踏实实地用现代科学技术整理提高中医药学。他对开展两岸学术交流有浓厚的兴趣，派专人了解大陆中医药研究情况，订了大陆出版的医药学杂志三百余种，今后还准备聘请中西医结合的大陆学者访问台湾，进行实质性的学术交流，也可借以唤起社会上对中医药学的重视。

在私立医学机构中，长庚医院系统值得加以重视，它是塑胶大王王永庆出资建造的，在台北、台中、高雄都有长庚医院。院长都是专职的经营管理人员。由于管理有方，医院不仅不必补贴，反有盈余。医护人员待遇优厚，但规定的工作量必须完成，绝无人浮于事现象。药品、器材的选择重质量而不重品牌，因此成本较低。三个长庚医院之间医疗力量可以互通有无，充分发挥其实力。[1]

---

[1] 韩济生人事档案：韩济生、朱秀媛访台报告（1990年5月1日）。存于北京大学医学部档案馆。

韩济生第一次访台,时间短暂,许多场景令他难忘。在一次讲演中,主持人台湾中医药学院的哈鸿潜教授先作了极其热情的介绍后说:"我从一位美国教授那里借到韩教授的一本论文集《针刺镇痛的神经化学原理》。我实在太喜欢了,又买不到,所以私自作了全部影印,这是非法的,现在韩教授来了,我希望他能给我签名使之合法化。"韩济生当即高兴地在他的影印本上签了名。

通过交流,韩济生感受到了台湾基础医学的发展潜力:

> 知识分子的处境:在台湾由于医师收入丰厚,因此医学院毕业生很少愿做基础研究。虽然现在也提倡MD/PhD双博士,但实际上得了医学博士学位的仍然绝大多数从事临床工作,而博士研究生的来源还是以理科大学毕业生为主。
>
> 为了吸引更多的人从事基础医学研究,生医所吴成文所长说他的办法是在200余名工作人员中选出5%的最佳研究人员以高薪重酬,再选10%优秀人员给以高薪鼓励。通过这15%人员的示范作用形成一个鼓励积极研究的风气。这些人员的待遇至少与美国的待遇相同,并争取在法律上把这种差别待遇制确定下来。吴所长1988年由美返台时,从美国带回35名博士,其后又陆续有人回台。他预期在这种工作条件和生活条件双重照顾的情况下会有更多有志之士回台湾为振兴科学效力。
>
> 为了鼓励更多的人从事博士学习,台湾当局最近对博士生的待遇作了大幅度提高。
>
> 科研经费可以从所谓"国科委"、"教育部"、"卫生署"及私人机构等多渠道申请,以"国科委"为主。"国科委"每年

图 7-6 韩济生夫妇第二次访台时在台北会见陈立夫先生(1992年右一)

组织科研成果评选，分别授予杰出奖、优秀奖等奖励。

可以感觉到，台湾在获得经济、技术方面的发展，拥有一定财力的情况下，正在向科学发展作大规模投资，其发展潜力是令人注目的。①

虽然只有短短的九天时间，但是这趟"破冰之旅"还是使韩济生对台湾的风土人情和生活有了一定的了解。

韩济生在浙江衢州中学和杭州高中时的同学姜必宁（时任荣总医院副院长）从报纸上看到消息，前来相会，相隔四十余年后竟然在宝岛台湾相聚，彼此间热情拥抱。此外，有人寄来草药样品，希望韩济生夫妇带回北京进行研究；有人前来求医，希望取得一线生机。连司机也送给他们一本影集，希望以后能有机会再次相见。加上各单位赠送的大量资料，韩济生夫妇离台时行李已超重，机场服务人员听说是北京来的学者，优待免费放行，直运北京。

时间是短促的，但这种真诚纯朴的交流给海峡两岸学者、友人心中留下了美好的印象，成为一种催化剂，促进了两岸学者的互访和学术交流。从1990年至1994年，韩济生和夫人曾四度应邀访台，在1994年还获得了陈立夫颁发的首届"立夫中医药学术奖"。

美国针刺疗法听证会

随着替代医学的兴起，国外的针灸热再次"升温"。从1987年起，韩济生连续十二年（每三年为一期，连续四期）获得NIH的科研基金资助，是当时中国唯一连续十几年独立申请获得NIH的RO1科研基金的学者。

---

① 韩济生人事档案：韩济生、朱秀媛访台报告（1990年5月1日）。存于北京大学医学部档案馆。

1997年11月3—5日，美国国立卫生研究院（National Institutes of Health, NIH）在马里兰州总部召开"针刺疗法听证会"（Consensus Conference on Acupuncture），使针灸包括针刺镇痛重新受到中美乃至全世界的关注。

在此之前，1980年才正式出版了1974年赴华考察的"美国针刺麻醉研究组"的评估报告"针刺麻醉在中华人民共和国"。报告基本肯定了针麻的真实性和针刺镇痛现象的临床和生物学意义，但同时指出，此方法可能只适用于很少一部分病人，需要术前筛选。虽然此报告姗姗来迟，但对美国后来对针灸研究的重视起到了铺垫作用。[①]

在"针刺疗法听证会"之前，NIH已经召开过一百〇六次各种主题的听证会，但这是第一次为西方主流医学系统以外的医疗方法召开听证会。[②] 虽然NIH明确指出其结论不代表政府的意见，也不具有法律和法规性的指导意义，但多年来NIH听证会建立了良好的信誉，其权威性得到公认。此类听证会的结论一般都会被医学界广泛接受，作为指导临床实践的标准，同时对政府部门制定政策，科学研究方向及基金投入，医疗保险公司决定支付范围，甚至法律诉讼中的医疗责任确认等很多领域，都具有举足轻重的影响力。[③]

这次听证会，NIH邀请了医学界和社会各界（包括议员、律师和平民等）一千余人参加。刚刚在北京的国际针灸联合会成立十周年大会上作过报告的韩济生匆匆赶去。大会报告分两类：一类是有关针刺的历史、法律地位

图7-7 韩济生在美国国立卫生研究院"针刺疗法听证会"上作报告（1997年）

---

① 李永明：《美国针灸热传奇》。北京：人民卫生出版社，2011年，第157，198页。

② 黄艳红：中国针刺镇痛机理研究的社会史分析。北京大学博士学位论文，2006年，第2页。

③ 李永明：《美国针灸热传奇》。北京：人民卫生出版社，2011年，第265页。

第七章 在坚守中前行

等社会学问题；一类是有关科学问题。除了韩济生外，还有两位中国学者（上医的曹小定和上医妇产医院的俞瑾）也在第二天的大会上作了报告。

作为直接接受NIH基金资助的科学家，韩济生被安排在第二类科学性质报告中第一个作大会报告，题目是"针刺镇痛的内啡肽机理"。对于这个报告，韩济生胸有成竹，因为他清楚自己的团队在国际同行中的学术地位。韩济生集三十余年的研究精华，指出针刺人体穴位可以促进神经系统分泌出神经化学物质，发挥镇痛作用。进而他就人体穴位针刺镇痛的时间、空间分布规律，不同频率的电针刺激分泌不同种类的阿片肽，以及电针镇痛与电针戒毒的共同机理做了系统报告。[①]

NIH听证会取得了突破性成果，11月5日的最终结论指出：针灸在止痛和止呕吐方面有确实的功效，这两个结论都是有科学根据的。此次大会为美国推广应用针灸疗法打下良好基础，具有历史意义。[②] 从此，美国政府和医学界承认了针刺疗法的有效性并得到广泛应用；美国的医疗保险公司开始为这种治疗方式买单；美国将"针灸理论"编入供医学研究生研读的高等教材《物质依赖》；英国的皇家医院也开始推广"针灸止痛"疗法。[③] 韩济生及其同仁们将针灸用西方医学界所能接受的科学话语推向了全世界。

从1965年接受任务至此次听证会，韩济生用三十多年的研究对周总理的嘱托有了一个交代。1998年是周总理百年诞辰，天安门旁的国家博物馆举办了特展。韩济生特地起了一个大早到天安门去，在周总理的像前留影纪念。韩济生不时会拿出照片来看看，这似乎成为了一种仪式。每次看照片，既是对前一阶段的总结，也是对未来的展望，鼓励着他继续沿着总理的指示向前走。

---

① 王艳宁：打开针灸原理的大门——记北京医科大学教授韩济生.《人民日报》，1998年1月25日。

② 张晶晶：欲济苍生应未晚.《中国科学报》，2012年12月8日（人物周刊）。

③ 蔡虹：中科院院士耗时44年发现针灸止痛原理.《北京科技报》，2009年9月16日。

站在日本古都的大会讲坛上

由于童年的经历，有一个国家在韩济生的心中具有特殊的地位，那就是日本。在日本的几次会议，给他留下了深刻的印象。

1994年4月10日，韩济生应邀访问日本箱根，参加国际脑研究组织（IBRO）为次年在日本京都召开的"第四届世界神经科学大会"举办的筹备会议。会议的一个重要议程是确定大会资助者名额，拟资助一百五十名年轻科学家出席会议。在世界神经科学研究领域，中国还处于发展阶段。这次在亚洲召开国际性学术会议，对中国来说是一次机遇，如能争取多派几个学者参加，对中国神经科学的发展是一种促进。出席会议的评委共二十人，来自十余个国家，韩济生是其中唯一的中国代表，深感自己肩负的责任。按筹委会预定的计划，中国仅仅得到三个资助名额，美国却拥有五十个名额。韩济生坐不住了，三个名额，对拥有几千名神经科学研究人员的中国来说，实在是太少了；就国内经济条件来说，要自费参加这样的国际学术会议又几乎没有可能。于是，韩济生站起来发言："国际脑研究学会之所以在世界各大洲轮流召开，就是为了便于各个国家都有就近参加的机会。中国距日本最近，中国的年轻学者都渴望有机会参加这次会议，而公布的初步计划中，人员名额的分配对中国和亚洲其他国家是不公平的。"韩济生恳切的话语引起了各国科学家的共鸣，话音刚落，会场上响起一片掌声。很多代表纷纷发言表示支持，会议主席、日本科学家伊藤当场宣布这项草案作废，重新拟订。会议休息时，亚、澳、欧各洲许多代表前来握手交谈，说他讲出了大家心里想讲的话。甚至一些美洲的代表也表示支持，认为代表名额应向亚洲倾斜。韩济生以有理有据、不卑不亢的做法，获得了众多科学家的称道和支持。

2004年7月，国际麻醉药研究学会年会在日本京都召开。韩济生受邀作学会奠基人演讲（Founder's Lecture）。国际麻醉药研究学会创建于1972年，学会规定凡是七十年代参加的会员都有可能入选"奠基人演讲"候选人，这

图7-8 韩济生在日本京都"国际麻醉药研究学会"上作"学会奠基人演讲"(2004年)

些人多已年过六旬。另一个不成文的规定是,在哪个洲开会,就从该洲选一人作此演讲。这次会议在亚洲召开,主要是从日本人和中国人中寻找候选人,韩济生有幸被选中。

演讲前夕,抗战期间的逃亡生活浮现眼前,韩济生辗转不能入眠:

> 演讲前夜,我思绪万千,久久不能平静:1937年抗战"逃难"的难民群中一个9岁儿童,历经千辛万苦,盼得抗战胜利,还我河山;古稀之年站在日本古都一个大会讲坛上讲述中国针刺研究故事。这难道不是标志着中国国际地位天翻地覆的变化吗?[1]

7月20日,韩济生以"针刺原理研究四十年"为题介绍了北京大学神经科学研究所的部分科研成果。1979年7月,韩济生在忐忑中首次出国访问就是去参加国际麻醉药研究学会年会,是第一次有中国大陆学者在该会作大会学术报告。当时,他没想到自己会在二十五年后受邀成为奠基人演讲者,而且是在促使他发愤图强的日本。难怪乎这次大会成为韩济生终生难忘的经历。

让世界认识中国

韩济生认为中国应更多地了解世界,也有责任和义务让世界更多地了

---

[1] 韩济生:半个世纪的愉快回顾。见:编写组:《韩济生院士》。北京:北京大学医学出版社,2008年,第23-27页。

解中国。1983年，国际《疼痛》杂志上发表一篇论针刺镇痛的专文，竟完全忽略了中国的文献。韩济生就此写了"给编者的信"，介绍了中国几个主要实验室的工作。作者回信表示歉意。

NIH药物成瘾研究所（NIDA）对韩济生NIH科研基金申请书的评审，曾有如下评价：

首先，该研究组论文产出率非常高。1990—1993年三年中发表了57篇论文和综述，其中44篇发表于西方杂志上。虽然大部分文章比较短，但总体上对增进针刺镇痛机理所做出的贡献，令人印象深刻。

其次，该研究组在此前两届都做出了显著的成绩。本期的研究目标是以上两届的自然延续。

第三，运用了多学科的途径进行研究：包括行为学、神经化学、电生理学和分子生物学方法，其中有些是很具创造性的。例如，应用反义寡核苷酸技术抑制CCK的基因表达，不仅对本项目有重要意义，而且对其他从事CCK研究的科学工作者也有参考价值，该方法较之应用CCK受体拮抗剂有更强的特异性。改变阿片受体基因表达的工作，更增加了工作的深度。

第四，北京特有的脑内缺乏CCK的大鼠为研究者提供了一种有力的工具，可以在没有CCK拮抗作用的条件下研究电针的效果；应用CCK cDNA转移的方法促进CCK表达则是另一种首创性的方法，用来剖析电针有效与无效动物形成机理中CCK所起的作用。

第五，将应用三种长时程慢性痛模型进行研究，这些模型各具特色，相信将提供有用的信息。[①]

鉴于此，评委会认为：

这些动物实验的结果将与治疗人类疾病有直接的相关性。韩1993

---

① 王晓民：韩济生教授国际联系二三事。见：王晓民主编：《芳菲时节：韩济生院士与他的学生们》。北京：北京医科大学、中国协和医科大学联合出版社，1998年，第195-197页。

年的工作表明实验研究结果应用于临床的巨大潜力，预计该工作关于电针治疗急性痛和慢性痛的结果也将可以转用于临床。①

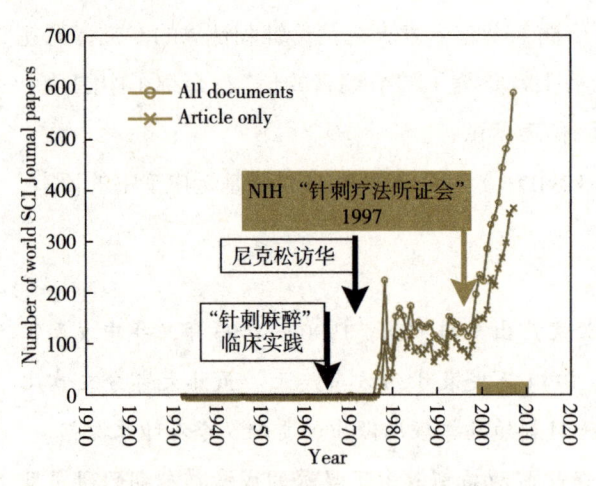

图7-9 针刺镇痛SCI文献的发表趋势（韩济生提供）

评审结果排序为全部申请标书中的前3.2%（在11%以前可获资助），从另一个侧面反映了韩济生实验室的工作在与国际学者竞争中所处的地位。②1995年，NIDA所长莱虚纳（A. Leshner）访问韩济生实验室时，曾在留言本上写道"按投入产出比，NIH对本实验室的资助是效率最高的。"③

韩济生曾与台湾学者何玉山合作，对针刺镇痛文献作了计量统计。发现1970年以后，SCI论文中才有较多针刺论文出现，此后三十年间每年约

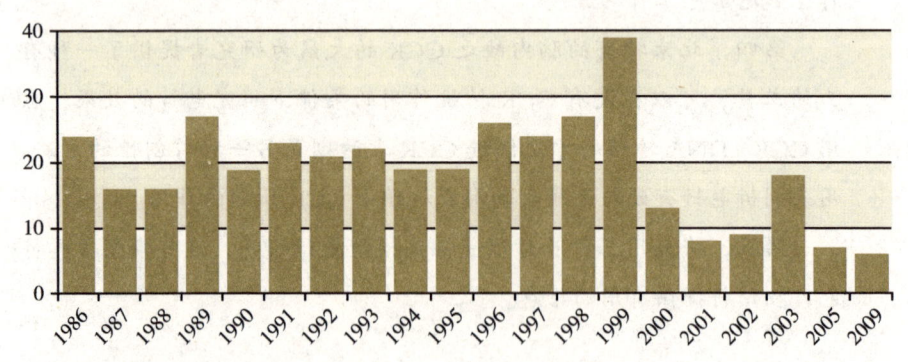

图7-10 韩济生所著论文时间分布图（来源：北京大学医学部机构知识库）

---

① 傅冬红：韩济生：此生惟愿济众生。《北医人（特刊）》，2008年第5期，第7-20页。
② 王晓民：韩济生教授国际联系二三事。见：王晓民主编：《芳菲时节：韩济生院士与他的学生们》。北京：北京医科大学、中国协和医科大学联合出版社，1998年，第195-197页。
③ 韩济生：半个世纪的愉快回顾。见：编写组：《韩济生院士》。北京：北京大学医学出版社，2008年，第23-27页。

有一百五十篇论文发表，其中约一百篇属于论著。这一趋势与1965年开始中国出现针刺麻醉实践，并投入研究力量有关。在1997年美国NIH的"针刺疗法听证会"后，有关论文数逐年迅速递增。韩济生本人的论文在1999年达到了最高值（三十九篇）。

美国的针刺疗法听证会之后，韩济生收到了世界各地的邀请，希望他能去介绍针灸的作用。2001年1月23—24日春节期间，韩济生还应邀作为美国国立卫生研究院学术代表团成员，赴伦敦皇家医师学院，在由英国查尔斯王子发起、英美联合召开的"整合医学大会"

图7-11 韩济生作为美国NIH学术代表团成员在伦敦皇家医师学院作报告（2001年春节）

上作了报告"针灸：从经验医学到现代科学的研究战略"，介绍中西医结合经验。因为经费和时间有限，韩济生每年都要把邀请函存在一起，然后以时间和花费上都最经济的方式排好路线，去各地演讲。每次一般要去四到十二个单位，在一个城市报告完后赶赴第二个城市，有时要去好几个国家，即使是年轻人都会觉得很辛苦。但是为了能使中国的针灸能有更广阔的世界舞台，上了年纪的韩济生心甘情愿，乐此不疲。

科学无国界，科学家有祖国。在国际交流中，韩济生时刻不忘自己是一个中国人。"爱国心最容易发生在与外国人交往中，不论在国内，还是在国外。"这是韩济生的真切感受。1993年10月，北京医科大学与美国斯坦福大学和香港大学联合在北京召开"中枢神经系统基因表达"的国际会议，韩济生任中方主席。在即将开幕的前夕，细心的韩济生发现报告厅悬挂的三校标志条幅中，北京医科大学的标志低了几个厘米。对会务人员的这种疏忽，韩济生立即予以纠正。

在出国讲学过程中，韩济生碰到的并不都是鲜花和掌声，有的人不太相信中国人能弄清针灸的原理，言谈中总是透出几分怀疑。韩济生坚持让事实说话，以坚实的科研结果、清晰的逻辑思维去赢得国际同行的认同和尊重。1995年11月17日，国际权威学术杂志《科学》（Science）出版《中国的科学》专辑。其中有一篇讨论的是国际合作促进科研发展——"恰当的国际联系可以拯救生命也可移山"（The right ties can save lives and move mountains），文中重点介绍了包括韩济生在内的三位具有国际合作联系的中国科学家的科研成就。关于韩济生，文中写道：

> 有一位科学家既得到政府部门的关照又能在国际上活动自如，这就是北京医科大学神经科学研究中心主任韩济生。韩已花费四分之一世纪的时间研究针灸的镇痛作用，探讨其生物学和神经化学机理，并训练了一代又一代的研究生。NIDA部分资助了韩济生实验室，其所长莱虚纳说："他拥有杰出的实施能力。他是一位好科学家，而且与一些最优秀的人共事。"[1]

在1997年香港回归前夕，韩济生和夫人专程去北京革命历史博物馆香港回归倒计时牌下合影留念，并寄给远在海外的子孙，让他们一起分享这兴奋、喜悦的心情。此外，他在家里也张灯结彩，挂上国旗和香港特别行政区旗，欢庆中国洗雪百年耻辱，迎接香港回归这一盛事。他这一举动，使来访的香港友人不解，问他为什么这样做。韩济生回答说："你是不会理解的，我经历了中国受人欺凌的年代，我痛恨帝国主义，我为我们祖国的强盛而高兴和自豪。"韩济生将这一心情与NIH针灸听证会报告一起，记载在了当年的新年贺卡信中：

> 谨以自制的贺卡向您拜个年！祝新年快乐，万事如意！
> 1997年香港回归，牵动着亿万中国人民的心，我们也张灯结彩地把家里布置出一番节日气氛。在"七一"前夕我们还挤进天安门广场的人海，到倒计时牌前摄个影，表达难以抑制的激情！直到年底，两

---

[1] Jeffrey Mervis: The Right Ties Can Save Lives and Move Mountains. *Science*, 1995, 270（5239）: 1144-1147。

图 7-12　韩济生夫妇自制的新年贺卡（1997 年 12 月）

个老人还在回忆挤进天安门的场面，庆幸那一晚走了好几里地，终于找到一辆 Taxi 回到了家！

……

11 月 3—5 日，NIH 在总部召开关于针灸的大型听证会，济生应邀做针刺镇痛原理报告。这次千人盛会，可能作为历史性事件，成为中国针灸疗法推向全世界的一座里程碑。

济　生　秀　媛
1997.12[①]

有了扎实的科学基础，中国的针刺镇痛研究在疼痛学中逐渐赢得了一席之地。2010 年 8 月 29 日至 9 月 3 日，在加拿大蒙特利尔市举行了"第十三届国际疼痛大会"，这次参会人数达六千余人。大会三十五年以来首次将针刺镇痛列为大会报告内容。作为特邀报告人，韩济生作了题为"针

---

① 韩济生给亲朋好友及学生的新年信件，1997 年。资料存于采集工程数据库。

刺镇痛的共识和歧义"的演讲，全面介绍了针刺镇痛的治疗效果与基础原理，在全体大会 100 余场报告中，他的报告被评为最受欢迎的三个报告之一。

2014 年 5 月 30 日至 6 月 1 日，中国针灸学会与美国针刺研究学会（Society for Acupuncture Research，SAR）在北京联合举办了"国际针灸研讨会"，这次大会的主题是"针灸研究对 21 世纪全球医疗卫生的影响"。在会上，韩济生作了题为"针刺研究是我生命的主要部分"的主旨报告，介绍了自己半个世纪以来的针刺研究工作。会议期间，美国针刺研究学会将该学会首次设立的"针刺研究终身成就奖"颁发给了韩济生。该学会创始人、前任主委哈默施拉格（Richard Hammerschlag）教授在颁奖词中表彰韩济生在阐明针刺镇痛的科学基础方

图 7-13　韩济生在加拿大蒙特利尔"第十三届国际疼痛大会"上做报告（2010 年）

图 7-14　美国针刺研究学会创始人、前任主委哈默施拉格为韩济生颁发首届"针刺研究终身成就奖"（2014 年 5 月）

面所做的原创性、具有高度影响力的科学研究，指出"他在开辟东西方之间的通路上留下的足迹将被长远铭记"①

2017年是世界针灸学会联合会成立三十周年。1月18日，中国国家主席习近平在瑞士日内瓦向世界卫生组织赠送了针灸铜人雕塑，在致辞中指出要用开放包容的心态促进传统医学和现代医学更好融合。12月3日，世界针灸学会联合会、中国中医科学院、世界卫生组织联合主办，中国针灸学会、中国中医科学院针灸研究所在北京承办了世界针灸学术大会暨2017中国针灸学会学术年会，来自三十多个国家和地区一千五百余名针灸工作者出席。大会举行了世界针灸学会联合会首届"天圣铜人奖"②颁奖典礼，该奖项一是奖励表彰在世界针联创建和发展过程中做出突出贡献的个人和团体，二是奖励表彰在世界针灸学术和科技发展中做出特殊贡献的个人和团队。因为在世界针灸科学研究和学术创新中做出的卓越贡献，韩济生获颁首届"天圣铜人"科技特殊贡献奖。③

图7-15　韩济生获颁世界针灸学会联合会首届"天圣铜人"科技特殊贡献奖（2017年12月）

---

① 傅冬红：北大神经科学研究所韩济生院士获美国针刺研究学会"针刺研究终身成就奖"。北京大学网站，2014-06-09。

② "天圣铜人奖"系2016年世界针灸学会联合会第八届执委会第四次会议通过并设立的奖项，旨在评选和奖励在世界中医针灸领域作出突出贡献的杰出人士，以促进中医针灸在世界范围的传播和针灸的科技进步。

③ 刘炜宏、杨宇洋、麻颖等：首届"天圣铜人奖"颁奖典礼隆重举行。世界针灸学会联合会网站，2017-12-03。

第八章
神经科学与疼痛医学学科建设

在有了多年的研究基础后,学科建设就成了水到渠成的事。一门学科之所以能成为一门学科,需要满足内在和外在两方面的条件。内在条件指的是研究领域的基本固定、研究方法的基本形成和成熟以及学术自主性的出现。外在条件指的是该学科的社会建制,一般来说,只有在有了独立的学术刊物、学术团体、研究机构和研究人员,并经常召开学术会议,大学里设专门的教席和专职教员、设学位招收学生之后,这门学科才算成了一门学科。[①] 在中国的神经科学与疼痛学领域,韩济生进行了学科建设工作,先后创建了北京神经科学学会(1988)、中华疼痛学会(1989),并倡议成立了疼痛科。

从签到簿到神经科学学会

有一次,韩济生去开一个生理学会议。在签到簿上,他看到一位中

---

① 吴国盛:走向科学思想史研究。《自然辩证法研究》,1994年第2期,第10—15页。

国科学院动物研究所从海外回国的教授在"行业"一栏写了"神经科学"（neuroscience）。韩济生当时就问他，什么叫神经科学呢？对方回答说是临床和基础医学中，关于神经系统的功能与结构的，都可以合并称为神经科学，他还向韩济生介绍了国外关于神经科学的学会等情况。这个概念很新，韩济生查阅了大量文献资料，产生了两个想法：

> 第一，这个学科很重要，神经系统的功能和结构是未来的一个希望，应该在北京成立一个神经科学学会。第二，要编一本神经科学的书。当这个想法出来以后，我很快就开始想全国有哪些人在做这方面工作。要在北京召开一个神经科学的编委会，把他们都请来。[1]

从当时北京地区的情况来看，中国医学科学院、中国科学院、中国军事医学科学院和中国中医研究院总部都设在北京，在多个大学、研究所、医院中均有从事神经科学研究的人员。可以说，无论是基础研究或临床研究，北京地区都具有全国一流的科研队伍。韩济生认识到，如果能把北京地区神经科学工作者组织起来实现多学科协同作战，不仅能强化和推动北京地区神经科学的发展，也会带动全国神经科学的发展，提高中国神经科学的整体研究水平和实力，使中国的神经科学在世界上占据一席应有之地。[2]

1985年，由韩济生牵头，与北京地区薛启蒙、金荫昌、任民峰、范少光、万选才、匡培根、管林初等神经科学领域的专家、学者一起讨论，决定筹备成立北京神经科学学会。为此，韩济生和同事一起到北京市科学技术协会申请报批北京神经科学学会。批准过程相当艰难，因当时以"神经"为名的协会已经很多，科协领导对于成立北京神经科学学会的意义以及与其他学会的区别并不理解，故不予批准。但韩济生没有放弃，他一次又一次向市科协领导打报告，不管酷暑还是严寒，多次从北医骑自行车到

---

[1] 韩济生访谈，2012年9月27日，北京。资料存于采集工程数据库。
[2] 王晓民：创办北京神经科学学会。见：编写组：《韩济生院士》。北京：北京大学医学出版社，2008年，第123-124页。

东单市科协，向主管人员陈述成立北京神经科学学会的重要性和可行性。与此同时，韩济生和同道们并没有被动等待，而是积极开始成立民间组织"北京神经科学研究会"，组织学术活动，开展国际学术交流。一年多来，形成有八十余位奠基会员的队伍。在筹备工作中得到了北京医科大学领导的支持，提供经费和办公人员。

功夫不负有心人。由于韩济生和吴希如等同事们的不懈努力，终于得到了市科协领导的理解和支持。1988年1月28日，经北京市科协批准，民政局注册正式成立北京神经科学学会，韩济生担任学会的第一任理事长。1988年7月2日，学会成立大会在北京医科大学召开。接下来，韩济生又开始为成立中国神经科学学会奔波。1992年，韩济生与中科院上海生理所研究员吴建屏、上海第二军医大学生理教研室主任陈宜张三位教授共同发起成立了全国神经科学学会筹备委员会，并起草报告给中国科协，建议成立中国神经科学学会。中国神经科学学会由中国科协报国家民政部登记注册，批准为具有法人代表的全国性学术社会团体，并于1995年10月在上海正式成立。北京神经科学学会与上海神经科学学会构成了中国神经科学学会的主要结构基础。①

从开始想到成立北京神经科学学会时，韩济生就想编一本神经科学的书。很快，他就把全国相关领域研究的学者召集到北京开了一个神经科学的编委会。1993年，仅仅一年多的时间，我国第一部大型神经科学专著《神经科学纲要》就出版了。中国神经科学的创始人之一张香桐教授在该书序言中，把韩济生在一年余时

图8-1 韩济生主编的《神经科学纲要》出版（1993年）

---

① 王晓民：创办北京神经科学学会。见：编写组：《韩济生院士》。北京：北京大学医学出版社，2008年，第123-124页。

间内汇聚国内外六十九位华裔学者编成一百五十余万字的巨著,称为"奇迹"。1995年12月,国家教委为此书颁发了生物医学科技书目中唯一的一个特等奖。该书还获得了1996年卫生部科技书刊一等奖和国家科技进步三等奖。韩济生认为编书不能只编一本,要有一个长远的打算。第一版刚刚出来,就要想到第二版怎么编;第二版出来,就要想到第三版怎么样。该书第二版《神经科学原理》于1999年面世,全书二百万字,分上下两册出版。第三版《神经科学》加入蒲慕明教授和饶毅教授担任副主编。持续的出版,加上不断吸收海外神经科学学者的参与,使该系列书籍的学术水平得以提高。[①]

在推进神经科学工作的同时,韩济生团队继续着神经生物学学科的建设,2001年在校内成立了神经生物学系,并在次年获批教育部"神经生物学国家重点学科"(全国仅三个)。韩济生用"惊险"两个字来形容申请重点学科过程:

(2001年)我们花费精力最大的是申请(1)成立北京大学神经生物学系;(2)在此基础上才有可能申请"神经生物学重点学科点";(3)申请教育部神经科学重点实验室。其中最"惊险"的是申请"重点学科点"。大家知道,我们是从生理重点实验室分出来的,要新确立重点学科点,必须有很大的队伍,而我们的队伍是短小精干,不是航空母舰!通常的做法是做"战略重组",从人力富裕的科室借一点人力过来。但因为我们的申请有些冒险,成败机会参半,也不好意思让别人从航空母舰中下到快艇来冒险,所以硬着头皮独挑。"置于死地而后生"。结果总评下来,全国神经生物学复旦大学排第一(复旦的原有队伍,加上医神经生物系加杨雄里、赵志奇……的力量),我们排第二。这两个神经生物学系,一南一北,是基本排定了。是否还会有第三个,要看12月中的答辩结果(我们不必答辩了)。昨天才知道这个消息,真是喜出望外,也就产生了巨大动力来提笔写这封信。今后国家对教学、科研的支持,主要就是朝向全国的六百多个重点学

---

① 韩济生访谈,2012年9月27日,北京。资料存于采集工程数据库。

科点了（自由申请科研基金不在此列）。①

2001年，在激烈的竞争中，韩济生实验室还获批了"教育部神经科学重点实验室"：

> 至于教育部重点实验室，也是一场剧烈争夺战。我们底子还不错，1999年底得到全国自然科学二等奖（当年没有一等奖），和全国科技进步三等奖，也帮了不少忙。此外，我们有一支年轻有为的队伍，出国一两年能回国服务，这也是难能可贵的。不足之处，是我们还没有一名"长江学者"，也还没有拿到"杰出青年基金"。等我们的年轻人出国回来，安下心来做一些系统的工作，还是有希望的。当然我们仍然"虚席以待"。希望在西方得到较长时间训练的学者，能回来为祖国效劳，带领我们向高水平前进。②

从创建北京神经科学学会、中国神经科学学会，到主编《神经科学纲要》，加上重点实验室建设，韩济生在神经科学领域持续推进。2013年9月，韩济生被中国神经科学学会授予终身荣誉会员。

创办中华疼痛学会

如前所述，针刺镇痛机理研究在研究进路上可以分为经络、神经生理学、神经化学三种，在研究范畴上则大致可归属于两类：经络研究和疼痛研究。经络研究在全世界并不普遍，尽管在日本和韩国也有研究，但像中国这样大规模的研究并不多见，还不能算是一个国际性的研究领域。而疼痛研究则属于国际性的主流医学科学研究领域。我国的针

---

① 韩济生给亲朋好友及学生的新年信件，2001年。资料存于采集工程数据库。
② 同①。

刺镇痛研究与国际疼痛学的发展关系密切，比如内源性阿片肽的作用促成了韩济生团队后来的一系列重要研究，反过来这些研究对国际的疼痛学研究也做出了贡献。如在沃尔（Patrzck D. Wall）和梅尔泽克（Ronald Melzack）主编的《疼痛学》一书中，将针刺镇痛作为疼痛的民间医学部分，明确提到了韩济生等中国学者的研究。[①] 所以，当镇痛机理研究做到一定程度后，成立我国自己的疼痛学会自然成了一件非常必要的事。

自1979年到美国波士顿首次参加国际麻醉药研究学会年会后，韩济生几乎每年或隔年都会去参加该系列会议。除此以外，韩济生还参加了另外两个系列的学术会议，即"国际疼痛学会"（International Association for the Study of Pain，IASP）和"国际药理学会"（International Union of Basic and Clinical Pharmacology，IUPHAR）。这三个系列学术会议从不同角度给了韩济生很大帮助。其中"国际药理学会"在中国有相应的学会"中国药理学会"，"国际麻醉药物研究学会"也与药理学会业务比较接近，但是"国际疼痛学会"则没有相应的学术机构。从多年的研究基础出发，韩济生萌生了创建"国际疼痛学会"分会"中华疼痛学会"的念头。

要创建一个国际性学会，其有效途径之一是举办国际会议，邀请国际疼痛学会负责人和国际知名学者参加，借此推动中国疼痛医学的发展。韩济生与同道们经过两年酝酿，决定于1989年9月在北京举行"第一届东西方国际疼痛会议"并成立中华疼痛学会（研究会），筹备工作按计划顺利进行。但是，没想到1989年春夏之交发生了政治风波，许多国外专家犹豫不前，会议也不能按照原计划在市中心举行。基于对国情和事业的信心，韩济生等人决定会议日期不变，地点改为在朝阳区华润饭店举行。

1989年9月27日，"第一届东西方疼痛会议"在北京召开。这是我国主办的疼痛医学国际系列会议的开端，也是成立我国疼痛医学会的一个开端。国际疼痛学会秘书长约翰·罗瑟（John Loeser）教授专程从澳大利

---

① 黄艳红：中国针刺镇痛机理研究的社会史分析。北京大学博士学位论文，2006年，第42页。

图8-2 中华疼痛学会成立大会（1989年9月。第二排左十韩济生）

亚赶来，代表国际疼痛学会祝贺中华疼痛学会（Chinese Association for the Study of Pain，CASP）成立，到会的一百六十四位中外专家，成为中华疼痛学会成立的见证人和奠基会员。奠基会员中既有临床医师也有疼痛学基础研究者，临床医师中以麻醉科医师为主，这与国际疼痛学会的人员组成结构相类似。

翌年，中华疼痛学会即被批准为国际疼痛学会中国分会，韩济生任首任会长。如今，中华疼痛学会已经从当初的一百六十四位奠基会员发展到了上万会员。[1]

1992年，当中华疼痛学会向民政部申请成为一级学会时，时任中华医学会会长的陈敏章部长建议他们成为"中华医学会"下属分会。学会接受了建议转为"中华医学会疼痛学分会"，韩济生任主任委员。同时为了更好地保持与国际同行的联系，仍然维持国际疼痛学会中国分会的地位。[2]

---

[1] 韩济生："北医百年，有我五十"致辞，2012年10月25日，北京大学医学部。资料存于采集工程数据库。

[2] 韩济生：我与疼痛学会和疼痛杂志。见：编写组：《韩济生院士》。北京：北京大学医学出版社，2008年，第125-127页。

疼痛学刊物与蓝本

学会建好了，还需要成立学术刊物来作为学术交流的平台。然而，成立"中华"系列医学杂志一般需要试刊数年，等待审批若干年。韩济生等人深感时间之宝贵，决定创立"中国"系列疼痛杂志，即《中国疼痛医学杂志》。1994年申请，1995年即出刊。创刊伊始，投稿即非常踊跃。为了保证质量，他们花费了极大精力对有可能录用的稿件进行大幅度修改，特别是统计学问题和英文摘要，更需精雕细刻，有时加以重写，作者对此也非常配合。这种深度的互动，使许多作者与编辑部建立起深厚的友谊，也达到了创刊时"通过办刊培养队伍"的初衷。

图8-3 《中国疼痛医学杂志》编辑部合影（1998年。前排左起：康妹娟、韩济生、于英心；后排左起：任莉梅、王玲）

对于《中国疼痛医学杂志》，韩济生投入了大量的心血：

> 我同时主编两本杂志：《生理科学进展》和《中国疼痛医学杂志》，以投入精力和时间相比，后者较前者多出十倍。经过十载培育，又随着全国医学界科学水平的普遍提高，无论作者和审稿人队伍都显示出长足进步，令人深感宽慰。[①]

2000年，中华医学会要求每一个分会编写两本手册：诊疗指南和操作规范。疼痛医学是一门新兴的综合性学科，人员来自各个有关科室：麻

---

① 韩济生：我与疼痛学会和疼痛杂志。见：编写组：《韩济生院士》。北京：北京大学医学出版社，2008年，第125–127页。

醉科、骨科、神经内科、神经外科、康复科等。无论从医学背景、诊断思路、治疗手段等各方面都有不同的基础和理念。以治疗手段为例，麻醉科以微创侵入操作为主，骨科以手术为主，神经内科以服药为主，康复科以理疗为主等。为了使疼痛病人得到最可靠的诊断和最有效、快速、价廉的治疗，需要多学科医师密切合作、不断磨合、取得共识、共同提高，这正是"疼痛科"的优势所在。过去是一位病人盲目地从一个科到另一个科轮回就医，现在是几个医师为一位复杂难治的疼痛病人会诊解决问题。要充分发挥这一优势，必须要有两个条件：一是来自各科的医护人员之间要有一个良好的合作氛围，二是要有一个公共的蓝本可以遵循。

中华医学会要求的两本手册正是疼痛医学所需要的"蓝本"。因此，韩济生等人立即响应中华医学会的号召，组织疼痛学界有关专家开始编写。《临床技术操作规范（疼痛学分册）》于2004年由人民军医出版社出版；《临床诊疗指南（疼痛学分册）》于2007年由人民卫生出版社出版。这两部手册集中了当代疼痛医学界的智慧，对促进疼痛医学发展、规范疼痛医学的诊疗行为起到了作用。

除了组织专家编写上述两部手册外，疼痛学会还组织一部分教师和研究生翻译国际疼痛学会最新出版的疼痛医学丛书，介绍给国内同行。例如在罗非组织翻译的《正常及病理状态下的痛觉系统》和《控制疼痛的心理学方法：基础研究与临床展望》等书。手册和译丛的出版，为日后编写中国自己的《疼痛学》打下了良好基础。[①]

2014年3月27日，韩济生荣获了第二届"香港张安德中医药国际贡献奖"[②]。在香港侵会大学举行的颁奖会上，韩济生发表了获奖演讲"针刺研究的转化医学"。他将此次获得的奖金五十万元港币，悉数捐出，用于奖励《中国疼痛医学杂志》的年度优秀论文。

[①] 韩济生：我与疼痛学会和疼痛杂志。见：编写组：《韩济生院士》。北京：北京大学医学出版社，2008年，第125-127页。

[②] 2011年，香港浸会大学设立了张安德中医药国际贡献奖，旨在表彰在推动中医药国际化或在中医药研究领域取得具突破性及获国际认可成就的学者，借此促进中医药发展的现代化和国际化。该奖项每两年颁发一次，每届一至两位，奖金为港币五十万元。

成立中法疼痛诊疗中心

1995年,法国UPSA公司疼痛研究所向中国卫生部陈敏章部长提出,想与中国疼痛研究相关机构合作,协助中国提高临床疼痛医学水平。陈敏章建议法方与北医神经科学研究中心和疼痛学会合作。UPSA公司的医学部主任雅克·罗贝尔(Jacques Wrobel)回忆道:

> 我联系了中国卫生部和北京市政府,他们告诉我如果想在北京建立中心的话,就去找韩济生。他们说韩是中国该领域的翘楚,也是中国疼痛学会的会长。[1]

1995年3月27日,中法两国合作举办的"中法疼痛治疗中心"在北京医科大学揭幕,韩济生任中心主任。中心旨在将基础研究成果与医疗手段相结合,采用多学科协作方式,治疗疼痛。中心设在北医校医院的二层,不仅有疼痛门诊,而且有十五张病床可以收治疼痛病人。中心邀请了疼痛治疗专家前来从事医疗、科研活动,应用多学科的协作方式,治疗疼痛。同时也招收访问学者和进修生,主办疼痛治疗培训班,以培养我国的疼痛专业人才。韩济生的想法是:

图8-4 中法疼痛治疗中心揭幕
(1995年3月27日)

科研工作有几位年轻人分担起

---

[1] Jeffrey Mervis: The Right Ties Can Save Lives and Move Mountains。*Science*,1995,270(5239):1144-1147。

来，我就有可能把这么多年理论研究的成果设法与实际相结合，企图完成一个"实际－理论－实践"的轮回，对自己所做的东西来一个检验。不至于完全纸上谈兵。①

韩济生希望能把中心建成集医、教、研于一体，与国际接轨的高水平的疼痛治疗中心，使其成为我国疼痛医学对外交流的窗口：

> 其实中法疼痛治疗中心主要是利用法方提供的经费，做了两件事。一是成立临床部，培养有科研思想的疼痛医师，一是凝聚疼痛医学的关键问题，一一加以解决。临床部就设立在北医校医院的三楼，收治顽固疼痛病人。把当时少数已经专心从事疼痛医学的临床医生（例如山东省立医院的宋文阁教授，和各地已经从事疼痛诊疗的年轻医生）集中于此，对慢性痛病人进行会诊，我们做基础的也参与其中共同研究。必要时做动物实验摸索条件，例如用胶原酶注入突出的椎间盘使之溶解缩小，其剂量、浓度等用动物实验加以验证。二是组织全国性的讨论会，提出当前疼痛医学治疗中最突出的问题，提出方案，并将方案发布在中国疼痛医学杂志上，共同讨论，加以解决。每年一次，在全国各地轮流举行，也促进了当地疼痛医学的发展。前后共进行了十三次（1995—2007），中法疼痛治疗学习班对提高全国各地疼痛医学诊疗水平起到无可替代的作用。与此同时，还举办了六次东西方疼痛会议（1989、1992、1995、2000、2003、2008），促进了国际交流。
>
> 在中法治疗中心的支持下，疼痛治疗在全国各地二级和三级医院蓬勃发展起来，可是北京大学医学部各附属医院开展的并不理想，被戏称为"灯下黑"。②

2013年11月15日，北京大学医学部疼痛医学中心宣布成立，韩济

---

① 韩济生给亲朋好友及学生的新年信件，1995年。资料存于采集工程数据库。
② 据韩济生给本书稿的补充内容，2017年4月。

图 8-5　中法疼痛治疗中心第十一届疼痛研讨学习班合影（2005 年 10 月 18 日。前排左十一韩济生）

生任中心主任。中心以北京大学神经科学研究所为依托，联合北京大学医学部所属临床医院，汇集多学科专家，开展疼痛转化医学的产、学、研相结合的一体化研究工作，争取在疼痛的基础研究、临床研究和治疗等方面取得重大临床应用性成果。其中，北医附属人民医院由麻醉科主任冯艺兼任疼痛科主任；北医三院由副院长刘晓光联合麻醉、疼痛、康复、影像等十二个科室，成立了疼痛中心；中日友好医院疼痛科主任樊碧发则是全国疼痛专科医联体的牵头人。北京大学医学部疼痛医学中心每年举办一次全国性学术会议，由医院疼痛科轮流负责，理论结合实际，强调转化医学。疼痛科的发展正在各地以适合本地条件的方式开展。

最好的生日礼物：设立疼痛科

疼痛学最重要的特点之一是其多学科性质，疼痛医师既需要有综合的医学知识，又需要掌握非常专业的操作技能。"兼职"的疼痛医师最终难以胜任其职务。为了发展中国的疼痛医学，疼痛医师必然要向专科医师方向发展。韩济生回顾道：

如果说疼痛学会成立以来前十年的探索主要是着眼于技术的规范和人才的培养，那么进入二十一世纪以后我们逐渐认识到，要真正取得疼痛医学的大发展，为慢性疼痛患者提供最佳服务，主要还是要解决一个组织问题。现代的疼痛医学已经不是某一科目的医师分出一部分时间"兼职"、"顺带"从事这一事业所能解决的问题。再以麻醉科医师为例，临床麻醉任务很重，需要解决的主要是围手术期保证生命指标稳定和消除疼痛（急性痛）问题，很难抽出时间钻研例如糖尿病后期末梢神经病理痛、带状疱疹后痛等各种各样的慢性痛问题。其他专科医生也有同样情况。当然，从另一角度也可以认为：一名麻醉科医生也可以专业化从事疼痛诊疗，这是完全合理的。实际上，现有的疼痛学教授，大多是从麻醉科、骨科、康复科教授转来的。但对于年轻医生来说，情况就大不相同。例如，一名青年麻醉科医师要晋升职称时，他经过多年专心致志的努力得以重点掌握的疼痛医学知识和技能被搁置一边，仍然是按一般麻醉科医生所需要的知识和技能来衡量其级别。这种状态显然很难调动其钻研疼痛医学的积极性；更遑论存在"非法行医"、"特种治疗操作不能恰当定价"等矛盾。长此以往，疼痛医学势将陷入萎缩，甚至消亡。

有鉴于此，我们疼痛学会积极向卫生部医政司反映，希望能成立独立的疼痛科。医政司非常重视这一建议，进行了多方面调查，听取了各方面意见。其中有一个比较重要的问题是：其他发达国家大多只有疼痛门诊，由麻醉科和康复科医师兼任，只有某些大医院才有疼痛科，少数国家有疼痛专业医师考试办法。我国如果率先设立疼痛科，是否显得在国际之间"超前"？时机尚不成熟？简而言之，对成立疼痛科的必要性存在怀疑，对走在世界前列存在犹豫。[1]

韩济生为此奔波了十多年，曾坦言"有时候感觉好像是游泳快要沉下

---

[1] 韩济生：我与疼痛学会和疼痛杂志. 见：编写组.《韩济生院士》. 北京：北京大学医学出版社，2008年，第125-127页.

去了，没有希望了"。① 与吴阶平的一次谈话，使他坚定了方向：

  在一次与人大副委员长吴阶平院士的深入交谈中，我向他求教，如何才能走出这"敢为天下先"的第一步，解决我国当前实际存在的大批慢性痛病人求医难的问题。吴院士态度非常明确：既然有实际需求，医院组织机构就应该有相应改变。他介绍了当年成立"泌尿科"时遇到的一些困难，又举出麻醉科从外科分出的历史背景，鼓励我坚持不懈，继续争取。并提出，如果能得到医学界有关院士的支持，将有助于此建议的实现。副委员长的一席话，使我茅塞顿开，坚定了方向和勇气。回去后，我向疼痛学会常委们进行了传达，学会秘书长康妹娟，学会副主委、常委和在京委员崔健君、樊碧发、于生元、王福根、刘延青等共同努力，开展了一系列行动：(1)积极主动向有关部门反映实际需求；(2)召开全国已建立疼痛科的科主任会议，向有关领导直接反映情况（成立疼痛科的必要性，不成立疼痛科的现实困难）；(3)向有关领导呈交包括吴阶平、韩启德、裘法祖、王忠诚、吴孟超等18位院士亲笔签字的支持信。②

在接下来的日子里，韩济生为了能成立疼痛科四处奔波呼吁。2005年9月22日，他给卫生部医政司王羽司长写信呼吁成立疼痛诊疗科；10月2日，又上书卫生部黄洁夫副部长；10月11日，第二次给王羽司长写信，分析利弊，为疼痛医疗队伍争取合法名分。2006年2月15日，上书韩启德副委员长，寻求支持；5月13—15日，中华医学会疼痛学会召开全国疼痛科主任峰会，就建立疼痛科的焦点问题展开了讨论。6月14日，韩济生致信卫生部高强部长，信中写道：

---

① 陈克铨、陈婕、刘青等：韩济生——济生之路。见彭裕文、桂永浩编：《正谊明道：上医院士如是说》。上海：复旦大学出版社，2012年，第82-96页。
② 韩济生：我与疼痛学会和疼痛杂志。见：编写组：《韩济生院士》。北京：北京大学医学出版社，2008年，第125-127页。

自从1965年接受周恩来总理指示从事针刺麻醉研究以来，始终在疼痛医学第一线战斗，亲眼目睹中国有很多身患顽固性慢性疼痛的患者，包括癌痛、腰痛、头痛、带状疱疹痛等等，没有专门治疗疼痛的医师解除他们的痛苦。"小痛轻痛科科看，重痛顽痛哪科都不管"，以致求医无门，甚至轻生，这是顽痛病人的真实写照！

作为国际疼痛学会中国分会主席、中华医学会疼痛学分会主任委员，我真心希望在医院成立"疼痛诊疗科"，专治各种顽固性疼痛，为民解除痛苦！[①]

图8-6 卫生部发布关于增加疼痛科的通知（2007年7月16日，卫医发［2007］227号）

在多方努力下，经过两年的调研和思考，2007年7月16日，卫生部终于发布了"关于在《医疗机构诊疗科目名录》中增加疼痛科诊疗科目的通知"（卫医发［2007］227号），号召全国二级以上医院成立疼痛科，治疗慢性疼痛。第二天正好是韩济生七十九周岁的生日，当天他正在美国哈佛大学合作科研，从电话中得到这个消息，情不自禁地说："这是我收到过的最好的生日礼物"。

2007年10月14日，在世界疼痛日前夕，中华医学会疼痛医学分会在京隆重举行了世界疼痛日暨中国建立疼痛科新闻发布会。吴阶平人大副委员长亲自到场祝贺，韩启德副委员长、卫生部陈啸宏副部长、尹大奎副部长、医政司王羽司长、科技司刘雁飞司长、中华医学会吴明江秘书长以及美国疼痛医师协会候任主席杜布瓦（Michel Y. Dubois）教授等分别致辞祝贺，对全国疼痛医学工作者加以鼓励。会上韩济生宣读了国际疼痛学会主

[①] 韩济生致卫生部高强部长的信件，2006年6月14日。资料存于采集工程数据库。

席詹森（Jansen）博士发来的贺信。近五百名国内外疼痛学工作者和各界有关人士见证了这一历史时刻。十九年的努力，终于等来了这一天。面对台下的同道们，韩济生思绪万千，竟然止不住热泪盈眶，他发言道：

  今天的新闻发布会有两个主题，一个是纪念世界镇痛日和中国镇痛周，第二是庆祝中国卫生系统创建了疼痛科这样一件大事。国际疼痛学会是创建于1973年，到现在已经有三十四年的历史，为了提高全世界人民对疼痛的关注，在2004年10月16日倡议每年有一个节日，叫世界疼痛日，来提醒人们有痛应该早治疗，以免转为慢性，时间定在每年的10月份的第二周的第一天，而且每年都提出一个主题，去年的主题是关注老年人疼痛，今年的主题是关注妇女疼痛。那么既然有了疼痛日，为什么要提出来中国的疼痛周这个概念呢？因为我们是中华医学会下属的一个分会，疼痛学分会，我们经过了四年以来的经验，认为一天的时间是不足以展开有效的系列的活动，来强调疼痛的重要性。最好是有一周的时间可以展开互动，展开义诊、宣传等，所以在提出中国自己镇痛周这样的概念，加以补充。明天开始的一周里面，全国各地都会开展宣传、义诊等活动。最近国际疼痛学会又提出了，就说把它从日、周变成年，虽然说其间从日到周到年，总的强调意义是一样的。

  第二谈一谈第二个主题，关于建立疼痛科是今天新闻发布会的第一个主题，而且是更重要的，更具有首创性的课题。为什么要成立疼痛科？有什么重要的意义呢？我们知道疼痛是人类最普遍的一种不愉快的感受，每个人都会追求愉快，都会避免痛苦，这是人类共有的天性嘛。但是有的时候疼痛又是难以避免的，其中急性痛是比较容易处理的，这是一种症状，不是一种疾病。但是比较难治的是另外一类疼痛，叫做慢性痛，它的定义是持续三个月以上的疼痛，有的慢性疼痛不仅仅是一种症状，本身就是一种疾病。全世界各地30%的人一生中有过各种各样慢性痛的经历，有的慢性痛是很重的，牵连的时间很长，甚至于多少年。病人常常有一种感觉，就是"求医无门"，不知

图8-7 韩济生在中国疼痛周新闻发布会上宣读卫生部设立疼痛科文件（2007年10月14日）

道到哪里去治。可以说轻痛科科都能看（痛不重的话每个科都可以看），重痛哪科都不管，往往把病人推出去，"我治不了，请另找高明医生吧"。慢性痛患者不希望来回奔波，希望有一个科室为自己负责到底。这是患者的合理愿望，也是疼痛医师应尽的义务。有鉴于此，卫生部2007年7月16日，由马晓伟副部长签字批准成立了疼痛科这样的建制，成为与内、外、妇、儿、麻醉等同样的一级科目。我想这是一个极好的范例，说明现在的中国不仅在经济发展上创造了奇迹，而且在关心人民疾苦，以人为本、体现人文关怀、引领世界医学发展潮流这方面也正在走向世界前列。我相信，今后的中国还有更多的这样的新闻发布会，向世界发布我们国家的领先的进展。①

在红色的参会证后面，韩济生激动地写上了这样几句话："2007年10月14日，是我一生事业的一个巅峰，是创建中国疼痛医学的纪念日。"

设立疼痛科使中国在疼痛医学的实践层面，走在了世界前列。2010年10月9—11日，由中华医学会疼痛学分会和北京大学神经科学研究所联合承办的"第七届东西方疼痛会议"在北京国际会议中心召开，韩济生与国际疼痛学会主席盖博哈特（G. F. Gebhart）教授共同主持会议。在这次会上，韩济生被中华医学会疼痛学分会授予"终身名誉主任委员"。会议特设"中国设立疼痛科对世界的影响"圆桌会议，美国医师协会两位主席杜布瓦和盖莱格（R. M. Gallagher）都认为中国已在全世界疼痛医学管理方面领先了一大步。

---

① 中国疼痛学会宣传片"中国成立疼痛科的回眸与展望"。2007年，内部资料。

图 8-8　国际疼痛学会授予韩济生 IASP 终身荣誉委员（2012 年，意大利米兰）

韩济生在疼痛医学方面的成就也得到了国际同行的高度认可。2012 年，在意大利米兰举行的第十四届国际疼痛大会上，韩济生被推选为国际疼痛学会（IASP）荣誉委员[①]，以表彰他个人和中国疼痛医学为推动全球疼痛医学发展所作出的贡献。

2017 年 3 月，深圳的南方科技大学举办了首届南科大国际疼痛医学论坛暨南方科技大学疼痛医学中心成立会，并诚聘韩济生为中心名誉主任。年近九旬的韩济生特地从北京赶赴深圳参会，并在会上作了"中国疼痛医学现状"的报告。"为民除痛，造福人寰"，韩济生为中心成立亲笔题写的这八个字道出了自己多年从事镇痛研究的心声。

图 8-9　韩济生为南方科技大学成立疼痛医学中心题词并演讲（2017 年）

---

① 此前中国仅有张香桐教授曾获此荣誉称号。

第八章　神经科学与疼痛医学学科建设

2017年7月15日，以"留住历史，传承发展"为主旨的"中国疼痛医学大会暨中国疼痛科建科十周年庆祝大会"开幕式在人民大会堂召开。全国政协副主席韩启德院士、国家卫生计生委医政医管局焦雅辉局长、北大医学部主任詹启敏院士、中华医学会苏志书记、中国医师协会张雁灵会长、国际疼痛学会朱迪·特纳（Judith Turner）主席和总干事马修·乌瓦（Matthew D'Uva）等到场祝贺。大会全面回顾和总结了我国疼痛科从无到有并蓬勃发展的历程，提出了未来十年的规划和展望。

"227号文件"颁布后，有力地推动了我国疼痛医学多方面的发展：①推动了疼痛医师职称考试（2008年），并优化了收费制度和标准；②全国大量建立疼痛科，二级、三级医院纷纷建立疼痛科；③优秀疼痛科建立重点学科点，2014年评选出了六家疼痛重点专科，作为疼痛专业的第一方阵将得到重点扶持，引领和推动全国疼痛科的发展；④贯彻国家计划，提升基层医院疼痛医学水平；⑤建立全国疼痛科医联体、区域医联体，启动了千县工程发展县域疼痛科，技术下沉，提高基层水平，促进疼痛专业在不同地域的均衡发展。

在致辞中，一直在关注并支持着疼痛学发展的韩启德院士称：

> 十年前在疼痛科的成立大会上，我虽然对疼痛科的成立和发展寄予厚望，但是却没想到在短短十年间，我国的疼痛医学能有这么大的发展，疼痛科医生队伍能那么壮大。
>
> ……
>
> 我觉得一个人能在五十二年的时间坚持一个东西，不断往前推动，不改初衷坚持下来，取得成果，扩大应用，实在是非常难得的。值得广大的科研工作者、医务工作者学习，我们现在需要的正是这样的精神。只要有像韩济生院士这样的精神，相信我们中国的医学、中国科学技术的发展一定会出现更新的面貌。[①]

[①] 韩启德在中国疼痛科建科十周年庆祝大会上的讲话，2017年7月15日，人民大会堂。资料存于中华医学会疼痛学分会。

张雁灵会长反思到：

我们国家发布的文件特别多，但是像卫生部第227号文件这样落实得这么好，让这么多同道发自内心的拥护，十年来取得如此大的成绩，这样的文件很少。这说明它反映了医学的发展方向，反映了人民的实际需求。……第一，它大力推动了中国疼痛学科的发展和建设；第二，推动了疼痛医学人才的培养；第三，它对疼痛学、疼痛事业、疼痛患者提供了更多的方法和技术保障。

……

止痛已被列为战地救护六大技术之一，对我们的军事医学具有重大的意义。[①]

詹启敏院士表示：

北京大学医学部会一如既往地关注和支持疼痛学科的发展。只要坚守科技创新，坚守学科交叉融合，坚守医学人文，通过努力，疼痛学科一定能够得到更加快速和长足的发展。[②]

国际疼痛学会主席特纳指出，美国过量应用阿片类药物致死率高，而针刺疗法能产生内在镇痛物质，有望降低吗啡用量。此外，吗啡类药物对慢性痛疗效不够理想，有多个研究表明针刺在治疗偏头痛、骨关节炎、中风导致肌痉挛痛等慢性痛方面有确切疗效。针刺镇痛在现代医疗体系中应该可以发挥一定作用。

韩济生以《大学》中的"物有本末，事有终始，知所先后，则近道矣"为开场，总结了中国疼痛医学走过的历程。他用骆驼队精神鼓励疼

[①] 张雁灵在中国疼痛科建科十周年庆祝大会上的讲话，2017年7月15日，人民大会堂。资料存于中华医学会疼痛学分会。

[②] 詹启敏在中国疼痛科建科十周年庆祝大会上的讲话，2017年7月15日，人民大会堂。资料存于中华医学会疼痛学分会。

痛人：

> 我们疼痛人喜欢把自己叫做骆驼队，默默无闻但是脚步坚定，一步一个脚印往前走。我们还要保持这样一个骆驼队精神，年轻的疼痛医学队伍正在苦练内功，提高素质，踏踏实实地往前走，决心达到为民除痛的崇高目的。我们也有信心着眼国内，走向世界，把治疗疼痛的经验介绍到世界去，向世界展示我们中国的风采。[①]

十年中，全国独立开展慢性疼痛疾病诊疗的科室从不足五十个发展到一千余个；专业疼痛医师从不足一千人发展到二万余人；疼痛医师诊疗的疾病种类和开展的技术从寥寥可数发展到几十种微创介入技术对脊柱关节源性疼痛、神经痛、癌痛等七大类慢性疼痛疾病进行有效的诊疗；学术组织发展为五个，即 IASP 中国分会（1989）、中华医学会疼痛学分会（1992）、中国医师协会疼痛科医师分会（2016）、中国非公立医疗机构疼痛分会（2016）及中国中西医结合学会疼痛学分会（2017）；国际疼痛学会的中国会员从寥寥数名壮大为四百余名，在 2016 年第十六届世界疼痛大会上还开设了由中国专家主持的慢性疼痛专场讨论会。经过了将近四十年的酝酿、筹备，再加上十年的奋斗，中国的疼痛医学才有了这些来之不易的成绩。

---

① 韩济生在中国疼痛科建科十周年庆祝大会上的讲话，2017 年 7 月 15 日，人民大会堂。资料存于中华医学会疼痛学分会。

第九章
针刺转化医学历程

在二十一世纪，转化医学成为医学领域的热点之一。如何让基础知识向临床治疗转化，促进健康水平的提升，成为科学家们所需要关注的问题。早在二十世纪八十年代，韩济生就已开始尝试应用针刺镇痛基本原理发明治疗仪，用于解决临床医学问题，尤其是西医无法解决的各种难题。从针刺镇痛，到戒毒、戒烟戒酒，再到治疗抑郁、失眠，还有辅助生殖、治疗孤独症。联合国世界卫生组织认为至少有四十二种疾患适宜用针灸治疗，但每种疾病都有待列出标准的针刺操作程序（protocol）。韩济生一心想使针灸相关疗法能更多地解决患者病痛。然而，转化医学要解决的不仅仅是技术问题，还要和各色人等打交道，熟悉市场经济、知识产权、政策法规等等，韩济生对这些程序并不熟悉，这一历程走得艰难又曲折。面对一系列挫折，已然年迈的韩济生不忘初心，砥砺前行。

韩氏仪的诞生

韩济生最初想到要把研究成果应用到临床上，还要追溯到二十世纪八十年代末：

有一天，王志均教授语重心长地批评我："济生，你发表了那么多论文，对临床实际究竟有多少帮助？对提高针刺疗效究竟起了多大作用？"这当头棒喝使我如梦初醒，对啊！既然初步了解了针刺止痛原理，初步掌握了电针参数的基本规律，为什么不优选最佳参数制造一种仪器供临床医师选用？

实际上，从领取周总理通过卫生部长钱信忠交下的任务第一天起，我就与北京航空航天大学的刘亦鸣老师经常切磋，先后设计制造了钾离子测痛仪，研制出各种类型的电针刺激仪，但从未考虑过要将其商品化。[1]

谈起俩人的合作，韩济生的老搭档刘亦鸣说：

我们的合作没有框框，不是说哪个领导给我这个任务，非去做不可，也不是为了挣钱，就是感兴趣，要做出一个好东西来。仪器是紧密结合科研发展的需要一步一步做的，是为科研服务的。[2]

在王志均先生的鞭策下，韩济生他们决定把实验用的电针仪做成商品应用于临床。将传统医学针灸中的针刺疗法与现代电子工程技术相结合，就发展成为电针疗法：先将针灸针插入特定穴位，然后将针柄与电针仪的输出端相连，用电刺激代替机械刺激，既可以发挥和针灸类似的作用，而且操作更方便。很快，韩济生确定了行动目标和指导思想：

我们立即行动，把实验用的电针仪商品化。指导思想是解开针刺的神秘面纱，制造出科学、有效、价廉、易用的仪器，不仅可在医院应用，也可带回家在医生的指导下应用，省去每天都要到医院就诊，

---

[1] 韩济生：半个世纪的愉快回顾。见：编写组：《韩济生院士》。北京：北京大学医学出版社，2008年，第23-27页。

[2] 刘亦鸣访谈，2012年9月27日，北京。资料存于采集工程数据库。

节约时间和金钱。①

刘亦鸣还清晰地记得每代仪器改进的思路：

> 电针仪，又叫针麻仪，也可叫做低频电脉冲的穴位神经刺激仪。当初韩济生做实验需要一个仪器，可以给人皮肤以刺激，刺激以后再测痛，看疼痛的效果怎么样。在给人用电针仪之前，需要做大量的动物实验，需要有很多仪器来配合。当时社会上的同类产品都是不定量的，什么也说不准，频率也说不准，电流也说不准。对于韩老师比较精确的科研来说，那些东西拿来用了也拿不到科研数据。我们就改善了当时社会上通用的仪器形式，电流能够控制的误差比较小，而且也能够定量。我们在七十年代初创造了自己的第一代实验用仪器，后来发现第一代仪器的脉冲给两个穴位的刺激量是不对称的。最好一对电刺激作用在两个穴位应该尽量对称。所以又出来了第二代，叫做对称的恒压的脉冲。②

接下来，从恒压改进到恒流，有了第三代仪器：

> 还有一个很重要的问题，就是人的皮肤或者动物的皮肤对电流的阻抗并不是单纯的电阻。如果用恒压仪器去刺激的话，不太合理。所以，需要提高仪器的品质，把恒压变成恒流。当时的研究已经认识到用高频和低频交替出现的"疏密波"可以（刺激人体内）产生多种吗啡样物质。但疏波（2 Hz）和密波（100 Hz）可以相差五十倍。两者交替的时候强度相差太大，人体受不了。为此提出来一个思路：在频率改变的时候，脉冲的宽度自动地改变：高频用窄波，低频用宽波，来保持刺激量基本一致。当时新加坡商人黄继雄先生听过韩老师很多

---

① 韩济生：半个世纪的愉快回顾。见：编写组：《韩济生院士》。北京：北京大学医学出版社，2008年，第23-27页。

② 刘亦鸣访谈，2012年9月27日，北京。资料存于采集工程数据库。

的报告，很感兴趣。所以韩老师就介绍我到新加坡去和他们合作，要创造新一代的仪器，第一个要求是输出波要恒流，第二个要求是脉冲的宽度要能随着刺激频率的改变而自动改变：2Hz 时变宽，到 100Hz 时自动变狭窄，这个仪器就成了第三代，有点划时代的意义。

韩老师后来到美国去做报告的时候，带了这个仪器去，人家都不可理解，说你能在一个人身上同时用 2Hz 和 100Hz？后来一用，发现果真行啊。韩老师告诉他们，我们的脉冲宽度是可以自动变的。所以这在电针仪上是一个很大的变化。不过很可惜，就是直到现在为止，中国其他做仪器的人，在市场上卖的仪器还不懂得这一点。当时我们在新加坡做仪器是在 1991 年，到现在已经二十年了，人家还在那做老的，我感觉非常遗憾，我们已经是第二代、第三代、第四代、第五代出来了，人家现在连恒流都不会做。①

当初是怎么为仪器命名的呢？韩济生回忆道：

为仪器命名是一件大事，很像为孩子起名，充满着感情和对未来的憧憬。几经修改，最后定名为"韩氏神经穴位刺激仪"（Han's Acupoint Nerve Stimulator，HANS）。在这过程中，新加坡的黄继雄先生发挥了重要作用。他很聪明，他说："可以把这四个英文的首字母连起来，也就是将"Han's"的"H"，"Acupoint"的"A"，"Nerve"的"N"，"Stimulator"的"S"连起来，就是"H·A·N·S"，这个仪器名字就叫做 HANS。在欧洲，HANS 是一个常用的名字，朗朗上口，读音又与"韩氏"相似，便于中外交流，好的名字有益于仪器的推广，是一个非常好的建议。"②

为了能把仪器做好，既要学习并应用最新的技术，还要吸收其他仪器

---

① 刘亦鸣访谈，2012 年 9 月 27 日，北京。资料存于采集工程数据库。
② 韩济生"杏林大家谈"讲座——"惟愿此生济苍生"，2013 年 6 月 18 日，北京大学医学部。存地同上。

的优点，提高自己的仪器，使其质量更好、更美观、更人性化。要做到这些方面光有医学知识是不够的，刘亦鸣说道：

  我感觉到，韩老师是一个医学科学家，但是他的知识面很广。他不光是对医学方面的事情感兴趣，做得挺好，而且对于电子方面，对于仪器方面一些新东西，也非常关心。总是想我们怎样把最新的技术用到这个仪器上去。样子要做得好，质量要做得好，各方面都要是上等的。他出国去开会或者有机会参观展览时，都特别注意观察仪器。他不是像有些人只注意用，他还经常花钱买一些样机回来。我们要把它们的优点吸收进来，提高我们自己的仪器。另外，比方说，电子技术发展以后，他又产生了很多怎么把单片机用进去的思路。最近又提出来平板电脑有触摸屏，我们的仪器将来也要做成这样，像手机那样一摸、一触，就行了。现在很多仪器还是像二三十年前那样，旋钮老大老粗，搬也搬不动。我们要在这方面做得更好，才能打进国际市场。所以我感觉韩老师对这些方面比较注重。他也很重视这方面的知识学习，经常和我讨论电学方面的问题。我感觉，搞一个仪器，是一个两相结合的事，是一个交叉学科的问

图9-1　韩济生与第一代韩氏仪（1991年）

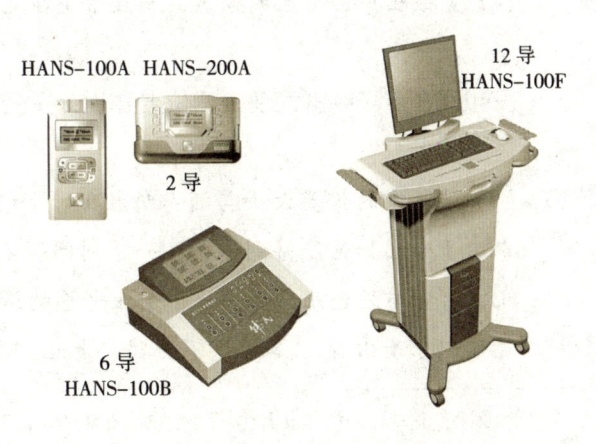

图9-2　第四代韩氏仪（2007年）

第九章　针刺转化医学历程　　*181*

题。搞电的人如果没有搞医的人的合作，有很多问题会想不到，搞医的如果没有电学方面的知识，也提不出要求来。只有这两方面结合才能做得更好。①

韩济生透露说，自己的这点电子学基本知识，还是1961年被分配到北京中医学院生理教研室工作时，业余向同事刘国隆学习的，当时学的电子学基本概念至今依然有用。

当"知识"遭遇"经济"

从实验室到生产线，韩氏仪的产业化过程一波三折。韩济生和刘亦鸣当初做仪器是为了能造福老百姓，但是现在仪器在国外生产，卖到国内时，价格势必偏高，一般老百姓承受不起。刘亦鸣说：

> 国外做的东西，拿到国内来销，价格偏高。中国的老百姓买这个仪器要一千块钱以上，那还是在二十年以前，比较贵。所以当时我们就感觉要适应中国的国情，不能老从新加坡买仪器，我们应该在国内找厂家做出中国自己的仪器，而且希望在之前的基础上做得更好。②

没想到在市场经济面前，两位老知识分子受挫不断。韩济生回忆道：

> 设计完的仪器大小与随身听相似，小巧精美，但到哪里去生产？申请了专利如何能得到保护？一系列问题不知如何解决。当时对比了几家有资质的企业，其中一个企业老总的话打动了我："老同志，我也是知识分子出身，'老九'不会骗'老九'！"但事实上，"老九"还是

---

① 刘亦鸣访谈，2012年9月27日，北京。资料存于采集工程数据库。
② 同①。

会骗"老九"的，特别是当后者缺乏知识产权和商品化基本知识的时候。这次合作双方不欢而散。①

2006年1月9日，全国科技大会在人民大会堂开幕。会上提出了自主创新、建设创新型国家的战略。在那次大会上，韩济生与南京某电子公司达成了合作意向。韩济生还清晰地记得当时的场景：

> 2006年春节期间，胡锦涛主席召开了全国科技大会，号召科学家要跟企业家结合，制造出高科技仪器，为人民服务。我被科学院派到那个科技大会去，工程院出25位院士，科学院出25位院士，一共50位，参会的还有省市高级领导。然后分组，把我分到江苏那一组里面去了。我发言时就说我有个韩氏仪，在新加坡做，国内在哪可以做呢？在座的有位来自一个电子仪器公司，就是专做城市一卡通这类的，而且胡锦涛主席也到他公司去看过。他就说："我来替你做，我们来做中国产的这个仪器。"他这么一说，江苏省委说支持，南京市委也说支持。我说："那好。"我心里高兴极了，以后就不需要去新加坡做了，有这么一个国营企业来做太好了。我这个生命走到这一步就豁然开朗，就把一切都托付出去了：专利、中英文商标，都给了他，也不问条件等等。但是我也知道这个东西是北医的，应该由北医的人来参加谈判谈合作。这个商人说："你要是北医出面我们就不合作了。"因为公家的东西、官方的东西不能上市，完全是商业的才能上市。因为江苏省委书记都支持了，那么大的干部在那里我还怕什么？！王德炳院长说："那你就代表北医去谈吧。"所以我一个人就去了，而没有一个北医的律师来参加。我如此幼稚，没有任何的防御机制，哪里懂得哪个是要害，哪个不是要害呢？就是一股幼稚的热情，把一切都给你，你去生产出最好的仪器，有多少利益那是其次的，哪知就在这里埋伏下了祸根。后来，公司觉得一个仪器才卖几百块钱，或者最多一两千块钱，

---

① 韩济生"杏林大家谈"讲座——"唯愿此生济苍生"，2013年6月18日，北京大学医学部。资料存于采集工程数据库。

不赚钱。到 2010 年,他说"我不生产了"。我说你不生产了,我还要用呢?他不理你,说"你是小股东,没有发言权的"。说停就停了,我们傻眼了,只能考虑自己设计从头做。但是专利没有了,专利到他手里以后他不替你交钱,自然就作废了,而他自己又去弄了个专利就成他的了。一天中午开电话会,他说:"现在我们不做仪器了,公司现在要改型,你要同意我们改型。"我是个小股东,不同意改也不行。但是我提出:"好啊,我签字,但是你把商标还给我。行不行?"他说:"对不起,我们要研究研究,这个问题没有那么简单。"[1]

当韩济生听从他人建议去找律师咨询时,律师看着他带来的法律文本,内心"有一种沉重感",感慨道,"韩教授是单纯抱着为人民服务的态度去签订协议的,也许是因为他急于将自己的成果服务社会,所以从一些条款可以看出他不计名利、严于律己的精神,甚至将法律赋予的权利变成制约己方的义务。"譬如作为专利发明人,应享有"专利法"赋予的权利,但在韩济生签署的一系列协议中,根本无法实现本应得到的利益。知识产权是可以估价的,即"技术入股"。但韩济生并不知道有这样的出资方式,也就没能在协议中体现己方知识产权的经济价值和社会价值,"就像手里有件宝贝,轻易地就把它丢掉了"。[2]

北京大学医学部原主任韩启德院士曾半开玩笑地说:"我老是在陪着韩济生受骗。"在庆祝韩济生在北医从教五十周年的活动上,韩启德说道:

> 韩氏仪这个伟大的发明在走向市场的过程中并不是一帆风顺,韩先生几次陷入合作方的陷阱中,我就和他一起去跟对方交涉。到现在总算是走出困境,但还没有进入辉煌。[3]

---

[1] 韩济生"杏林大家谈"讲座——"唯愿此生济苍生",2013 年 6 月 18 日,北京大学医学部。资料存于采集工程数据库。
[2] 李俊兰:周总理的嘱托、遭遇知识经济。《北京青年报》,2000 年 7 月 17 日。
[3] 韩启德:"北医百年,有我五十"致辞,2012 年 10 月 25 日,北京大学医学部。资料存于采集工程数据库。

在北医组织的"杏林大家谈"讲座上，遭遇了一系列"知识经济"挫折的韩济生不禁告诫台下的学生：

> 同学们啊，你们将来如果要经营什么东西，凭我们这点知识分子的脑子是弄不过人家的，必须有律师跟在后面保护你。[1]

如今，韩氏仪已在国内外多家医疗单位应用。针刺镇痛这项从临床开始的课题，经过数十年的实验研究，所得成果又重新回到了临床，产生了社会效益。

矢志戒毒事业

除了镇痛外，韩济生还将韩氏仪应用于戒毒，他对戒毒的关注离不开国人那段屈辱记忆的历史。鸦片刚开始是作为药品传入我国的，但后来泛滥成灾成为毒品，给个人、家庭和民族都带来了灾难。

解放初期吸毒已被彻底禁绝，但到改革开放以后，吸毒问题卷土重来。当前毒品的种类与晚清的鸦片已然不同，更容易上瘾，给个人、家庭和社会带来更为严重的后果。

1990年，韩济生在报纸上看到中国吸毒（以海洛因为主）人数已达七万人的消息，激起了他关心吸毒问题的爱国热情，考虑是否能应用韩氏仪减轻吸毒者断药时出现的严重戒断症状：

> 吸食鸦片问题在解放以后全部都没有了，那时国境统统封闭，毒品就进不来了。在这样的政治情况下，吸毒这件事通过强制性的办法

---

[1] 韩济生"杏林大家谈"讲座——"唯愿此生济苍生"，2013年6月18日，北京大学医学部。资料存于采集工程数据库。

解决了。但到了80年代国境开放以后，又有毒品从边界进入，特别是"金三角"地带，泰国、缅甸和老挝。这样就开始有人吸毒，1990年是7万人。我当时觉得数目已经很大了，实际上后来到100多万，甚至于几百万。从那个时候开始，我给自己的肩膀上加一个任务，针刺可以止痛，能不能用于戒毒。这之间的联系在哪里呢？以吗啡为例，吗啡一方面是可以止痛的，但也可以作为毒品。生活中还有另外一部分人是弱势人群。他们走错了路，或者是不小心，或者被人家诱惑，吸上了毒。开始也不是故意的，是走上了歧途。能不能拉他们一把呢？我们现在就在用针刺的办法把他们拉回来。[①]

1993年，韩济生已被评为中科院院士，戒毒这个领域他完全可以不必涉足，但是他还是迈出了这一步。与当初接受针灸麻醉的任务不同，这次韩济生是主动请缨，希望能为这重大而急迫的社会问题贡献一分力量。西方科学家研究戒毒数十年所得的主要成果，可以归结为"美沙酮维持疗法"。美沙酮是一种长效的鸦片类药物，其作用类似吗啡和海洛因，但药效持久。另一方面，美沙酮是一种成瘾性极强的药物，如果一天不饮此药，毒瘾就会立即发作，必须再服或者注射海洛因，才能止瘾。因此实施此方案必须有一个完善的美沙酮分发系统，有适当的服务半径。而在中国要建立和保持这样一个网络系统，其难度可想而知。[②] 如果针刺能够解决这个问题，显然更适合中国国情。

虽然针刺镇痛已得到学术界的认可，但是这些研究是否能够应用于戒毒事业，却有待实践的检验。针灸能动员体内的阿片样物质来镇痛，能否用它来为海洛因成瘾的患者戒毒脱瘾？确定目标后，韩济生的身影开始频繁出现在戒毒所、公安局，跟吸毒人员打起了交道：

> 他们告诉我，吸毒是一种'飘'的感觉。随着毒瘾的加大，想获得这种'飘飘欲仙'的快感，只能不断加大剂量。

---

① 郭桐兴：中国科学院韩济生院士漫谈济生之路. 腾讯科技网站，2009-03-24。
② 傅冬红：韩济生：此生惟愿济众生.《北医人（特刊）》，2008年第5期，第7-20页。

为了研究针刺戒毒，韩济生专门招了一个博士后：

这时候刚好有一个人，就是吴鎏桢，他从成都中医药大学博士毕业以后想做博士后，来找我说："韩老师，我能不能做您的博士后？"我说："你学什么的？""学针灸的。"我说："你学针灸的怎么想起来找我呢？"他说："因为您做针灸研究做得好，所以我希望帮助您同时也学一点本事。""那好啊，"我说，"你知道针刺能够戒毒吗？"他说："好像可以，有这个作用。"我说："你是西安人，你带着这个仪器回到西安去，去戒毒所看看效果怎么样。"他说："那没问题，我有同学在西安公安系统戒毒所里面。"

结果拿去一做，效果非常好。戒毒所里面刚抓到的人脑子里就是吸毒的愉快，吸不到毒，睡也睡不着，饭也吃不下，全身都疼，很痛苦。用了韩氏仪30分钟以后，痛苦症状就大大地减轻了。他一共带了两个仪器去，这些人就都排着队等着，治疗半个小时，能够减轻他大半天的痛苦。"好极了，"他说，"效果非常好！"我说："光说好不行，你要拿出证据来，有没有客观指标？"他就找了很多客观指标，比如心律从每分钟一百多次治疗以后降到八十多次，就舒服多了。像这样的资料都一个一个地统计出来，效果确实非常好。①

吴鎏桢回忆道：

我的任务就是要通过临床观察，探求韩氏仪能否确能缓解或者消除海洛因戒断症状。1993年2月，我抱着初生牛犊不怕虎的精神来到了西安市公安局强制戒毒所，开始了韩氏仪治疗海洛因成瘾的第一次临床试验。最初的工作比较顺利，数例接受韩氏仪治疗的成瘾者，3—5天内戒断症状得到明显的缓解或者消失，基本证实了韩老师提出的假说。我正满怀欣喜准备继续观察下去时，发生了两件事：第一件是一

---

① 韩济生"杏林大家谈"讲座——"唯愿此生济苍生"，2013年6月18日，北京大学医学部。资料存于采集工程数据库。

名戒毒所的干警在上班的路上又一次被飞来的石块砸伤头部，重伤昏迷。这种事件在这个戒毒所已经发生了好几次，是由于被戒毒者的毒友或者家人当时不理解我们工作的性质，常常趁戒毒所的工作人员上下班的时候，躲在路边暗处进行袭击。第二件事是一名重要的观察对象突然要离开戒毒所回家。这时，我应该放弃观察，还是继续到他的家中进行观察？去吧，我的人身安全不能保障！不去吧，前功尽弃！初战告捷的喜悦立刻转入迷惘、犹豫，甚至动摇。当我知道那些受伤的干警没有一人退却，仍然努力恪尽职守，并对戒毒者及其家人进行耐心的说服教育工作，使我很受鼓舞。而一个一个的新病例也不断证实韩氏仪确实有效。经过深思熟虑，我决心在韩氏戒毒事业上勇敢地走下去。

当我来到那个提前回家的患者家门口时，连续三天我都被拒之门外，我顶着谩骂和威胁继续耐心沟通，终于让他和家人明白了我是为帮他戒除毒品来的。在他们的协助下，我顺利地获得了第一手数据：韩氏仪确实可以明显缓解海洛因成瘾者的戒断综合征。在这一信念下，我们扩大了观察范围，使那个戒毒所的三十多名戒毒者，不用任何药物，每天接受一次韩氏仪的治疗，无痛苦、无症状，顺利地完成十五天脱毒疗程，甚至在疗程结束后，每天还在窗口盼望，希望能每天再得到一次治疗。①

韩济生团队研究后认为，脑啡肽就像天然吗啡，可以帮助人们减轻毒瘾。由于吸毒人员长时间使用吗啡等药物，自身的脑啡肽分泌已变得非常微弱，所以通过电疗针灸，唤醒脑啡肽的自然分泌，可以使他们减轻毒瘾。在针刺镇痛的基础上进行研究后，发现用不同的电频率刺激内关、外关、劳宫、合谷这四个穴位，可以使吸毒者的大脑中产生一种叫做"鸦片肽"的"自制吗啡"。刺激频率不同，效果各异：①低频刺激可以引起内啡肽和脑啡肽释放，高频刺激可以促使强啡肽释放。②大量的动物实验和

---

① 吴鎏桢：韩氏仪戒毒16年中的二三事。见：编写组：《韩济生院士》。北京：北京大学医学出版社，2008年，第151—152页。

人体观察结果证明，对解除戒断症状，高频刺激更为有效；对戒除心瘾，则低频刺激更为有效；低频和高频自动交替的 DD 波则对二者都有效。这就是"韩氏戒毒仪"的主要工作原理和理论依据。[①]

1993 年 12 月 28 日，卫生部药政司通知，韩氏戒毒治疗仪在卫生部麻醉品专家委员会审议通过，将在一些地区推广使用。[②] 1997 年，"韩氏仪"被公安部、卫生部和全国禁毒委员会选为有效的戒毒产品向全国推荐。

戒毒不复吸奖

有了这些进展，仍需要有实质性的推广。韩济生在 1999 年末写道：

> 韩氏仪（HANS）用于戒毒有一些新进展，不仅能有效地减轻戒断症状，而且可在一定程度上防止复吸。现正在南方地区开辟几个基地开展临床应用。我为此投入不少精力。吴鎏桢主要开展临床工作，基础研究也增强了力量。希望在几年内有实质性推广举措。HANS 推了几年，成效不大，我应引咎自责，现在仍在努力中。[③]

戒毒的难点之一在于心瘾难戒，复吸率高。虽然韩氏仪在戒毒所里效果很好，但是对戒心瘾的效果如何呢？韩济生说：

> 这些人（从戒毒所回去后）很难找到他，因为他游荡着，今天在这明天就走了，找不着他。你要是想查他的尿，一个月查一次，查十二个月，整年没有吸毒，这才算是一年不复吸，了不起！但是很难做到这一点。所以我跟我爱人说，咱们拿出一点钱来，让公安系统盯

---
① 傅冬红：韩济生：此生惟愿济众生．《北医人（特刊）》，2008 年第 5 期，第 7—20 页。
② 韩济生人事档案：1993 年工作总结。存于北京大学医学部档案馆。
③ 韩济生给亲朋好友及学生的新年信件，1999 年。资料存于采集工程数据库。

第九章　针刺转化医学历程

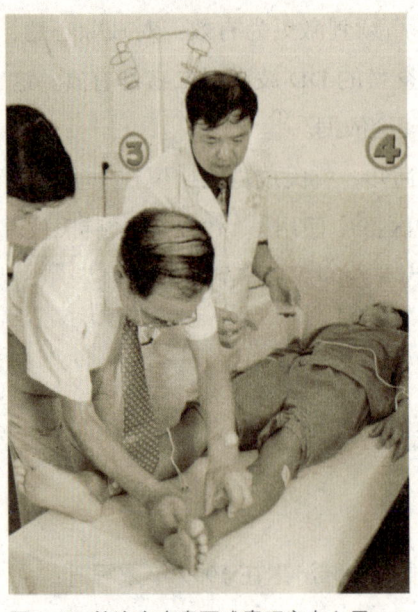

图 9-3 韩济生在粤西戒毒研究中心用韩氏仪为戒毒人员治疗（1999 年 8 月）

着他（戒毒者），每个月都给他查尿，十二个月，十二次查尿都是阴性的，就给他一点奖励。但哪来的钱呢？[①]

在 1999 年时，消息传来说北京医科大学将与北京大学合并[②]，教师奖金可能会提高。韩济生就和爱人朱秀媛商量，提前透支两年的奖金十万元。这笔钱并不是一个小数目，夫妇俩一点点攒起来，现在却要一下子拿出来。朱秀媛在听完老伴设立戒毒不复吸奖的计划后，一如既往地表示了支持。她将韩济生比喻成为一台"双核电脑"：

> 他花钱从来是精打细算，不懂得怎样过好日子。但有时候，这本"节约经"却又会失灵，成为一个现代化的"透支"消费者。有一次他回家告诉我，北医与北大合并后，每年可以有五万元奖金，我们可以好好办点事。又一天，他想好了拿这笔钱办什么事，就是"预先拿出两年的奖金，十万元，给用韩氏仪戒毒成功一年不复吸者给以奖励，每人五千元，总共二十人。这一方面是奖励戒毒成功者，也是考验我们的戒毒方法是否确实有效"。我说，"北大奖金只是一个消息，还没有影子，你怎么就想到透支去用"。他笑着说，"先借一下花，还不行吗？人家国外先进方式都是这样，提前消费，这是时髦"！我心想，这个双核电脑也有失灵的时候。也许是一个核管节约，一个核管透支，轮流当政，随时调整，总得以达到他的理想为宗旨。既然要不

[①] 韩济生"杏林大家谈"讲座——"唯愿此生济苍生"，2013 年 6 月 18 日，北京大学医学部。资料存于采集工程数据库。

[②] 2000 年 4 月，北京医科大学与北京大学合并，组建了新的北京大学。

断开发电脑功能，我对他的提前消费计划也就表示赞成！①

谈到自己设立这个奖的初衷，韩济生说：

> 为什么设这个奖呢？有病痛的人希望你帮助他，但是吸毒的人，有时因为心理有歪曲、有扭曲，说"干脆我就这么吸着吧，我也挺高兴的，就别戒掉了"。所以说，有疼痛的人是请你帮忙，而吸毒的人是躲着你。这样工作的难度更大了。这也不是他故意的，而是吸毒之后，使他的心理扭曲了。总之，这是我自己开辟的一条困难的艰辛之路，但我不后悔，如果能够对这个吸毒群体有所帮助，也是属于"济生"的一个方面。②

> 结果我们就分成三份，第一年尿检阴性12月，给你2000块，接着观察，第二年你再尿检，一个月一次都是阴性，那我再给你2000块，这是两年了吧。还有1000块给了戒毒所，因为他们要给他服务嘛，帮他来尿检什么的。每一个人要连续观察两年不再复吸。③

最初，他们还担心这个奖金不知到什么时候才能发完，可是没想到的是，不到一年的时间，这二十个名额全部发放完了。2002年1月，向三个基地的十一人颁发了此奖。2003年1月又颁发了第二次奖，即将二十名奖（每名五千元）全部发出。

其中有一名患者连续两年获得了戒毒不复吸奖，吴鎏桢记录道：

> 2001年9月初，一名戒毒患者来到了我们在海口的自愿戒毒所。他吸毒6年，先后戒毒7次均没有成功。这一次他抱着希望，想通过韩氏仪的帮助，彻底根治毒瘾。治疗开始前，我向他详细地介绍了韩

---

① 朱秀媛：济生：探索和开发。见：编写组：《韩济生院士》。北京：北京大学医学出版社，2008年，第165-167页。
② 郭桐兴：中国科学院韩济生院士漫谈济生之路。腾讯科技网站，2009-03-24。
③ 此生惟愿济众生——神经生理学家韩济生，CCTV-10《大家》栏目，2007年3月25日。

图9-4 韩济生（左三）在广东颁发戒毒不复吸奖（2002年）

氏仪的治疗原理，并明确告诉他治疗过程中不会使用任何替代药物，他表示努力配合。最初5天很顺利，几乎没有任何戒断症状出现，饮食、睡眠平稳。但到了第7天的早晨，他开始烦躁、出汗、颈项背疼痛痉挛，医务人员随即进行了对应治疗以及语言安抚。在平静数分钟后，又开始闹动：跳上窗台，下地翻滚，摔东西，哭喊，要求回家。这时我劝导他，在韩氏仪治疗的过程中，由于不用替代药物，患者可能会有一过性的不适，只要坚持继续治疗，身体的不适将会很快缓解消失，鼓励他再坚持治疗一次。果然，30分钟的韩氏仪电刺激后，他进入了睡眠状态。后来的20天里，他每天仅接受两次韩氏仪治疗，身体没有任何不适，脸色一天天红润起来，体重也一天天增加，由入院时的65公斤增加到78公斤。他不但自己坚信韩氏仪的戒毒作用，还现身说法，鼓励每一位前来戒毒的患者。有时甚至主动帮助新来的患者进行治疗。看着他成功地度过了脱毒阶段，我继续鼓励他说，要彻底脱离毒品，还要树立长期的心理准备，回到家中要坚持每天使用韩氏仪治疗两次，他答应说"可以"。

2002—2007年的5年中，我们对他进行了长期跟踪观察。他在2002—2004年期间继续使用韩氏仪治疗，由每日2—3次逐步过渡到平均每周2—3次，每月两次尿样吗啡检测均为阴性。为此，先后两次获得韩济生院士设立的"韩氏戒毒一年不复吸奖"。2005—2007年，他已经不再使用韩氏仪了，尿样吗啡检测依然保持阴性，注射纳洛酮催瘾试验，结果也呈阴性。也就是说，通过韩氏仪的治疗，5年来，他的的确确脱离了毒品，完全回归了社会，不但有稳定的受人尊敬的工作，而且有了自己的幸福家庭和孩子。

对于成功，每个人都会有不同的定义，每个人心中关于成功的标尺也各不相同。但也许很少有人会把"做一个普通人，过正常人的生活"作为一种成功的标尺来衡量自己。吸毒者的人生因为毒品而改写，而几乎每一个戒毒者的愿望就是脱离毒品，重新成为一个社会接纳的正常人。这样的愿望在很多人看来是何等的渺小、普通，然而这不仅仅是戒毒者的成功标尺，也是吸毒者家庭的强烈愿望，更是我和我的同事们的成功标尺。①

2002年，韩济生作为"高级医学顾问"应邀到青浦县戒毒所指导工作。当他还是上医学生时，曾前往该县防治血吸虫。五十年后因为戒毒事业而故地重游，心情有点沉重：

> 作为一名医学工作者，我所期待的是为人民多做些实际的事情。当1951年我还是上海医学院的一名学生时，曾到上海市郊区青浦县的壬屯村去做防治血吸虫病的工作。当时那种'千村薜荔人遗矢，万户萧疏鬼唱歌'的情形让我感触良多，记忆犹新。50年过去了，我再次到了青浦，这次是到青浦戒毒所。如今，毒品——这个新时期的血吸虫病，让我尤其痛心疾首。因此，我希望社会上有更多的人士来关注这个问题，群策群力解决这个问题。我也希望大家都要站在人道主义的角度来关心误入歧途的吸毒者，使他们回归到正常的家庭生活中去，而不应歧视、唾弃他们。②

总结"韩氏戒毒治疗仪"的特点，韩济生概括了"四步骤"理念：

（1）绿色戒毒，扶正固本。美沙酮戒毒法其实不是真正意义上的戒毒。韩氏戒毒方法是动员吸毒者神经系统中固有的物质发挥戒毒效果，具体说是促使中枢神经系统释放内啡肽，把受压抑的内啡肽系统

---

① 吴鎏桢：韩氏仪戒毒16年中的二三事．见：编写组：《韩济生院士》．北京：北京大学医学出版社，2008年，第151-152页。
② 傅冬红：韩济生：此生惟愿济众生．《北医人（特刊）》，2008年第5期，第7-20页。

第九章　针刺转化医学历程

重新加以扶正，巩固吸毒者本身的抗毒能力。

（2）平稳脱毒，生理康复。吸毒者去戒毒时总是对脱毒期的戒断症状心存恐惧。而韩氏戒毒方法是应用韩氏仪为主，在前三天配合一定量的中西药物，使吸毒者非常安静、平稳地度过这一关，不会感到丝毫痛苦。

（3）温馨脱毒，难忘经历。不把吸毒者看成是罪犯，而是作为一种特殊的病人。他们患的是一种反复发作的慢性脑病，表现为精神上高度的人格扭曲，失去人的尊严。对此，我们有义务细心照顾他们，给予他们心理上的安慰，与他们交朋友，共同营造一种温馨的生活氛围，让他们的脱毒期成为一生中巨大的转折，难忘的经历。

（4）长期戒毒，永不复吸。脱毒不等于戒毒。脱毒有很多行之有效的方法，但这只是完成戒毒的第一步。所谓"脱毒"只是除去了身体内余留的毒品，而其"精神依赖"依然存在，随时可以复吸（复发）。一个负责任的戒毒治疗医生，应该在吸毒者来戒毒之日起，就为其终身戒毒进行考虑和设计。因此，为各临床戒毒基地设计了方案，医护人员要对脱毒后的人员进行追踪辅导，鼓励其随身携带小型韩氏戒毒仪，每晚临睡前应用戒毒仪促进睡眠，遇到与以往吸毒有关的人或情景而勾起"心瘾"时，立即用戒毒仪将其扑灭。经过多次实践，他们就能逐步增强与毒品决裂和回归社会的信心，延长不复吸的时间，最终有可能达到永不复吸。[①]

在国际上，针刺戒毒也得到了承认。虽然早在1972年，香港医生温祥来（Hsiang-Lai Wen）等就发明了耳针戒毒疗法；1974年，纽约林肯医院建立了耳针戒毒中心。但是他们用的是耳针和手捻针，结果难以重复。韩济生他们用的则是电针，而且找到了特定的刺激频率，高频（100 Hz）用于急性期戒毒，低频（2 Hz）用于降心瘾防复吸，真正掌握了针刺戒毒的科学规律。2005年1月，美国教科书《物质滥用》（*Substance Abuse*）第

[①] 傅冬红：韩济生：此生惟愿济众生。见：编写组：《韩济生院士》。北京：北京大学医学出版社，2008年，第45—56页。

四版出版，以韩济生为主负责编写了第四十九章：针刺戒毒。2011年第五版出版，韩济生与崔彩莲共同执笔针刺戒毒一章。

韩济生团队历时约二十年，先后在西安（1992年9月—1994年5月）、广东

图9-5 韩济生（中）在北京参加戒毒科普活动（2002年）

湛江（1994年4月—2002年12月）、海南（2000年6月—2001年12月）、天津（2002年1月—2003年6月）、北京（2007年4月—2010年5月）、上海（2009年3月—2010年12月）和广东中山（2010年8—9月）全国七个地区开展治疗药物依赖（脱毒，防复吸）工作，建立了戒毒研究基地（所）。在这些地方进行"韩氏治疗法"的试验，较客观地反映出了"韩氏治疗法"的实际效用。根据以上基地提供上来的报告，约三成的人出所一年以上未复吸，较之以往高居不下的复吸率而言，这已经是一个不小的成绩。经多次尿液检查及用国际公认的注射纳洛酮的方法进行催瘾试验，均属阴性。[①]

然而，虽然有了这些可喜的成绩，推广并不顺利。韩济生曾感叹成事之难：

> 预期2002年在全国推广应用我们首创的戒毒方法方面，可能会有些进展。这也是我几年来为之努力奋斗的一个目标，但难度确实很大。不单是科学问题，还牵涉到许多社会学方面的问题。似乎有一丝"我不入地狱，谁入地狱"的悲壮气息！人生在世，做成一二件事情真不容易啊！[②]

[①] 傅冬红：韩济生：此生惟愿济众生.《北医人（特刊）》，2008年第5期，第7—20页。
[②] 韩济生给亲朋好友及学生的新年信件，2001年。资料存于采集工程数据库。

由于种种原因，尽管"韩氏治疗法"在戒毒方面有疗效，但是尚未获得大面积推广。目前，韩氏仪在毒品滥用的研究继续获得十三五科技部重大专项支持，已经延伸到新型毒品冰毒上，观察指标也从戒断期症状、长期抗复吸，拓展到毒品导致的女性生殖内分泌紊乱方面，新型戒毒专用机正在开发的道路上。

开创新天地

产业化反过来也会对科学研究产生影响，而且并不局限在国内。韩氏仪应用的国际化，也促进了科学研究的国际化。韩济生忆道：

> 一次我在美国密苏里州圣路易市华盛顿大学演讲，该校医院麻醉科主任White教授向我要了一台仪器，在病人身上试用后，重复出了我们在动物实验中所得的主要结果，即2Hz与100Hz交替出现的疏密波，其镇痛效果优于单纯的疏波（2Hz）或单纯的密波（100Hz）。不论在治疗和预防手术后伤口痛（急性痛），或用于治疗腰背痛、糖尿病后期神经病理性痛（慢性痛）情况都是如此。我看了他们3年中发表的5篇论文，心中颇有所感：同样的仪器，我们的临床工作因为没有适当的对照，很难发到国际杂志；而他们在3年内重复验证了我们30年中动物实验所得到的结果，得到了国际学术界的承认。喜乎，忧乎？应该说：喜过于忧。毕竟，科学是人类共有的！[①]

来自于国外患者的反馈深化了韩济生的这种心情：

> 2006年，一位家住美国西海岸的妇女写电子邮件给我，说从报

[①] 韩济生：半个世纪的愉快回顾。见：编写组：《韩济生院士》。北京：北京大学医学出版社，2008年，第23-27页。

纸上了解到韩氏仪有明确的止痛作用，但苦于得不到仪器。我很快设法使她得到了一台韩氏仪。她的儿子是美国一家著名医学院的麻醉科医师，按照说明书为他母亲治病。他母亲由于长年肌肉关节痛必须定时服阿片类止痛药，而且还要按需额外添加用药。一旦停药立即出现强烈的戒断症状，表明已经对阿片药物产生依赖（成瘾）。用了韩氏仪四天后，额外添加的阿片类药物不再需要了；一个月后，定时服用的阿片类药物减量一半，夜间不再痛醒；两个月后来信，称痛觉超敏（触诱发痛）100%消失。痛觉超敏是神经病理痛中最难对付的一种症状，即对于一些非痛刺激（例如衣服对皮肤的摩擦、凉和温的感觉）都会引起疼痛。韩氏仪能消除痛超敏，是这位麻醉科医师始料不及的，也使他母亲的指定疼痛医师深感意外。[①]

针刺镇痛和针刺戒毒，实际上都是主要动员了中枢神经系统的阿片类物质，发挥镇痛和解除阿片类毒品引起的戒断症状和心理渴求，其原理是相似的。到了2008年，韩济生已经八十岁。他想，国家交给的任务已基本完成了。此后是否可以解脱出来，做点自己愿意做的事情。特别是要找那些西医没有好办法的疾病，用韩氏仪来治疗，看能否开创一篇新天地。虽然韩氏仪里包含了韩济生太多的心血和感情，但他对其功效却始终保持冷静客观的科学态度，一个病一个病深入细致作"转化医学"研究，不夸大，不缩小。在试探了多种疾病（如失眠、帕金森病、老年痴呆、截瘫后的肌痉挛、焦虑抑郁症等）以后，韩济生把注意力聚焦到两种病，一是孤独症，一是不孕症。

患孤独症的人群有两个特点：社会交往困难和刻板行为。"治疗失眠有药物，孤独症没有；治疗抑郁症有药物，孤独症没有；孤独症几乎没有治疗方案。"韩济生说。2008年春节期间，韩济生邀请了一批儿科医生，开始了"春光行动"。他说：

[①] 韩济生：半个世纪的愉快回顾。见：编写组：《韩济生院士》。北京：北京大学医学出版社，2008年，第23-27页。

在大脑里，有两种物质，"精氨酸后叶加压素"和"催产素"，它们是控制人际交流的"友善物质"。当这种物质偏低时，人就会表现交流不畅、不合群。我们试图用针灸来刺激这两种物质的分泌，改善自闭症状。从海洋天堂电影里，我们看到有孤独症孩子的家庭如同一片灰色阴影笼罩着，我们要给他们带来一缕春光，让我们的集体命名为春光行动吧。①

在经过无数次实验后，韩济生决定给辅助对象无偿提供韩氏仪进行治疗。有些孩子从只吃一种品牌的方便面，经一段时间治疗后，改善到可以吃水果等多种食品；有些孩子从最初一个字的用语，变得连贯说话。这一切，都让韩济生觉得很温暖。

最重要的是发现孤独症孩子的症状可以有很大差别：(1) 较重的是冷漠型，谁也不理睬；(2) 被动型是我不理人，但是若有人与我交往，我可以奉陪；(3) 主动而怪异型的孩子，可以主动与人搭理，但行动总是有点怪异，话语和行动不是过头，就是不合时宜。我们用不同频率的电刺激刺激不同穴位找到了一些规律：以被动型的孩子进步最明显，可以从几个方面反映出来，一个是语言能力增强，一个是双眼对视能力增强，食物选择增多。再就是缓解血中催产素随年龄增长的减少。促进精氨酸后叶加压素含量增高。从大脑血流与细胞活性的表现也有所优化。该项工作仍在进行中。②

韩氏仪的定量优势也提高了传统的针刺治疗不孕症的效果：

山东中医药大学第二附属医院生殖科孙伟主任，从事针刺治疗不孕症已有多年。但用手捻针总是难以定量，自从知道我们有韩氏仪可以明确定量电针频率、波宽、强度等指标后，非常高兴，与我们合作

---

① 蔡虹：中科院院士耗时四十四年发现针灸止痛原理。《北京科技报》，2009年9月16日。
② 据韩济生给本书稿的补充内容，2017年4月。

进行系统研究，发现刺激频率以 2Hz 为佳，能显著提高妇女子宫内膜能显著提高子宫内膜上胞饮突（一种促进胚胎着床的结构）增多，血流增多。可以显著提高试管婴儿的成功率。①

目前，韩济生团队有三个大型科研项目在利用韩氏仪解决临床问题：①针麻原理"973"项目，第一期（韩济生做首席专家）成绩优秀，第二期由他的助手万有负责；②生殖医学卫生部行业基金，由他的助手张嵘负责；③参与上海儿童医院负责的孤独症卫生部行业基金，应用韩氏仪治疗孤独症患儿。

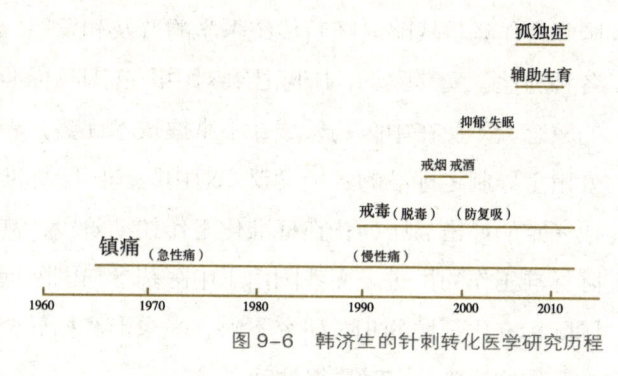

图 9-6 韩济生的针刺转化医学研究历程

电针仪国际标准的制定

随着经济全球化的进展，标准化逐步成为各国科学技术与经济发展的重要战略。在世界卫生组织发展传统医药决议的引导下，日本、韩国及欧美等纷纷开展了传统医药标准的研究制定，通过各种形式和途径争取国际标准制定的主导权。中医药作为我国的传统医药，其标准化是中医药事业发展的重要技术支撑，对于促进中医药学术发展，提高中医药临床疗效，规范行业管理，加快中医药走向世界具有重要的意义。我国从二十世纪八十年代初开始制定针灸国家标准，在"十一五"期间，加快了包括针灸在内的中医药标准化进程，以掌握中医药国际标准制定的主导权，提升中

---

① 蔡虹：中科院院士耗时四十四年发现针灸止痛原理．《北京科技报》，2009 年 9 月 16 日。

医药的国际地位和国际竞争力。

相对于国内标准建设,中医药国际标准建设情况更加复杂,难度更大。国际标准化工作诞生于欧美等西方工业化程度较高的国家,美、德、法以及日、韩等国,长期重视国际和区域准化活动,已经形成一套成熟的国际合作竞争战略。随着传统医学的普及和发展,各国看到其背后潜在的各种利益。受其驱动,国际社会对中医药国际标准的制定有时表现出极度的敏感。即使在中医药领域并不掌握技术优势,表现得也十分活跃,不断发出主导制定标准的各项动议,对中医药国际标准化的设计与工作思路形成一定的冲击与压力;在标准化工作初期阶段,甚至影响到整个中医药国际标准工作的推进。而我国由于中医药参与国际标准化工作刚刚起步,对国际标准化领域的相关研究不够,尚未形成指导全行业开展中医药国际标准工作的战略,有时显得被动。①

韩济生受邀参加了中医药国际标准化的工作:

> 国家中医药管理局计划将中医药有关产品的标准列入国际标准化组织范畴。组织了有关队伍,其中将我列入"两院院士"一栏中唯一一名,我感到很荣幸,因为从来没有接触过这方面的工作,也感到任务很重。一定要从头学起,完成好这项国家任务。
>
> 关于制定和发布一项产品或方法的国际标准,现有两个国际组织:(1)国际电工技术委员会(International Electrotechnical Commission, IEC);(2)国际标准化组织(International Standardization Organization, ISO)。ISO下属多个技术委员会(Technical Committee, TC)。关于中医药有关的产品,过去鲜有国际标准。在有关国家共同发起和争取下,2009年,国际标准化组织成立了中医药标准化技术委员会,中国承担秘书处工作。2010年6月在中国召开了首届第249技术委员会会议,有中、日、韩、美、加、德等国参加,会议确定"中医药"为ISO/TC249暂定名。第二次会议2011年在荷兰召开;第三次年会

---

① 王笑频:试论推进中医药国际标准化工作的关键策略.《中医药管理杂志》,2015年第13期,第3-5页。

2012年在韩国召开；第四次年会2013年在南非召开，该次年会进一步确定TC249的工作范围包括起源于古代中国的医学系统的传统和现代两方面内容。TC249下设五个工作组（WG），分别为WG1：药材炮制（中国为召集人）；WG2：中药成品质量安全（德国）；WG3：针灸针质量安全（中国）；WG4：除针灸针以外医疗设备的安全（韩国）；WG5：中医药信息（中、韩）；WG6：中医药信息联合工作组（德、日）；WG7：常用中草药制剂与制造安全（中国）。

韩济生参加了2012年5月23日在韩国大田（Daejeon）举办的第三次年会。在这次会上，中国联合加拿大，韩国联合日本分别提出了制定电针仪国际标准的提议和相应的草案（WD）。

关于"电针仪"的本质，中、加与韩、日有着认识上的差异。中、加方认为这是古代针刺疗法的一种现代形式。古代中国医学中传统的针刺方法是用金属针刺入皮肤穴位，进行提插捻转等机械刺激，引起得气感，达

图9-7 第三次国际标准化组织中医药器材大会与韩国代表团合影
（2012年5月韩国大田。左五韩济生）

第九章 针刺转化医学历程 *201*

到治疗疾病目的，强调经络和穴位的作用。而韩、日方沿袭了 IEC1987 年制定的"神经和肌肉刺激器（NMS）"的理念，通过皮肤电极（面积可达几十个平方厘米）来输入电流，刺激电极下的神经和肌肉。与此相仿，日、韩方提出的电针定义是将针灸针刺入皮肤表面，通过电流达到刺激该部位皮下的神经和肌肉的目的。

中国是针灸的发源地，在传统针灸和现代化电针的临床应用和基础原理研究方面都处于世界领先地位。电针治疗仪是中医诊疗器械国际市场中占有最大份额的产品之一。为了使中医药顺利走出国门，走向世界，就必须把控质量关，因此尽快制定国际电针治疗仪标准势在必行。由于各个国家对针灸作用的理解不同，使用方法不同，生产的电针仪不同，电针仪标准也不同。如果电针仪的国际标准与我国现行的行业标准差别较大，则将强迫本国企业重新设计、生产、注册出口用电针仪，对出口企业造成不利的影响，减少我国产品在世界市场的份额。因此，电针仪标准的制定关系到今后各国在国际贸易上的主导权，关乎国家利益，不能轻易让步。韩济生不敢懈怠，以我国丰富的电针研究背景取得同行的大力支持，最终代表中国争取到了电针仪质量标准的制定，成为项目共同负责人：

> 究竟由哪个国家牵头负责国际电针仪标准的制定，各国专家各持己见，争执很大，未能达成统一意见。因为电针仪是中医药领域进出口贸易量最大的商品之一，国际电针仪标准的制定会在很大程度上影响各国强制执行的国家电针仪行业标准，也会对国际间电针贸易产生巨大影响。牵头国家的代表倾向于根据自己国家的行业标准制定国际标准，其他国家可能被迫修改自己国家的行业标准。产品的更新换代需要重新设计，重新制造，重做临床试验，重新注册。这可能改变现有市场的供求格局，相当于行业的重新洗牌。通常一个产品标准中有两个主要内容，即质量标准（essential performance）和安全标准（minimum safety standard）。经过反复讨论和协商，决定把电针仪国际标准拆分为两个标准：由中国和加拿大牵头制定电针仪质量要求标准（草案标号 WD18663）；韩国和日本牵头制定电针仪基本安全要求标准

（草案标号 WD18586）。因此共有四个国家负责电针仪国际标准制订。[①]

在制订电针仪功能标准时，必须与各国有关电针仪器的设计者、销售者、临床医学工作者沟通。由于年事已高，2014 年开始，韩济生将自己关于电针仪标准制定的工作交予儿子韩松平，包括国际性年会、圆桌会议、电话会议，以及与中国中医药管理局、中国国家标准局各有关方面的联系协商等。韩松平已于 2012 年回国，入选了北京市海聚工程高层次人才计划，并成为北京大学神经科学研究所客座教授，之后在有关单位批准后于 2016 年正式成为中方电针仪国际标准制定工作的负责人。

在 2014 年 2 月悉尼举行的 WG3 工作组会议以及 2014 年 5 月在日本京都举行的第五次全体会议上，韩松平同与会专家一起讨论了电针仪质量标准和安全性标准的初稿。2015 年举行的第六次北京会议和 2016 年举行的第七次罗马会议上，专家们一致认为，一个电针仪应该同时遵循质量标准和安全性标准，应该合二为一，制定和发布一个统一的电针仪标准。第七次会议还决定，电针仪和一批其他有源（即用电驱动的）中医医疗器械的标准，应该符合 ISO 和 IEC 的标准，目标是争取电针仪标准能够得到这两个国际标准化组织的认可，以这两个组织的名义共同发布。如果能够实现这个目标，将大大增加电针仪国际标准的权威性和执行力度。

因为 IEC 已经发布了一个肌肉神经刺激器（NMS）的国际标准，在制定电针仪安全标准的时候，也参考和大量引用 NMS 标准条款。因此将电针仪国际标准提交给 IEC 的时候，存在一个潜在风险：IEC 也许会认为电针仪和 NMS 差别不大，可以通过修改 NMS 而涵盖电针仪的标准。实际上这两种仪器之间有很大差别，放在一起可能降低电针仪的有效性标准，增加安全性隐患。这两种医疗器械之间有三个主要差别：①皮肤电阻抗：皮肤的角质层电阻抗很大。按照中国的电针方法，针尖已透过角质层，所以施加电流时电阻很小（两个电针之间电阻仅有 100—500 Ω）。只要几个伏特的电压即可达到刺激作用。而 NMS 的电极置于皮肤之上。两个电极之

[①] 韩济生给陈琦的邮件：电针仪国际标准的制订，2017 年 11 月 28 日。

间电阻抗超过 1000 Ω。需要将电压升高到几十个伏特，才有刺激作用，达到治疗效果。②电极的大小：电针直径 0.2—0.5 毫米，面积不超过 0.1 平方毫米，而神经肌肉刺激器所用的片状皮肤电极其面积是上百万平方毫米。两者相差一千万倍，不可相提并论。③电脉冲参数：电针的镇痛作用可以被针刺部位注射局部麻醉药所阻断，提示神经纤维参与其中。神经接受电刺激的频率是有限度的。手捻针引起的传入冲动约为每秒十次左右。用电刺激模拟手捻针的动物实验表明，如果电脉冲频率超过每秒一百个脉冲（称为 100 赫兹），有些神经纤维就不能 1∶1 地忠实跟随；刺激频率达到 250 赫兹，就到了所有神经纤维 1∶1 跟随的顶点。按此规律，电针仪设计的频率就不能超过 250 赫兹，而在日本市场销售的电针仪最高频率竟达到 500 赫兹。以上问题都超过了仪器的"安全"问题（WD18586）范围，而是属于电针仪的"功能特性"问题（WD18663）范围了。①

2016 年，韩济生团队申请到了国家重点研发计划"国家质量基础的共性技术研究与应用"中的中医药领域国际标准研究课题资助。这将加强国际合作，加快实验进度，有利于早日完成电针仪标准的制定和发布。2016 年 6 月至 2017 年 11 月，北大神科所硕士研究生霍然在韩济生和韩松平的指导下，用电生理单纤维记录方法，在大鼠实验中研究了不同电针频率在初级传入神经中传导电针信号效率的研究。实验结果表明，在 1—100 Hz 范围内，传入神经纤维能够有效传导电针的刺激信号进入中枢神经系统；100—250 赫兹范围内，传入神经能够部分传导电针信号。当电针频率高于 250 赫兹时，传入神经不能有效介导电针信号。这一结果强力支持中国代表在标准草案中规定：建议电针频率应该限制在 200 Hz 以内。过高频率的电针不仅无效，还可能增加组织损伤的风险。

在 2017 年香港举办的第八次会议上，四个国家的代表在友好和信赖的气氛下共同讨论了电针定义、频率范围、参数选择、安全标准等多年未解决的问题。在会议上，各国代表达成一致意见，同意在中国代表的领导下共同参与新标准的制定。

---

① 韩济生给陈琦的邮件：电针仪国际标准的制订，2017 年 11 月 28 日。

由于我国已经在前期工作中确定了电针仪国际标准制定的领导权，确保了对标准制定过程中的影响力，这将有利于制定符合中国国情和具有中医特色和的产品标准，在新标准颁布后的重新洗牌过程中，减小对中国电针仪制造企业的限制和影响，推动中国产品的出口，引领世界电针疗法的方向和趋势，增强中医药领域的影响力。

第十章
传道解惑

"得天下英才而施教，是人生一乐"，从本科生教学到研究生教学，无论多忙，韩济生总是坚持在教学工作的第一线。韩济生把学生看得如儿女一样亲，他曾说过："我对学生的感情，可以说就是看作儿子或者女儿一样，要批评就批评了，要表扬就表扬了，从我的内心里完全把他们当成了一家人。我有时候就想除了爱情以外所有美好的感情都给了他们了，这是说真话。"[①]

学术午餐会

1978年，我国恢复研究生制度，北京医学院等十一所院校恢复招收研究生。韩济生成为研究生导师之一，开始招收第一届硕士研究生，1981年开始招收首届博士生，至今已毕业硕士四十五名，博士一百一十一名，出站博士后二十六名，进修生一百〇八名。

---

① 韩济生：2012年北医百年庆典活动后感想。2012年10月25日，北京。资料存于采集工程数据库。

韩济生是一个严师慈父，对研究生要求非常严格，不允许有丝毫的含糊和马虎。他常引用斯坦福大学药理学系教授、北医名誉教授哥德斯坦的话："批评是培养研究生的主要方法。等到没有什么可批评时，研究生就该毕业了。"韩济生认为：

> 一个集体要有真正的团结，必须有坦诚的互相批评帮助。如果得不到批评，就出不了人才，也出不了成果。今天的科研都是集体所为，不是个体单干能有所成的。我们物质条件困难，更要齐心合力才行。这样才能真正地搞好一个团结的集体，在这样的集体中才能培养出高级人才，甚至成为培养这种人才的基地。①

图 10-1　韩济生的首届博士生论文答辩（1984 年 12 月）

图 10-2　韩济生（前排中）的博士研究生论文答辩（1999 年 10 月。左一王晓民，右一于英心、后排左二王韵、左三罗非）

"学术午餐会"是韩济生团队帮助个人成长的重要方式之一。韩济生实验组的第一次周末午餐会始于 1985 年，在每周的最后一个工作日，实验组师生都要利用午餐时间，边吃饭边进行学术活动，从而保证每周有一次学术活动。② 午餐会既

---

① 傅冬红：韩济生：此生惟愿济众生。《北医人（特刊）》，2008 年第 5 期，第 7-20 页。
② 许伟：求索者的奉献。见：王晓民主编：《芳菲时节：韩济生院士与他的学生们》。北京：北京医科大学、中国协和医科大学联合出版社，1998 年，第 36-58 页。

是大家互相沟通信息，进行学术讨论的地方，也是韩老师培养学生表达能力的地方。在会上，每个人都可以无拘无束地发表自己的想法和学术见解，大胆发言。既对研究生进行了"集体培养"，也训练了全体与会人员。韩济生希望学生们能敢于提问题，认为这样才有助于学科发展。据他的助手张嵘回忆，韩济生曾用一个很形象的例子说明中外在提问方面的区别：

> 韩老师总能说一些能让人记住，能让人带回家的那些话。比如说有一次在一个中西医结合的会上，他讲中国和外国确实不一样，比如说中国古书总是从上往下念，所以中国人就习惯于点头、点头。那外国人呢，是从左往右念，所以他总是 NO、摇头、摇头。所以中国人就是传承，特别是中医，总是师傅怎么讲，徒弟就怎么学，一直这样传下去。但是西方人就喜欢挑战，他总是要问个为什么，说想问问为什么是这样的一个结果。所以韩老师讲中西医结合非常好，既要传承，又要循证医学，还要允许反问。只有这样，这个学科才能发展下去。给我们的印象真的是非常深。[1]

图 10-3　韩济生（站立者）实验组午餐会场景（1995 年）

回忆实验室生活时，很多学生都称受惠于周末午餐会，博士生朴素芬写道：

> 在韩先生的实验室使我受益很大的还有每周的"午餐会"。实际上它可以叫作实验室会议（lab meeting）或学术讨论会。只是因为在每周六的午餐时间进行（那

---

[1] 张嵘访谈，2012 年 11 月 9 日，北京。资料存于采集工程数据库。

时是每周六天工作日），我们每个人带着饭，一边吃一边进行，故名"午餐会"。记得那时或是大家轮流汇报自己的研究结果，或是每个人轮流向大家介绍自己研究领域的知识或新的实验技术，或是韩先生的出国见闻。那时实验室有40来人，有的人在搞分子生物学，有的人在搞信号转导，有的人在搞细胞培养，甚至有的人在搞转基因治疗。"午餐会"使我们彼此之间互通信息，相互学习，从而使每个人的科研水平都得到了提高。记得我在校期间，有时"午餐会"上讨论非常激烈，为一个实验结果的解释会争执不休；也有时汇报人会被大家问得面红耳赤。那时我最怕韩先生问我问题，因为他的问题总是非常尖刻。好在每次当大家回答不出时，他既会告诉你答案，又会告诉你应当怎样去考虑这样的问题。来美后，也曾经在不同的地方工作过，但不知是因为实验室人数不多，还是其他原因，实验室会议（lab meeting）远比不上在韩先生实验室的效果及收获。[①]

正是这种能力训练，使得韩济生的学生们出国留学后能很快适应国外的工作方式。

半月汇报记录本

新学期开学时，韩先生都要送给实验室的每位学生一本半月汇报记录本，并在封面上书写"在科学的道路上"及学生的名字。韩济生认为研究生应具有扎实全面的业务知识和熟练的外语基础，敢于向科研高峰拼搏的勇气，多出成果和早出成果的要求，勤奋踏实的作风和求索奉献的精神。因而对每一个研究生均有精心安排和耐心指导，规定他们必须不断总结研究中遇到的问题，以及提出对下一步研究工作的设想，并在每月1日和15

[①] 朴素芬：在科学的道路上。见：王晓民主编：《芳菲时节：韩济生院士与他的学生们》。北京：北京医科大学、中国协和医科大学联合出版社，1998年，第115-117页。

日以书面报告的形式按时上交。

这个记录本后来成为很多学生珍贵的学术成长记忆,朴素芬记道:

> 来美已经6年多了,尽管在美国要经常搬家,清理东西,但有一个记录本我却一直保留着,这是读博士研究生期间向导师的半月汇报记录本。封面是我的导师韩济生先生刚劲有力的毛笔字:"在科学的道路上——朴素芬",内容是1990年1至7月间的汇报。里面有事先印刷好的问题和我的答案。其中,问题一是:在过去的半个月里你完成了哪些工作?问题二是:下半个月的计划是什么?问题三是:在过去的半个月里你都参加了哪些学术报告?是否提问?问题是什么?问题四是:在过去的半个月遇见什么困难?是否需要帮助?每学期开学时,韩先生都要亲自为实验室的每一位学生准备一本,并亲手用毛笔写上:"在科学的道路上"及每人的名字。记得开始时我对此很反感,觉得是一种负担,因为有时半个月下来并没有做出什么,就很发愁写汇报。因此,我叫它"初一、十五要汇报"。可当自己走过了那一段路程时,才感觉到它的益处。也正是由于有写半月汇报这样的基本训练,自己才一步步建立起了科学的概念,才能在科学的道路上勇往直前地走下去。①

不管韩济生多忙,他都会抽出时间仔细批改每位学生和工作人员的半月汇报,了解他们的工作学习情况,及时解答问题并进行指导。很多年后,博士生边景檀还记得导师的批语:

> 半月汇报是我向科研高水平迈进的台阶。每次韩老师对我的半月汇报的批语,都使我沿着科研大道迈进一步。记得1992年春天的一次半月汇报,我比较了我在读硕士研究生时做的课题(大鼠丘脑束旁核痛反应神经放电特征)与美国一家著名实验室在大鼠中枢延髓核团记录的

---

① 朴素芬:在科学的道路上。见王晓民主编:《芳菲时节:韩济生院士与他的学生们》。北京:北京医科大学、中国协和医科大学联合出版社,1998年,第115-117页。

"on" cells 和 "off" cells 的放电特征的异同点，发现它们绝大部分的特征是相似的，同时指出了它们的不同点。适逢韩老师去合肥开会，他在旅馆里利用晚上的时间批阅了我的这份汇报，指出"比较两个实验室工作的异同点，这是作为一名科学家的基本素质，有利于揭示生命科学的奥秘。希望能继续发扬下去。"[1]

图 10-4 韩济生指导学生

在严格训练学生的同时，韩济生又能时刻保持警惕。1998 年 10 月 10 日，他写道：

> 我们实验室有一个很好的传统，就是一个工作由几个研究生接力完成。这样资料逐渐积累，可以做出比较系统的工作。
>
> 但与此同时也应看到这种做法潜在的危险性和不利的一面。那就是后来者只要跟着前人脚步向前走，自己不必多动脑筋，限制了新思路的产生。
>
> 请大家不断保持警觉，在自己的领域内对世界形势变化不断扫描，捕捉新契机、新的想法。这是一个实验室要保持前进态势必不可少的。研究生如此，讲师教授更是如此。请大家就此做一些思考和行动！[2]

除了通过学术午餐会、半月汇报等方式培养研究生外，不管有多忙，韩济生对学生的论文总是抽时间认真修改。每年的盛夏，是研究生答辩比

---

[1] 边景檀：严谨的学风、高尚的品德。见：王晓民主编：《芳菲时节：韩济生院士与他的学生们》。北京：北京医科大学、中国协和医科大学联合出版社，1998 年，第 141-145 页。
[2] 韩济生：实验室管理感想。1998 年 10 月 10 日，未刊稿。资料存于采集工程数据库。

较集中的季节。大到实验思路、图表设计，小到标点符号，每位研究生的毕业论文，他都要仔细修改。由于学术交流活动较多，韩济生常常将学生的论文随身携带，走到哪儿改到哪儿。在不断修改和完善论文的毕业答辩过程中，是韩先生最为"刁难"学生的时候，也是他们科研能力再提高的过程。

年轻人要出去看看

韩济生没有到国外长期留学的经历，只是在1979年去瑞典乌普萨拉大学进行过短期进修。但是这次进修，让他终身受益。后来，他多次去国外开会、演讲，对国际学术交流有了更深的认识和体会。1994年，从日本参加"第四届世界神经科学大会"筹备会议回国后，他总结道：

> 我感到与会委员们对国际神经科学界的最新进展有广泛而深入的了解。他们对世界上一些著名实验室及其领导人的工作了如指掌，对每期 Science、Nature 杂志上的有关论文几乎必读无漏。相比之下，感到自己的知识面比较局限，只对神经药理、神经化学方面有所了解，对阿片肽和阿片镇痛领域比较熟悉，其他方面就了解甚少。过去常听教委领导指出，"中国培养的研究生知识面不够广"，现在体会到，自己作为一名教授，也不能浏览每期 Science、Nature，更没有要求研究生做到这一点。这个弱点今后应该逐步加以克服。实际上，要举办一次神经科学的世界性大会，如果不具备这样广泛的知识，是很难制订出真正先进的科学节目的。
>
> 反过来说，西方科学家对中国国内的工作并不是很了解，这是因为国内的杂志有的还没有进入国际文献检索系统，或进入该系统但让不容易看到全文。因此，我们的工作要产生应有的国际影响，必须多在国际杂志上发表，多在国际会议上报告。例如，我们研究室关于阿

片肽和抗阿片肽的一系列论文在国际上发表后,被第十二届国际药理学大会(1994年7月在加拿大蒙特利尔召开)邀请作大会报告,而这一事实又进一步引起神经科学界的重视,邀请我在第四届国际神经科学大会的两个专题报告会(神经肽、疼痛)上作专题报告,扩大了北医大神经科学研究中心的国际影响。可见国际交流确是推动科研发展的重要环节。中国应更多地了解世界,也要让世界更多地了解中国。

……

国际学术交流像一面镜子,可以照出自己身上的弱点以便改进;国际交流像一个舞台,可以让世界更好地了解中国的现状和发展,以便在平等的基础上共同前进。[①]

正是基于以上思考,尽管人员很紧张,韩济生还是鼓励每位年轻人有机会都要到国外去学习一段时间,并将此作为北大神科所的传统传承了下来。他曾在给已毕业学生的新年信里写道:

我希望继续实行"进进出出"的方案,即每年平均有三个月在国外工作(或两年六个月)。王晓民已按此实行,并将继续下去,(实验室)另外几位也正在寻找合适机会,希望你们也为此提供一些信息。[②]

难得的是,所里派出去的人还都能回来,这颇让韩济生自豪:

万有按时回校,罗非也将于12月13日返回北京。我们所出国的人都能按时回来,使许多科室的领导羡慕,也得到学校的好评,我自己也引以为荣!按照我们原定"进进出出"的设想,今年年底或明年年初王韵将到NIH进修两年,进行充电,相信她也会按时回来,共同建设北大神科所。已经出去过的,今后仍要轮流出国。这意味着我所的教员每年有一半在国外,一半在国内,这是一个很好的机制,但愿

[①] 韩济生人事档案:1994年访日归来谈体会。存于北京大学医学部档案馆。
[②] 韩济生给亲朋好友及学生的新年信件,1995年。资料存于采集工程数据库。

能继续执行下去。①

对于毕业后就职海外的学生,韩济生也常邀请他们回来看看。1997年,神经科学研究中心改名为神经科学研究所,1998年1月正式成立。韩济生在给海外学生们写信时介绍了国家对基础研究的重视并殷切地希望他们回来效力:

> Neuroscice Research Center 改成了 Neuroscice Research Institute,这是为了适应当前的变化。国家目前很重视基础研究,神经科学是其中重点之一。明年要加大对神经科学的支持幅度,我们实验室作为在北京较大的神经科学实验室,应该在这一机遇中发挥更大的作用,因此学校决定对机构进行一些调整。由 NRC 到 NRI 不会有什么实质性的变化,但希望在人力等方面能有比较宽松的环境。特别欢迎在外的人能回来效劳,哪怕是短期。②

韩济生的博士后万有出站后,留在了北医,对导师非常了解:

> 当时我们作为研究所一种政策定了下来,鼓励每位年轻人有两年的时间到国外去学习。其实当时人员是很紧张的,但是韩老师说年轻人要出去看看,开阔视野。他把对年轻人的培养看成是必须要完成的任务。他不是把年轻人作为干活的劳力,而是真正地在培养你。而且他对实验室不同的人,根据实验室的需要,都会亲自帮助把方向,送到国外去学习。韩老师说我跟你们一起带的学生,你们都可以跟我一起做 corresponding author(通讯作者)。和他一起做研究,不仅得到了训练,也有成长的机会。那为什么不跟他一起做呢?这也是韩老师比起那些自己退休了实验室就关门的教授来说最大的区别。年轻人愿意跟他干,这背后实际上是因为看得到自己的前途。③

---

① 韩济生给亲朋好友及学生的新年信件,2000年。资料存于采集工程数据库。
② 韩济生给亲朋好友及学生的新年信件,1997年。存地同上。
③ 万有访谈,2012年11月9日,北京。存地同上。

进进出出的机制，形成了良性循环，在一定程度上促进了学科的发展。同时，韩济生鼓励团队在国际刊物上发表论文。以1998年为例，全北医的论文被SCI引用一百五十次，以韩济生为所长的北京医科大学神经科学研究所就有七十一次，占了47%。[1] 多年来，这个数字都保持在40%左右，可见在学校科研成果中的重要地位。

家书贺卡

每年元旦，韩济生总会给从前在神经科学中心工作学习过的同事、学生寄去一张贺卡捎去鼓励和关怀，聊聊家人情况，讲讲实验室的大事进展、学科建设并征求建议。这张贺卡信类似汇报，但与一般的工作汇报又不一样，这个汇报无需打草稿，非常轻松，更像是一份"家书"。韩济生很享受书写这封特殊家书的时刻：

世纪之末，一岁之初，又该提笔给大家写年度汇报了。这实在是一种享受。不少同事都来信说一到年底就等着看这封信。这是多么温馨的感情啊！我非常珍视这种感情！！[2]

1999年年末，世纪之交的贺卡信中流露出来韩济生自然俏皮的一面：

年终汇报现在开始，写别的东西要打草稿，写这封信不需要草稿，而是自然感情的流泻。也没有什么一定的次序，反正写满一张，溢出为止。余言未尽，留待下一世纪再谈！[3]

---

[1] 韩济生：兴奋与深思。1999年1月4日，未刊稿。资料存于采集工程数据库。
[2] 韩济生给亲朋好友及学生的新年信件，1998年。存地同上。
[3] 韩济生给亲朋好友及学生的新年信件，1999年。存地同上。

在信中，他无话不谈，会在学生面前坦诚透露自己在为写标书而"发怵"，但并未放弃，而是迎接挑战并征求建议：

> 1999年又要写NIH grant了，想起这方面的工作量有些发怵，但连拿十二年，也不愿轻易放弃，再努一把力吧，试一试。如果大家有好的建议非常欢迎。你们的信息和建议对实验室的进步是绝对必要的！①

在研究成果获奖时，也会开心地和大伙儿分享喜悦：

> 秀媛获得国家科技进步一等奖（人工麝香）
> 济生获得国家二等奖（药物成瘾研究）
> 奖牌相似内容不同须眉甘拜下风

图10-5 韩济生夫妇自制的2017年新年贺卡②

---

① 韩济生给亲朋好友及学生的新年信件，1998年。资料存于采集工程数据库。
② 韩济生给亲朋好友及学生的新年信件，2016年。

同时，韩济生也希望能了解到学生这一年来的生活、工作情况。学生们寄来的贺卡，韩济生会精心编排成心形图案，配以花边。新年贺卡成了师生感情交流、信息沟通、资源互补的纽带。赴美的博士后王强谈道：

> 韩老师关爱学生的方式让我的印象最深，就是每年在过圣诞节的前后他都会向所有海外的学生、同事、朋友发一封家书一样的信，介绍组里的进展情况、人员变化，还有家人的生活等。在国外那种寂寞的环境下，读到这种类似家书的东西都会非常感动，我和我太太读到这封信的时候往往都有一种家书的感觉，看到韩老师家庭、神科所的同事照片感到非常亲切，很多东西感同身受，好像一下子回到了神科所那个环境。拿着这个类似家书的信，我们可以读上一个星期。[①]

除了寄贺卡外，韩济生出国时，不顾旅途奔波，总是要想办法去看看学生们。万有谈到：

> 只要韩老师有机会到国外去的时候，总是和学生联系，去看看学生，比如在美国，开完会后从西海岸飞东海岸，从东海岸飞西海岸。我们也都有出差、出国的经历，知道这样做实际上是很辛苦的。其实他开完会后，完全可以回家休息，但是他要去看看学生，看看他们工作学习得怎么样，我觉得这是一种对学生的人文关怀。还有学生毕业出去找工作，做博士后时需要推荐信啊，韩老师都是义无反顾地、实事求是地给他们写推荐信。他不是功利地对待学生，不是谁对我有用，我就管，谁对我没用，我就不管了。不是的，他是对所有的学生都这样。我作为在他身边工作的人，觉得这是出于对人的关爱，这种到了他骨子里的那种人文精神。所以学生在提到他的时候，都是一种敬爱、崇敬的心情。大家这种感觉不是天然的，因为学生毕业了十年二十年，天南地北海内海外的，大家也都很忙，但是韩老师的学生还

---

① 王强访谈，2012年10月25日，北京。资料存于采集工程数据库。

能串起来，能有这么多联系，体现的也是一种人文精神。①

在生活上，韩济生对学生关怀备至，视若己出，这在很多学生的回忆中得到了印证。纪如荣谈到：

> 我记得在北医做博士后的时候，有一年我父亲病重，我家在无锡，我就跟韩老师说我要赶快回去。韩老师说应该马上回去，他二话没说就从钱包里掏出二百块人民币，说你拿上在路上应急，因为银行里的钱不一定马上能取出来。那是在1991年，买张火车票才二十几块钱，二百块钱还是很值钱的。所以这一点我印象非常深刻，韩老师对待大家就像对待子女和家人一样，这个我感受非常深。②

韩济生对于学生与其他教师的尊重，还表现在对他们时间和精力的尊重上。韩济生的助手张嵘说：

> 他舍不得占用我一点点多余的时间为他私人去做事。我对这一点非常感动。他把别人的时间看成和自己的一样宝贵，非常尊重别人的时间和精力。所以让我们可以非常投入地在业务里、工作中去成长，也就成长得更快。③

虽然经常接济或奖励学生，但是韩济生却极力反对学生给自己送礼物。1998年5月25日，又一个毕业季来临的时候，韩济生写道：

> 近年来，学生毕业前往往要给老师送点礼物作为纪念。其情也浓，其意也深，但从整体考虑，此风不可长！
> 穷学生，买什么礼品？

---

① 万有访谈，2012年11月9日，北京。资料存于采集工程数据库。
② 纪如荣访谈，2012年10月25日，北京。存地同上。
③ 张嵘访谈，2012年11月9日，北京。存地同上。

最好的"礼物"是在学位论文扉页上写上几句心里话放上一张照片（留在所内由王韵保存的精装本上也要写字贴照片，使师弟师妹读你文章时认识你）。

最好的礼物是把 NRI（神科所）记在心中，离校后多保持联系，做力所能及的事帮助 NRI！（而不要只是要求写推荐信时才来信，这使人产生某种"伤感"）。

过生日，也不要送礼。这与"求索奉献"的学术气氛不相称。要注射一剂预防针，一律免除！

当然，照片之类的"无价"之宝例外！①

无论是书信，还是照片，都是连接心灵的媒介，背后是韩济生对学生的重视。大到学术方向，细到生活保障，韩济生都尽心给学生以指导和爱护，就像对待子女一样。

为师之范

1993 年时，韩济生卸去了担任了十年的生理教研室主任职务，鉴于他科研任务重及社会活动繁忙，教研室领导建议免去其生理学大班讲课任务。但韩济生不愿完全脱离教学，他由衷地说："我爱教学，得天下英才给予教育，是人生一乐。"对于新步入医学殿堂的医学生来说，能听著名科学家讲课是不可多得的精神食粮。韩济生上课从不照本宣科，而是运用精湛的语言艺术，丰富的肢体动作，充分的眼神交流，牢牢吸引学生的注意力，并总是留出一定时间与学生互动。② 他讲授的生理课和神经生物课，都获得了"国家级精品课程"称号。

在给学生演讲和上课时，韩济生不但教他们做学问，还总是以事例说

---

① 韩济生：关于礼物。1998 年 5 月 25 日，未刊稿。资料存于采集工程数据库。

② 陈克铨、陈婕、刘青等：韩济生——济生之路。见彭裕文、桂永浩编：《正谊明道：上医院士如是说》。上海：复旦大学出版社，2012 年，第 82-96 页。

明为人做事的道理。2003年，韩济生在北京大学医学部研究生开学典礼上，就"做事做人"寄语医学科研的新兵们。一共六条，前四条关于做事，后两条关于做人：

1. 积极主动，自我设计　从大学生到研究生，最大的差别是什么？就是对"主动性"的要求不同。从小学到大学，都有固定的教学计划，固定的课程，老师为你设计好，由你去完成。你的主动性只是把课程学好。研究生则不同，老师只给一个方向，由你自己去做调查研究，进行设计、然后开题、施工，做出成果。这整个过程需要有很大的主动性。如果不认识到这种"战略转移"，对自己进行一番思考和设计，研究生会感到彷徨，导师会感到很"累"。我有过一位研究生，每做完一个实验，就来汇报，问"下一步做什么"？像一个小孩一样，离不开大人。我提过几次，都不见效。我实在忍耐不住了，质问她"你什么时候才能长大？"她哭了。但从此，她突然"长大"了。她从不掩盖这段经历，常给人讲这段"故事"，我也把这段故事送给大家，希望你们快快长大成人。

2. 精巧安排，见缝插针　在做一件事的同时，要想到如果成功了，下一步做什么，为此先做好准备；如果失败了，有什么相应措施，也要做好准备，以便及时解决。这样就有可能把几件事穿插进行，充分运用"运筹学"，通过巧安排，达到高效率。否则，错过大好机会（季节因素，订购动物、药品的时间等），浪费了宝贵光阴。

3. 多查文献，知己知彼　对同一领域的"对手"，要了如指掌。对一些外国学者，不仅要讲出其姓，还要讲出其名。有了这样的习惯，一旦有机会与外宾交谈，会受到对方尊重，认真对待，达到实质性交流。否则，不查透文献就盲目施工，最终发现是无效劳动，浪费了可贵的生命。

4. 不怕困难，百折不挠　可以这样归纳，研究生的训练过程就是不断克服困难的过程。如果导师把一切条件都准备好，你只要一按电钮，结果就从传送带输出，你轻松获得学位，这绝不是你的幸福，而是浪费了你的生命！可以说，研究生的训练重在过程，重在得到锻炼。要学会遇险不惊，从容应对，绝处逢生，走出困境，这才是最大收获。困难可以来自各方面，甚至是飞来横祸，但我们要做到不怨天、不尤人。可以哭，可以几晚不入眠，但泪水只能抚慰受伤的心灵，最终还是要挺起胸膛，承担下来，收拾残局，重整旗鼓，去争取胜利。

5. 互助互利，共同提高　要在做好自己工作的基础上，乐于助人，创造互助互爱的和谐环境。不要闭目塞听，独善其身，最终成为孤家寡人。

6. 难忘岁月，金色年华　研究生阶段过的绝不是载歌载舞的浪漫生活，而是刻苦生涯。"不是地狱，胜似地狱"。但当你苦尽甘来，拿到 SCI 影响因子 2.0 以上的论文 1—2 篇，再来回想这段生活，应该是回味无穷！

我的 56 个博士生，除了 5—6 个在北医工作，成为教授、副教授外，大部分在美国。我到美国开会或演讲，每到一地，总有几个、十几个过去的学生共聚一家开 party，回忆当年在学校时的午餐会、半月汇报，回忆当年挨批或受罪的惨状，以及从中得到的经验教训对他们今天的助益，没有一次不在愉快的笑声中得到感情的升华。今天我把这份升华的感情预支给你们，好让你们在地狱中多一分力量来经受煎熬！[①]

"从我做起，少一些不必要的牢骚，多一些真诚的行动"，做学问和生活中都要如此。一次上课时，韩济生问学生：你去取自行车时，不小心让一排十辆自行车像"多米诺骨牌"似的成片倒下，而你的车子恰好在十辆车的最上层，你的反应是什么？是庆幸自己的车子在上层，推起就走？还是考虑到自己的车首先倒下，才碰倒一大片，因此愿意花时间把十辆车一一扶起？当你走到大楼门口弹簧门前，看到身后有人跟上来，你是踢开

[①] 韩济生：如何做事如何做人——致医学科研新兵.《中华医学科研管理杂志》，2003 年第 16 卷第 4 期，第 4-5 页。

门闪身而过,让门顺势弹回,去碰后来者的鼻子,还是把门推住几秒钟,给后来者以方便和温暖?……对一连串日常"小事"的提问,给在座的年轻学生留下深深的思考。[1]实事求是也是韩济生的人生准则之一。曾有一名学生拿着自己起草的出国推荐信请韩济生审阅,其中把自己学习成绩的名次写为前5%。韩济生认真询问后,批评道:"科学就是要实事求是,你连对自己的评价都没有勇气求实,你将来所从事的科学研究能让人信服吗?"[2]

2008年底,在北大生物学论坛上,韩济生把自己的人生感悟凝结成一篇散文,对台下的年轻学子讲了如下的心里话:

当代大诗人,《诗刊》主编刘延滨写道:"要在我们今天的时代和社会中,找到自己的坐标。"我非常欣赏这句话。我想补充说:"要在扑朔迷离的众生万象中,找到指引前进方向的灯塔,""要在源远流长的中华文化中,认定自己毕生追求的目标。"回想我自己度过的半个多世纪的生活与工作,确实有点"苦行僧"的味道。尽管我并不喜欢"苦行僧",但那是时代在我身上留下的烙印,无法抹去。

纵观我们的时代,确实有许多崇高的伟人值得仰慕:

我崇拜邓小平,他有政治家的伟大胸襟和高度睿智,在国家面临重大抉择时,他举重若轻地解决十亿人民的根本问题。与此同时,他又是一位桥牌高手!我敬佩袁隆平院士,他在田间地头是一位地道的农民,在实验室是一位严谨的探索者,而在业余生活中他竟是一名小提琴演奏者!我敬佩王选院士,他把印刷术从铅与火的磨炼中转化为键盘操作,又培养出一批接班人,功成身退。我敬佩裘法祖院士,作为一位名医他设计了中国器官移植的宏图大略,又像一位慈父,日日夜夜把每一个病人的安危挂在心际。

然而,伟人不是理想中的完人!百分之百的完人历史上没有,今

---

[1] 傅冬红:韩济生:此生惟愿济众生.《北医人(特刊)》,2008年第5期,第7-20页。

[2] 陈克铨,陈婕,刘青,等:韩济生——济生之路.见彭裕文,桂永浩编,《正谊明道:上医院士如是说》.上海:复旦大学出版社,2012年,第82-96页。

天没有，明天也不会有！真正的伟人至少应该是讲诚信的人，有血、有肉、有感情的真人。"真人"不等于"名人"。

　　我曾经四次访问台湾。在台湾，地位最卑微的是那些被蒋介石败退时从大陆裹胁过去的老兵。他们没有金钱，没有地位，没有老婆，没有孩子。可是台南市有一位老兵叫李希文，从他毕生低微的津贴中省下八百万元，作为中学生的奖学金。他去世后人们发现他家中真可谓"家徒四壁"，但这位堪称中华民族忠实儿女的赤子丹心将永照人间！……

　　同学们：我还想告诉大家：世界上最公平的是"时间"。不论是用日出日落来计日，还是用沙漏或精准的晶体来计时，时间，总是迈着坚定的步伐向前行。

　　抓住时间，才能抓住胜利。我特别要对青少年说：抓住每一个"今天"，才不辜负自己的一生。每个人都有幼年的天真，少年的烦恼，青年的理想，壮年的奋斗；直到老年，可以回首笑看一生。我已经到了"白发渔樵江渚上，惯看秋月春风"的火候，但我一边回首审视自己的一生，一边仍不肯歇脚，还想为中国的疼痛医学、为戒毒事业，再助上一臂之力。至于你们，你们正在修炼自己，睁大眼睛，蓄势待发，去创造辉煌的历史。在不同的时代，有不同的问题等待着你们去解决，有不同的使命等待着你们去承担。二十一世纪已经不同于邓小平的时代、袁隆平的时代、王选的时代、裘法祖的时代。但二十一世纪又有自己的挑战！

　　国歌中唱道："中华民族到了最危险的时候"。什么是今天的最大危险？是猛烈的地震？是狂泻的股市？是珠三角工厂的大量倒闭？不是，不是，都不是！中华民族今天最大的危险，是三鹿奶粉中蓄意添加的三聚氰胺，是五十名中国留学生被纽卡索大学集体开除，是我们的民族丢失了诚信的灵魂！

　　亲爱的同学们，不论是大学生，研究生，博士后，进修生，让我们像国歌中唱的那样，起来！起来！！起来！！！我们万众一心，清扫自己的心田，纯洁自己的灵魂。从诚信做起，从我做起，从今天做起！我们一生做出一点点成绩，很难与邓小平那样的丰功伟绩相比拟。毕竟，邓小平是千年一遇的历史巨人。我们不能要求每个人都以名人、伟人、巨人作为自己的目标，但任何一个人只要努力，一定能成为一名具有诚信和尊严之灵魂的真人，一名堂堂正正、自立于世界之林的、大写的中国人！这才不愧对中华民族五千年历史，不愧为"炎黄子孙、龙的传人"！①

对于教师，韩济生认为要以德为先。在北医的一次师德师风建设工作会上，韩济生谈了谈自己对师德和师风的理解：

> 作为教师来说，应该是德才兼备的，但是应该以德为先。因为我们的"产品"是医生，我想强调的是医生是"产品"而不是机器。医生的为人如何，其影响是非常重大的。如果是一个怀有不好的"德"的医生的话，能力再高，也只能是更坏事，所以以德为先是毫无疑问的……
>
> 师风。关于师风，我感觉有两种，一种是以批评为主的老师作风。严师出高徒嘛！不断的挑毛病，挑剔到没有毛病了，完美了，也就毕业了。这属于一种方法，我就是这一类的老师。不太好的，是一种被动的教学方法。还有一种是表扬为主的，因材施教、发掘天赋、引发兴趣、提高他人的信心，这样一种主动的教育方法的师风。严师出高徒的这种思想还牢牢的在我脑子里，但愿我自己能够把这种被动的教育思想逐渐转换为主动地教育的思想。将这种比例从1：9调整到5：5，直到9：1。②

"学为人师，行为世范"，真性情的韩济生赢得了学生广泛的尊敬和爱

---

① 韩济生在北大生物医学论坛上的讲话，2008年11月28日，北京大学医学部。资料存于采集工程数据库。
② 韩济生在医学部师德师风建设工作会上的讲话，2006年11月29日，北京大学医学部。存地同上。

戴。2006 年 12 月，韩济生被授予北京大学首届蔡元培奖，这是北京大学颁发给教师的最高荣誉。

2017 年 7 月 5 日，在北京大学毕业典礼研究生毕业典礼暨学位授予仪式上，韩济生作为导师代表通过视频为毕业生寄语：

> 我叫韩济生。我从上医毕业六十五年了，我到北大系统工作五十五年了。虽然我老了，但是每年夏季毕业典礼上我都穿上正装，带上心爱的红领带，和毕业生照相，因为从北大毕业，是多么神圣的一天啊！明天你们就要走向社会，你们也要为社会服务几十年。到你们退休的时候，你们抱着北大毕业照片，回顾一生，问自己一句话："我们的国家是不是由于我的一生努力而变得更美好了？老百姓是不是因为我的一生而变得更幸福了？"如果回答"是"，那么不论这一生吃了多少苦，受了多少委屈，都是值得的。"北大"两个字也会因你而更加光辉。这就是我送给你们的临别赠言，谢谢。

当带着红领带、西装革履的韩济生在大屏幕中充满激情地问道"我们的国家是不是由于我的一生努力而变得更美好了"时，掌声响彻全场，这是北大学子们的回答。

第十一章
华枝春满

从辗转求学于战火中的少年，到蜚声海内外的知名科学家，韩济生的成长之路曲折而艰辛。但他又是幸运的，一路上有志同道合的妻子风雨同舟，相濡以沫。他也是幸福的，儿女双全，桃李满天下。他自己生活很节俭，对外界却很慷慨，乐善不倦，博济无穷。

乐善不倦

韩济生自己花钱从来都是精打细算，满足基本生活需要即可，但在另一方面，他却"大方"得很。为了提高效率、节省学生们的时间，他自费花钱在美国购买处理资料和作图用的软件；考虑到研究生生活待遇低，他将出国讲学所得的讲课费兑换成人民币，作为津贴，按每人的表现和贡献发给大家。对社会也总是慷慨捐助，除了用家庭积蓄设立"戒毒不复吸奖"外，还设立了各类教育、科研奖金。

书中自有希望路

1994年，韩济生获"光华奖学金"一万元人民币。他和夫人朱秀媛商定，用五千元买纪念品送给支持他工作的实验室和有关部门的学生和同事；另外五千元捐给希望工程，给边远山区学校建立一个图书室，为振兴教育事业，实现"科教兴国"尽一分力。据称，这是北京市以个人名义捐资建立起来的第一个希望图书室。

1995年10月金秋，延庆县某所小学的图书室捐建仪式上，韩济生发表了热情洋溢的讲话：

图11-1 韩济生为京郊一所小学捐建图书室（1995年）

> 我很高兴能为您校建立一个图书室略尽一份绵薄之力。我国是有几千年历史的文明古国，读书一向被尊重、被提倡。但过去读书的动力是'书中自有黄金屋，书中自有颜如玉'。今天，我们应该说'书中自有五彩景，书中自有希望路'。一本好书，可能指出一条希望之路，从而改变一个人的一生，改变一个村镇的面貌，促进一个宏伟计划的诞生……这是我对这个希望图书室的幻想，但愿梦想成真！①

小学生代表表示，不会辜负韩爷爷的殷切希望，决心用好图书，刻苦学习，立志成才。

---

① 傅冬红：韩济生：此生惟愿济众生。《北医人（特刊）》，2008年第5期，第7-20页。

心系老区

韩济生于 2003 年上井冈山时的感言：

> 星火可燎原，神五敢冲天。
> 世上无难事，贵在有信念。

革命老区人民在艰苦卓绝的斗争中体现出的勇于拼搏的奋斗精神，深深感染了他。同时，他又为老区落后的医疗卫生现状忧心忡忡，希望自己在有生之年可以为老区人民做点什么。恰好地处老区的赣南医学院正处于发展的关键时期，希望能得到韩济生的指导。赣南医学院是江西省唯一独立设置的普通高等本科医学院，其建设与发展对促进当地及周边地区的医疗卫生事业具有举足轻重的作用。

尽管他教学科研任务繁重，为了老区高等医学教育事业的发展，韩济生还是接受了江西省人民政府的聘书，兼任赣州医学院名誉院长（2003—2007），从而开始了他与赣南老区的不解情缘，每年都亲临授课，指导科研。[1]

在座谈和调研的基础上，韩济生结合学校实际，为学校未来发展出策。"脚踏实地，苦练内功；审时度势，进退有序；办出特色，打造精品；持之以恒，必有所成"，这是他为赣南医学院指出的办学方向。思路决定出路，遵照韩济生的建议，该校形成了"以就业为导向、以质量求生存、以服务求效益、以特色求发展"的工作思路，确立了"建设新校区，适度扩大办学规模；迎接教学评估，着力提高办学水平；申报硕士学位授予权单位，积极提升办学层次"的"三步走"近期发展战略。先后承办了全国针灸文献与针灸临床学术研讨会、赣粤闽浙地区现代神经科学研讨会等学术会议，国际学术交流也得以加强。短短几年间，从 2002 年的单一性本科

---

[1] 黄林邦：大爱无言。见：编写组：《韩济生院士》。北京：北京大学医学出版社，2008年，第160-162页。

院校，发展成为拥有本专科教育、研究生教育、留学生教育、成人与职业教育协调发展的具有一定影响力的高等学府，赢得了更广阔的办学空间。

　　按照教育部的整体部署，赣南医学院于 2007 年 12 月 23 至 28 日接受教育部本科教学工作水平评估。评估时，已近八旬的韩济生风尘仆仆赶赴赣医，戴上赣医校徽，与全体赣医人一起并肩接受评估。他说"赣南医学院接受评估，我一定要参加，因为我也是评估对象……我只是做了我力所能及的事"。在为期七天的评估中，韩济生全程参与，亲临实验室，观摩教学；与学生座谈，共话成长；出席晚会，勉励先进；举办讲座，开启新知；视察新校区、附属医院，并奋笔疾书写下"最新科技、为我所用"，激励广大师生员工。韩济生还捐资在学校设立了"韩济生院士教育教学奖"，每年表彰奖励优秀师生，并在评估期间举办了首届颁奖典礼。①

求索奉献奖

　　1995 年 10 月 19 日，"何梁何利奖"颁奖大会在北京钓鱼台国宾馆举行。韩济生荣获生命科学科技进步奖十万港币，他将其中的五万用来感谢同事和职能部门，剩下的五万在基础医学院设立了"求索奉献"基金，用于奖励辛勤工作在第一线、却鲜少能申请到额外经济补贴的年轻教员和技术员。从 1996 年开始，每年韩济生都会在校庆日向三至五名优秀中青年技术员发奖，他表示"鹅毛虽轻情义重"，希望通过这一举措，对安心工作、默默奉献的教职工表示

图 11-2　韩济生夫妇为求索奉献奖继续注资（2012 年）

---

① 黄林邦：大爱无言。见：编写组：《韩济生院士》。北京：北京大学医学出版社，2008 年，第 160-162 页。

敬意。

韩济生的秘书吕春华是首届获奖教师之一：

> 青年教师也挺辛苦的，出国机会也不多，韩老师拿出五万块钱来奖励这些在本职岗位上默默奉献的青年技术员和青年教师。当时是说用五万块钱的利息，每年奖励五到六个教师，我记得1996年底是第一届，我也荣获了。我们当年是六个人，每人一千块钱。但是后来利息少了，到2010年1月，韩老师又和朱老师商量，从他们自己的积蓄里头又拿出五万块钱来补充到这个奖金里头。
>
> 韩老师当初获奖的十万块钱，五万捐了求索奉献奖励基金，另外五万块钱还是按照惯例，感谢一起工作的同事们，同时还感谢学校有关的职能部门。我记得是买了几个水晶花瓶，送给韩老师的老同事，好像是范老师、汪老师、唐老师，还有三院的一位老师。剩下的钱呢，买了台灯送给生理和神科所的所有老师。韩老师还特地跟我说，要送给卫生员，这个卫生员负责洗涤用品这些事情。每次我们有什么活动，韩老师都不会忘记卫生员。剩下的钱就买蛋糕，问老师和工作人员麻烦过哪些部门，都要感谢。韩老师亲自设计的蛋糕，上面写着"感谢"两个字，我们就根据各个科室人数多少，人多的做大的，小的做小的。我和石玉顺老师送了好几天，比如基础医学院的各个科室、部门，学校研究生院、财务，包括后勤的铁工组、电工组啦，或者是学校做幻灯的地方，还有供应科、动物部，包括北医的邮局我们都送到了。北医邮局当时人少，就两三个人，我们送他们一个小的，当时他们也都特别感动。一个是因为他们感

图11-3　北京济生疼痛医学基金会成立（2011年）

动于韩老师的为人，特别知道感恩，再一个他们就觉得自己的工作得到了认可，也比较欣慰。①

乐善不倦，博济无穷。2011年3月，韩济生将所获北京大学"国华杰出学者奖"五十万元人民币奖金作为种子，成立北京济生疼痛医学基金会，帮助受疼痛折磨而又无钱医治的患者。2012年10月，又将所获"吴阶平医学奖"的二十万奖金悉数注入求索奉献奖，使得奖励能继续下去。

相濡以沫

1951年3月，韩济生在上医学习时，认识了在药学院就读的朱秀媛同学，定下恋爱关系。两人有很多共同的习惯和兴趣，家庭背景也相似，都来自基督教家庭，父亲都是向传教士学医后的开业医生，都有好几个兄弟姐妹。回忆起当时恋爱的情景，韩济生说：

> 那时候经济很差，从来都没有在一起看过一场电影，最多到上医后边的泰康公司去买点碎饼干吃吃。另外一个呢，中山医院门口有一个店吃阳春面，最简单的阳春面一起吃一碗，非常简单、简朴的。②

自从在上医相识后，从南到北，两人一路相伴。韩济生忆道：

> 我们认识了半年多，1952年暑假后，我就离开上海到大连医学院去参加生理高级师资进修班了，1953年又分配到更北边的哈尔滨

---

① 吕春华访谈，2012年11月9日，北京。资料存于采集工程数据库。
② 韩济生访谈，2012年11月9日，北京。存地同上。

图 11-4 韩济生、朱秀媛在哈尔滨结婚（1955 年）

工作。1954 年，她从上海医学院毕业后，被分配到哈尔滨医科大学药理系。①

1955 年 4 月 9 日，韩济生与朱秀媛在哈尔滨结婚了，他们分到了一间不到 10 平方米的朝南房间，举行了简朴的婚礼。家中唯一的"奢侈品"就是一个分期付款买的收音机。对于这样拮据的条件，韩济生夫妇并没有抱怨，日子过得节俭却温馨。韩济生写道：

> 我和秀媛都经历过抗日战争的苦日子，所以对生活上任何点滴改善，总是抱着满意的心情。回想 1960 年困难时期过去后，我们家里竟然还有储存的黄豆（已被虫子咬过）尚未享用，当时思想上准备着可能有更困难的日子到来。最有意思的是在困难时期，我们在窗下种了一小块白薯地。为了增加日照促进光合作用，我们让白薯藤向晒衣架攀缘而上，那叶子长得绿油油的，又大又厚，满心想它们制造的养料，必定大量输送到根部，长出又大又胖的白薯。哪知道到了"丰收"季节，挖地一看，只见细根没有块根，两个孩子准备的箩筐都没有用上，连呼上当。但却并不后悔，那年我们把白薯叶也都作为美味食品（菜包子），一一打扫干净。有过这样的经历，至今我们仍然一颗米粒也舍不得丢弃，显得特别"抠门儿"。②

在北京天坛公园附近半地下的房子里，他们还接待了外宾。朱秀媛回忆：

---

① 韩济生：点滴回忆。见：王晓民主编：《芳菲时节：韩济生院士与他的学生们》。北京：北京医科大学、中国协和医科大学联合出版社，1998 年，第 1—22 页。

② 同①。

搬到北医以前，我家住在天坛药检所宿舍，房子一半埋在地下，条件很差，但药检所的同志对我们非常热情。特别是地震时，同住在一个抗震棚内，建立了深厚的感情。1979年，济生第一次走出国门，先到美国，后到瑞典，交了一些外国科学家朋友。不久美国国立精神卫生研究院药理教授考斯塔（E. Costa）、瑞典卡罗林斯卡学院生理系主任、诺贝尔奖评审委员会医学组组长奥托森（D. Ottoson）先后访问中国，都愿意到我们家里来

图11-5　白薯叶在困难时期成为韩济生家的美味

看看。这也是合情合理的，因为我们在美国和瑞典时也经常被邀请到他们家作客。为了减少外宾对我家这半地下室环境的注意，我们一般请他们晚上来作客。墙上用白纸盖一下，灯光下照出的相片倒也蛮不错！我们的来访名单中还包括国际上知名度很高的斯坦福大学的药理学教授哥德斯坦，他对人要求严、爱批评，但对济生特别亲切。我们去美国途经旧金山，若不去他家，他会不高兴。他退休时，把实验室的所有仪器药品装了两大集装箱运到北医，送给济生的实验室，以表示对济生科研工作的支持。我们深深体会到外宾所尊重的是你的工作和为人，而不是你是否有豪华的房子和优厚的生活条件。[①]

俩人在生活上同甘共苦，在学术上则互教互学。谈到夫人朱秀媛，韩济生既自豪又抱歉：

[①] 朱秀媛：片言只语话济生。见：王晓民主编：《芳菲时节：韩济生院士与他的学生们》。北京：北京医科大学、中国协和医科大学联合出版社，1998年，第59-62页。

那时在哈尔滨医大,我教生理,她教药理。我遇到化学方面的问题(什么共价键、电子云啊……)就去问她。她遇到解剖上的问题(什么视上核、背根神经节啊……)就问我,成了学业上的互助组。用今天的时髦话,是优势互补。最有意思的是六七十年代,我用神经药理学方法研究针刺镇痛原理时,很多朋友对我说:"你怎么懂神经药理?准是你夫人教的!"我笑着点点头。其实,那时她正在钻研药物代谢动力学的各种公式,我还帮她做一些演算呢!不过,无论如何,我的化学不如她,她的解剖学不如我,这个事实使得我们一辈子都可以互相学习,也许比两人完全是同一专业更为有利。

人忙碌一辈子,到头来回眸一望,总想看看究竟做出了什么成绩?我和秀媛都从上海医学院毕业,一个专业是生理,专攻神经生理,最后集中到针灸止痛原理;一个专业是药理,专攻药物代谢,最后集中到天然麝香的药理。再进一步,我和同事们根据电针作用原理设计制造了"韩氏穴位神经刺激仪"(HANS),可用于止痛和戒毒;她和她的同事们根据天然麝香的成分和药理,研制出人工麝香,可以代替天然麝香,保护了濒危动物(麝鹿),满足了麝香处方的需要。1997年,她和她的同事们获得了中医药科技进步一等奖(她为第一作者),开始有了产品和经济效益。我的"韩氏仪"用于戒毒的专利虽也获得了部委科技进步一等奖,并开始了工业化生产,但是产业化的道路刚刚开始。且不说我做饭不如她,从事科研的实际效益也不如她。相比之下,不得不承认:"谁说女子不如儿男?"[①]

她在家庭上付出的比我多得多。你要是说"半边天",她就是"大半天",比我贡献大。[②]我是住在北医的,一个礼拜才回去两次,家里的孩子的事情,那么多的事情,都是她照顾。如果没有她的支持的话,我哪会取得这些成绩。从前,我的儿子松平比较顽皮,男孩

[①] 韩济生:点滴回忆。见:王晓民主编:《芳菲时节:韩济生院士与他的学生们》。北京:北京医科大学中国协和医科大学联合出版社,1998年,第1—22页。

[②] 韩济生"杏林大家谈"讲座——"唯愿此生济苍生",2013年6月18日,北京大学医学部。资料存于采集工程数据库。

嘛，有时跟人打架把头打破了，赶紧看病打破伤风针去吧。这些都需要很多很多精力，我必须要承认家里事情主要是秀媛来承担的。①

韩济生始终认为自己所取得的成绩离不开妻子秀媛的支持。1999 年，凝结了韩济生三十余年心血的《针刺镇痛原理》出版，他将此作为献给妻子的千禧年礼物：

图 11-6　韩济生将新出版的《针刺镇痛原理》作为献给妻子的千禧年礼物（2000 年）

亲爱的秀媛：

关于针刺镇痛的原理研究，始于 1965 年，迄今已经历 35 年之久，几乎为此付出了毕生精力。这本小册子记录了这 30 余年科研的历程，几乎每一点新的发现都与您同享，很多挫折也与您同当。愿这本小书和这张 1999/2000 年贺卡作为我们毕生的纪念和见证。

让我们在新千年、新龙年来临之际，共享丰收的喜悦，继续开创美好的明天！

济生
2000 年 2 月 1 日②

---

① 韩济生访谈，2012 年 11 月 9 日，北京。资料存于采集工程数据库。
② 韩济生家庭的 2000 年新年贺卡，北京。存地同上。

图 11-7　韩济生夫妇在 CCTV-10《科学之春》现场合唱《雪绒花》（2002 年）

韩济生乐善好施，总是捐出自己的各类奖金，还会动用家里的积蓄。对于丈夫的这些想法，朱秀媛从来没有怨言，总是配合支持。如设立"韩氏戒毒不复吸奖"时，要拿出十万，这些钱都是俩人多年来几十几百一点点攒起来。但是，朱秀媛对丈夫说："你只要说了，我就支持你"。所以，韩济生由衷地说，"单是这一点，我觉得一般人是做不到的。这个我觉得很幸福，很幸运。"[①]

2015 年，韩济生、朱秀媛伉俪迎来了钻石婚，子女回国庆祝，韩济生欣然作诗一首"回眸连理六十载，今朝喜庆钻石婚。儿孙万里来祝贺，携手共进又一春。"相濡以沫，韩济生夫妇已携手走过了风雨六十余年。

图 11-8　韩济生、朱秀媛喜庆钻石婚的圣诞贺卡（2015 年）

① 韩济生访谈，2012 年 11 月 9 日，北京。资料存于采集工程数据库。

言传身教

韩济生夫妇育有一儿一女。儿子出生于1956年6月10日，因为是在松花江畔，取名"松平"，希望儿子"一生在和平环境，平等待人"。1958年12月10日，女儿韩一虹出生在北京。儿女都选择了与父母同样的事业之路，从北医毕业后，从事医学生物学研究。虽然韩济生很少有时间陪孩子们，但他以行动给儿女树立了榜样。儿子韩松平说：

记得小时候，我们忙了一个礼拜后，星期天要去城里或城外找一个地方休闲。为了最大限度地利用时间，我们天还没亮就起来，家里四个人，分工各干各的事情。比如我管洗衣服，全家所有人的衣服、床单都放在一个大盆里，换三遍水。用每次换的水把地擦干净，晾好了以后，冷风一吹啊，冻得硬邦邦的。别人都还没起呢，我们一家人已经全部干完活，骑着自行车到天坛公园、北海公园、颐和园去郊游了。所以我们等于很高兴地白白地捡了一早上的时间，这是我们家的一个信念。我们有一个约定俗成的办法，在很冷的日子里，大家都不愿意起床的时候，一声令下，比赛看谁最快。一起穿衣服蹬裤子，就忘了冷了。在父亲的培养下，我们一家人都有早起的习惯，到现在为止也是，早早地就起床，没有睡懒觉的习惯，睡不着。所以我们自己说，光这一条就不知道在一年里争取了多少时间。[1]

我父亲常常提到，在老家浙江萧山，每个人都很勤奋，杂货店里的伙计盯着屋顶上的椽子就能把一大堆货物的价格算得一清二楚。高中毕业时我回了趟老家，虽然没能看到能够娴熟心算的杂货店伙计，但是看到当地人被日头晒得黝黑的皮肤和一年种三季稻的辛劳，从那里，我找到了父亲顽强拼搏作风的来源。[2]

---

[1] 韩松平访谈，2012年9月27日，北京。资料存于采集工程数据库。
[2] 韩济生：一位"远航者"的追求。《经济日报》，2009年2月22日。

此生惟愿济众生　韩济生传

图 11-9　韩济生全家福（1963 年）

女儿韩一虹出生时，正好赶上大炼钢铁，好几天后父亲才见到自己。平时父亲忙于工作，父女俩在一起的时间很有限，但是父亲在她人格形成过程中扮演了重要的角色。韩一虹回忆道：

> 我上的托儿所是全托，一托就是从礼拜一直到礼拜六，所以我只有礼拜天一天能跟他们在一起。但是即便是在一起，他们也是把家里事情做完了就开始看书了。等到上小学中学这段时间，应该跟爸爸在一起了吧，他为了节省时间多做工作，又决定住在学校了，每个星期三晚上和星期六晚上回来，然后星期天一起过。总的来讲，我能跟他在一起说话的时间是非常简短的。等到上大学的时候，我想我上北医吧，这样能跟他多在一起，结果他去瑞典进修了。后来我在临床实习去了，阴差阳错的总是不能跟他有很多的时间。即便是在一起的时候他也经常是伏案工作，看他那么集中，那么辛勤，我也不愿意去打搅他。但是我的成长过程，性格发展，人格发展，爸爸在里面起了很大的作用。他虽然说话不多，但是总在关键时刻给我一些点拨，而且讲话的时候，挑一些非常有意义的话题来讲，总是讲的言简意赅，所以我从他身上受到了很多影响。他教孩子言传不多，更多是靠身教，要是把言传和身教量化对比一下的话，后者是占绝大多数，主要是看他怎么待人接物，怎么对待生活，怎么对待工作，我们都从他身上学到很多东西。[①]

韩一虹记得自己只挨过父亲一次打，但是得到的教诲却牢记于心：

---

① 韩一虹访谈，2012 年 10 月 25 日，北京。资料存于采集工程数据库。

我平生只挨过父亲一次打。那时我刚刚开始记事，家里有一幅猪八戒面具，那长长的鼻子和眯眯的小眼睛看上去既可笑又可怕。一天我戴上面具朝着院子里一个比我小的男孩走去，嘴里还发出怪声。那个男孩叫"小不点儿"（现在已经是中国人民解放军的一名中校），他一时被吓得哭叫起来。父亲听到声音把我叫回家责怪我不该欺负人。

图 11-10 松平（6岁）、一虹（4岁）兄妹庆丰收（1962年9月。哥哥妹妹说"看谁抱得多"）①

当时尽管挨了骂，我的心却还沉浸在成功的快感之中。没过多久，我又溜出家门用面具吓唬起"小不点儿"来。当我再被叫回家时，父亲叫我伸出手来，重重地在我手心上打了两下，并说："这第一下是因为你欺负弱小者；第二下是因为你明知故犯"。我至今仍记得当时手上的痛，同时也永远记住了要爱护比自己弱小的人，决不可以欺负人。

如同大多数出生于新中国成立前的长辈一样，父亲也是个很注意节约的人。他常常教导我们粮食来之不易，"粒粒皆辛苦"啊！千万不可以浪费粮食。我上小学时，父亲平时住在学校宿舍，周末才回家。母亲也常常学习、工作到很晚才回家。为了使我们有饭吃，母亲总是周末做两个"长远菜"，隔一天从食堂带回几个馒头来，余下的事就由我和哥哥自己安排。一个星期六的傍晚，父亲回到家发现了一个放坏的馒头，上面生了霉。我和哥哥见到父亲沉下来的脸，都呆若木鸡，等着挨骂。谁知等了许久，父亲并没有说话，而是默默地坐在我们边上，把发霉处挖掉，吃起那个发酸的馒头来。时间像凝固了一

---

① 文字为韩济生当年在照片背面所注。

第十一章 华枝春满　239

样，父亲始终没说话，但他每咬一口馊馒头，我的心里比挨了打骂还难受，从此再也不轻易浪费粮食了。①

另外，父亲遇到困难不抱怨而是想方设法去解决的作风也对孩子很有影响。韩松平说：

人们很少听到他抱怨或对自己所受的待遇发牢骚。因为他认为，牢骚满腹，于事无补。重要的是如何在给定的环境下做更多的事，出更多的成绩。他也常给领导提意见，但往往伴有建议性的解决问题的方案。例如新建的24号宿舍楼下停放的自行车乱成一团，他画好建围墙和建自行车棚的草图，包括在哪一段围墙上应该开一个花窗，避免车子出门误撞行人，俨然拿出搞科研的架势来提意见，令我折服。他的建议书和草图交给校领导后，很快得到了采纳。这种少发牢骚多做实事的作风，也许有助于他在剧烈变动的环境中，目不转睛地向着既定目标迈进。②

女儿韩一虹也说：

图11-11 韩济生与女儿谈学习（1978年2月）

他是很光明的一个人，平时为人处世非常真诚，一般来讲不抱怨。多数人遇到困难会去抱怨，他的脑子里第一个想法就是我能做些什么，我能贡献一些什么，这一点他对我有很大的影响。在我小的时候，我的代

---

① 韩一虹：也打也骂言传身教。见：王晓民主编：《芳菲时节：韩济生院士与他的学生们》。北京：北京医科大学、中国协和医科大学联合出版社，1998年，第66-67页。

② 韩松平：聚焦与剖析。见：王晓民主编：《芳菲时节：韩济生院士与他的学生们》。北京：北京医科大学、中国协和医科大学联合出版社，1998年，第63-65页。

数出现了困难,不懂,我就开始抱怨老师教得不好。他马上就把我制止了,说咱们不要去讲老师怎么样,你就告诉我有什么困难,我们来克服这个困难解决它,然后他就开始帮我讲代数。这让我得到一个印象,如果有困难有问题,不要先想别人做的怎么不好造成这个,而是先想到我能做些什么去克服它。①

我们小时候,父亲常教我们热心公共事务,尊重别人的劳动。那时我们住在有十几户人家的大杂院里。周末父亲总是一大早起来带着我们扫院子。外面下雪时,我们也冒着严寒去扫雪。不仅扫出主干路,还扫出通向每家门口的小路。院子里来了磨剪子磨刀的师傅,父母也总是派我们去给师傅送上一杯水。正是这些看上去无足挂齿的日常举动,影响并决定了我们日后的为人和习惯。现在自己有了孩子才体会到为人父母之不易,从而更加感激父母对我们的爱和悉心培养,也更加珍重他们为我们做出的榜样。②

谈到儿女,韩济生感到既愧疚又幸福:

我们很幸运,育有一子一女,可以有一个比较完全的人生体验。回想起来,如果要比较养儿子和养女儿所耗费精力之比,我看不是一两倍,而是一两个数量级,这大概是我儿时淘气的基因到了下一代得到了发扬光大。儿子和她妈妈经常争议的一个主题是:放学以后应该先玩后做功课,还是先做功课后玩。这个争议到儿子上了高中才告

图 11-12　韩济生鼓励一岁的外孙学步（1995 年）

---

①　韩一虹访谈,2012 年 10 月 25 日,北京。资料存于采集工程数据库。
②　韩一虹:也打也骂言传身教。见:王晓民主编,《芳菲时节:韩济生院士与他的学生们》。北京:北京医科大学中国协和医科大学联合出版社,1998 年,第 66-67 页。

结束。等孩子从农村劳动回来，在北京一个中学教书，妈妈在家里为他开辟了一个角落，使他一回家就有一个读书的氛围。松平也算努力，在1977年第一次大学公开招生时，就考入了北京医科大学基础医学系，圆了一个大学梦。女儿比她哥哥晚上一年学，没有赶上下乡，因此，1978年中学毕业后，就顺利地考入北京医科大学医疗系。

松平和一虹从北京医科大学毕业后，都在国内工作了二年，然后分别到美国圣路易大学和弗吉尼亚大学做博士生，选的都是药理学。弄到最后，一家四口有三个搞药理，只有一个研究生理，我倒成了少数派，心里很不平衡。一"气"之下，自己也投到药理学门下做吗啡研究去了。

回顾我的家庭生活，我感到自己是一个不称职的丈夫和爸爸。因为想要节省时间多干活，我长年住在北医集体宿舍，只有周末才回天坛的家，把家务和管教孩子的任务都放在秀媛肩上。多少次孩子大病都是在爸爸出差的情况下挺过来了。……想到爱人和孩子给予我工作

图 11-13 韩济生全家在北医百年庆典合影（2012年10月。左起：儿媳陈晓黎、朱秀媛、韩济生、韩一虹、韩松平）

的理解和支持，我内心充满了感谢、温暖和幸福！①

更让韩济生高兴的是，儿子松平于2012年回国，协助他开展针刺转化医学研究，使得这份事业可以继续发展下去。

事 事 关 心

针砭时弊、美化环境，不管是大事、还是小事，韩济生总是希望能通过自己的努力让世界变得更美好。下面是几则韩济生有感而发的随笔。

夭折的果实（2011年8月21日）

每天晨曦中，一个老人漫游在校园。4月初，玉兰亭亭玉立；桃花笑面迎人。5月初，月季迎春，争奇斗艳；牡丹迟来，雍容华贵。6月中，科研大楼北面的石榴树，花蕾含苞欲放。不经意间：六角花心，千枝万绕。每一丝花蕊都预示着一颗晶莹剔透的石榴豆豆即将问世。7月中，绿色的石榴越长越圆，像怀孕的少妇天天生长。生命啊，奇妙而美丽！但是，美丽幼小的生命是脆弱的，需要精心呵护。

8月初的一天，晨曦中，解剖楼北面草坪上，三四位青年，一两个少年，在忙乎着干活。我立即想到，现在有了个体包活，激发起劳动积极性，早早就来除杂草了，真了不起！走进一看：长棍短棒，拼命打击着树枝，一个个绿色果子纷纷落地。是什么果子？不认得。也不由得我好好研究，立即被捡起扔进麻袋。那情景，犹如抢险救火！啊，这是在偷摘未成熟的花果！事后知道，这是未成熟的核桃！

我立即想到，我那可爱的石榴果，命运如何？还好，他们安然无

---

① 韩济生：点滴回忆。见：王晓民主编：《芳菲时节：韩济生院士与他的学生们》。北京：北京医科大学、中国协和医科大学联合出版社，1998年，第1—22页。

恙。但是谁能保证：今天核桃的命运，就会降临到明天的石榴？

不出所料：等我出差回来，核桃的命运终于落在石榴身上！我心头隐隐作痛，深深悔恨！为什么任凭他们肆无忌惮地偷盗和掠夺！为什么不及时制止或立即报告保安部门？

从他们的穿着，不是清贫之辈。从他们的行动，不是痴呆所为。这些夭折的花果，并不能使他们果腹。幼嫩苦涩的果肉，决不会给他们幸福。他们缺乏的，不是金钱。他们急需的，只是良知！闻知城乡接合部许多小学即将拆迁，成群孩子即将失学。高楼拔地起，世风江河下。初生之子，何分善恶。家教师教，培育良知！GDP诚然可贵，GDP难代文化！

待到河清之日：

桃花与玉兰共舞，月季伴牡丹斗艳。

石榴共核桃蒂落，正义与信任同在。

此情此景非幻境，人间正道是沧桑！

图11-14　校园里的石榴（韩济生摄）

谈谈过度医疗[①]（2013年10月13日）

大多数社会现象呈枣核型分布，两头小，中间大。医师为患者设定治疗方案的合理性也是如此，多数合适，少数是过度医疗或医疗不足。本文拟通过几个个例，谈谈过度医疗问题。

用B超为成人检查甲状腺，在北京地区70%以上机会可查出有一个或几个良性囊肿。大部分医生认为可以听其自然，保持每年体检，继续观察；如有恶化趋向，及时手术，这是医道常规。但有一些医院，每发现一个囊肿就建议患者："最好开刀切除，以免后患"。患者感谢医生的关心，个个听从医嘱。有一位医生竟然创出一天开十三个甲状腺手术的记录，医院和医生收入增加，达到"双赢"。实际上是过度医疗，损害了患者利益和国家财政资源。

一位年轻医生毕业后被分配到一家三甲医院。接诊了一个肝癌晚期的老人。癌细胞已经全身转移，没有治疗价值了。从老人的穿着来看，家境并不太好。出于好心，医生把老人的女儿叫到办公室，建议她放弃化疗放疗，采取保守疗法、症状疗法。老人的女儿放声大哭，伤心地把老人带走了。一个星期之后，病人把自己的房产卖了三十万再次求治，这次老人被另一位医生收住院了！老人在病房里述说前一位医生缺乏"医德"，自己没有本事治他的病，让他回家等死！再听听月底科务会上科主任的总结发言："不需要我多解释了吧？你们用便宜疗法给病人治病，那是你们的自由，不过，你不能把自己当成菩萨下凡，让大家陪你喝西北风"。年轻医生感到两头不讨好，深感纠结。有一个相反的例子，七十多岁年老体弱的癌症病人前来就医，医生明知在这种情况下化疗、放疗的副作用是致命的，还是建议化疗和放疗。老人勉强挺过四个月疗程，免疫力急剧下降，肺癌也随之扩散，出现了脑转移。又给老人做了伽马

[①] 韩济生：在过度医疗背后。《光明日报》，2013年10月13日。

刀手术，……如此折腾了一年多，花费几十万，老人终于在痛苦中死去！

听听另一个例子：有一位老人，跌了一跤，感到腿疼，到医院就医。骨科医生仔细检查，确认骨骼完好无损。开了一点止痛药，劝其放心回家休养。患者不满，坚决要求"照片子"，甚至告到院长办公室。这家医院是全国著名医学院的附属医院，院长了解了病情：患者只是肌肉拉伤，没伤到骨头。这位院长感到既无奈，又欣慰。无奈的是，医生要是顺着患者的要求，拍个片子，医院能参加收入，患者也没意见，按说"两全其美，何乐不为"？感到欣慰的是医师宁可"得罪"患者，也不挣昧良心的钱。结论是："医院挣钱要体面有度"！

还有一个例子：一位中年人，因打球时运动过猛，拉断了右脚的跟腱，顿时不能走路。这时人人都会想到：应该赶紧做手术，把跟腱接起来。但医生说，最近医学刊物上有一篇重要综述文章表明，做手术接上跟腱，与不做手术单纯加以固定，三个月后跟腱都会长好，效果没有差别，问患者"你愿意用哪种办法"？患者选了后者，三个月后跟腱果然完全长好，恢复功能。另一位朋友同样情况，选了手术治疗，效果完全相同。如果是自费，经济负担就会大不相同。

从以上几个个例似乎表明，在利益驱动下，过度医疗是当今医务界一个常见的陋习。人们对中秋节月饼过度包装感到不齿，也对医院的过度医疗感到无奈。其实，用最新的医学成就为患者提供"简、便、廉、验"的服务是每位医师的神圣职责，也是当前国家医改的急需。要做到这一点，宣传教育是重要，但制订制度更重要。医生的良知在心底闪闪发光，需要制度来引导，来鼓励，来发扬！

以甲状腺手术为例。手术不大，但一上全身麻醉，麻醉药费用都在两千元以上。最新的研究表明，用颈神经节阻滞，加上针刺麻醉（只要在穴位皮肤上贴上四个像记录心电图所用的电极片即可进行），整个麻醉费用应该不超过二百元，即可达到同样效果，如有特殊情况另当别论。如果将后一麻醉方法作为制订甲状腺手术单项收费的标准，可能就不会吸引一位医师一天做十三个甲状腺手术的兴趣。

患者的非理性要求与医院追求高 GDP 指标的愿望相结合，是造成过度医疗的原动力。对病人进行科普宣传和对医务人员进行"医院挣钱要体面有度"的教育，及时引进最先进的医疗技术，加上合理的单项收费标准，可能是解决过度医疗的诸多方案之一。

关于垃圾桶的故事

校园里，宿舍区，有许多垃圾桶。每处一排三个，分类收集不同垃圾：蓝色：可回收物；绿色：厨余垃圾；黑色：其他垃圾。本文不牵涉垃圾分类处理问题，因此将各色垃圾桶视为均一体。

每天清晨，当我晨练路过垃圾桶，看到桶内空空，桶外垃圾狼藉一片时，第一个反应是"愤青"一番："都是大学教师或技术人员，为何如此不守规矩？"当你看到垃圾旁边，小轿车鳞次栉比，深感物质文明的进步难以取代精神文明之沦丧。除此以外也就只能听之任之了。

但是，禁不起天天早晨路过垃圾桶，天天敲打自己灵魂。不由得联想到我给自己规定的座右铭："求索，奉献"，深感羞愧：为什么没有求问探索一下这个现象为什么会出现？你能为此奉献一点什么？

我首先假设，这是一个羊群效应（"随大流"思想）在作怪。"既然大家都随地乱扔，我为什么还要费时费事走近垃圾桶去？"

其次是为了自己节省时间。不少人一边骑着车，一边把垃圾袋远远抛去。他不是乔丹，得不了三分球，自然容易落在地上。

我联想到一次在南京秦淮河边散步，看到铺得整整齐齐的人行道上，没有一口痰迹。惊讶之余问当地人，回答说：大概人们看到铺设的道路太精致了，不忍心吐痰。随着物质文明进步，精神文明也会悄然跟进吧。看来形成一个文化，正能量和负能量的差别只在一念之间。

我还联想到化学课中讲到，在一个过饱和溶液中丢进一颗小小的晶体，会引发大面积晶体析出。那么我能否起到这个小小晶体的作用？从此我每天路过垃圾桶，都把垃圾捡起，全部投入桶内，然后躲在一个角落观看。确实起到一定作用，人们开始按常规行动，不舍得第一个将垃圾投在地上。但只要有人破坏了这个规则，效尤之风立即占据优势。

其次，我在考虑：在物业管理上是否还有改进余地？例如：（1）把垃圾桶放得离马路近一点，便于用户投放。当我将此建议提供给环卫工人，他们欣然接受。（2）有一处放置垃圾桶的位置被一辆小汽车无理由占用，硬把垃圾桶挤到小树后面，形势骤然恶化。我把车号照了相，及时反映，问题得到解决。（3）我还把地上垃圾全部捡起堆在桶内，仍然堆不下的实际场面拍成照片，建议相关部门增加垃圾桶，得到迅速回应（由每处三个加为五六个）。（4）还发现，有的桶盖没有打开，竟然整天无人想到去打开使用，可能以为该桶已经放满。这些细节谁来关怀？

垃圾桶文化是现代文明的一个组成部分。据说，在德国和日本，垃圾分类处理已经深入人心，人们自觉遵守，十分认真。我们还处于"请将垃圾丢入桶内、请勿抛在桶外"的阶段。但垃圾事小，公德事大，不能不管。如何管法？按照中国常规，后勤部门可能要设立一个垃圾管理处，委任处长、副处长，专人负责加以解决。但如果人人都从大处着眼，小处入手，把净化环境作为己任，那也不难使面貌改观。我把处理垃圾作为晨练的一个部分。回到家，在清洗双手的同时，更清洗自己的灵魂。

窥一斑而知全豹。在我们可爱的"家园"内，所有垃圾桶前一片净土之日，当是北医领先全国高校之时！

丢失的钱包（2011年8月25日）

上午秀媛一出门，丢了一个随身带的书包。下午忙着赶办有关手续，尽量减少损失。傍晚，她自言自语地说：倒也没有人来电话说捡到一个包？！

晚上11点，电话铃清脆响起，要我们现在去指定地点取回丢失的书包。真是又惊又喜！但黑黑的天，她不敢去。我说我去吧。路灯下等着我的是一个十五六岁的姑娘，说她奶奶捡到的。我满心感谢。拿出一百元塞到姑娘手里，"请你带给奶奶，表示一点感谢的心意"。姑娘不要，我坚持："这又不是给你的，是丢包的奶奶送给你奶奶的。一定得要啊！"故事到此圆满结束。

不由得想起，去年一天傍晚，我在路边捡到一个钱包。从其中找到一张名片，就打电话请他来取。过了三天，才等到门铃响起，有人端来满满一篮水果，说是来拿钱包，表示一点感谢。再三推辞，也没用，收下吧。但临走，还对他提出一点要求，请他在一张纸片上写上一句话："当面清点，没有缺失物品"。他笑眯眯地签了字。我说：真对不起。我这样做是为了避免发生不应当发生的不愉快。他说他理解。

我认为，这都是和谐社会中可以理解的一点小小浪花。

碰巧，在当天电视中看到一则新闻。一个老太太违规爬过道路中线的铁栏杆，刚一落地，遇到一辆疾驰而来的小轿车，一个急刹车，停下了。老太太受惊倒下，车主出车赶忙扶起。"老太太没事吧？"没有想到的是：老太太认为有事！说你把我吓着了，要赔偿我。官司打到法院。法官竟然判车主赔偿十万元！车主太冤了：我正常开车，遇险反应正常，举止得体，何来赔偿？法官没有想想，这样的判例会造成何等样后果？（1）可以违规翻越栏杆，不受谴责，反受保护。（2）遇见有人倒下，千万不要出车，走人了事。请问：法理何在？这是给人民什么样的教育？

无独有偶，8月中《参考消息》一则新闻：拾金不昧遇到新问题。一位十六岁姑娘雨中捡到一张五元人民币，随手交给路过的警察叔叔。两位警察一商议，竟然以"无法处理"为由，退还给女孩。女孩不知所措。"我在马路边，捡到一分钱，把它交到警察叔叔手里边"，这个民谣错了吗？

我们的社会正在发生改变。中华民族的优良品质应该还是主流，与人为善但也要保护自己的行为准则正在培育。但可怕的是：有规不尊无法无天的行为受不到谴责，冷酷无情的人际关系正在被迫悄悄兴起！

新闻单位、法制部门不能再无动于衷，应该凭着最起码的良知出来说话。我们要把中国民风引向何处？要知道，一个不守法、丧失了同情心的民族，即使再富有，也是不会受到世界的尊重的！

作为一位院士，韩济生本可以养尊处优，两耳不闻窗外事。可他偏是"风声雨声读书声声声入耳，家事国事天下事事事关心"，体会民间疾苦、世间百态，不仅付诸笔端，有时还分析调查，付诸行动。

没有业余的爱好

韩济生是一个兴趣广泛、多才多艺的人。他对国际政治、历史、旅游都有浓厚的兴趣，书法自成一体，爱唱歌，爱打网球，冬爱滑冰，夏好游泳，还擅长缝纫、电子技术活。韩济生还喜欢摄影，受此影响，儿女也都喜欢摄影。家里的照相机可以追溯到二十世纪六十年代初，女儿一虹回忆说："爸爸喜欢自己冲洗照片，我和哥哥就帮他用被子挡窗户，自建暗房，兴奋得一晚上都睡不着。"[1]

然而，为了专心搞科研，韩济生几乎放弃了所有业余爱好。以致于当被人问起自己的业余爱好时，韩济生只能回答，自己有爱好，但是没有业余。从清早睁开眼到深夜睁不开眼为止，都是韩济生的业务时间。他只能从密不透风的安排中挤出时间，在枯燥的研究之外不断找寻生活的可爱之处。老伴朱秀媛用"三心二意与双核电脑"来描述韩济生：

---

[1] 张晶晶：欲济苍生应未晚。《中国科学报》（人物周刊），2012年12月8日。

在汉语中，三心二意是贬义词，因为"一心不能两用"嘛。但最近电脑行业中却在宣传"双核电脑"。济生的大脑好像类似于后者，习惯于一脑两用，还说是"不用白不用，用了免浪费"。他一边做报告，一边用手指在讲台边上划来划去。问他做什么，他说在练字，说什么就写什么，已经成为习惯。等电梯时看见人多，扭头就上楼梯。问他为什么，说是与其等着浪费时间，不如借爬楼梯锻炼身体。有四年，我们每年暑假到波士顿与哈佛大学合作科研三个月，住处离实验室有一段距离。他每天早晨背上书包带上电脑走路上班，一路思考实验中的问题。有时一到实验室就打电话回来，说是想出一个巧妙的实验方案，自得其乐。如果没有实验问题，他会用步距测量从家走到实验室的距离。按平均每步（左右腿）一米五计算，走三十分钟，两千步，行程三千米，也会向我报告一个成绩。总之不让自己脑子闲着。我说，老天爷看你勤奋，也许让老年痴呆晚点到来。有的朋友常向我忠告："你们家老韩骑车太快，让他慢着点"。我告诫他，他说"我的车速是有时段性的。路两边都没人就骑快点，当作锻炼身体。中国人把自行车当交通工具，外国人把它当运动器材。我来一个中西结合，效率更高"。还加一句"Why not？"所以我们女儿说"爸爸总是要搂草打兔子，一举两得心里才痛快。"[①]

儿子韩松平心疼父亲：

可以说，他为了更好地追求最喜爱的东西，放弃了许多其他喜爱的东西。我真心地希望，当有一天工作重担逐渐减轻时，他还能有时间、有权利再享受一下人生。[②]

---

① 朱秀媛：济生：探索和开发。见：编写组：《韩济生院士》。北京：北京大学医学出版社，2008 年，第 165-167 页。
② 韩松平：聚焦与剖析。见：王晓民主编，《芳菲时节：韩济生院士与他的学生们》。北京：北京医科大学中国协和医科大学联合出版社，1998 年，第 63-65 页。

其实，韩济生何尝不想能有真正的"业余"去实现自己的爱好：

> 反思一下，我觉得自己活像一个蚂蚁，一只蜜蜂，整天忙忙碌碌，不懂得工作与休息游玩的辩证关系。我常常开玩笑说："出国就是我的休息"！那么我的爱好究竟是什么？更实际地说，当我能放下工作时，想做什么？首先想到的是带着夫人到没有去过的地方，不论是国内还是国外，去看看名山大川，人类的宝贵遗产；盼望着每天能打半小时网球，或者游半小时泳；还盼望着买一大摞宣纸，天天有一段时间练习写字；盼望着写一本书，写下自己一生研究针刺镇痛和针刺戒毒的一些体会，连同几百张彩色幻灯片，推向全国、推向世界，让更多的人了解针灸，应用针灸；盼望着我室和北京航空航天大学刘亦鸣老师共同研制的"韩氏穴位神经刺激仪（HANS）"，能被全世界更多的人应用，为民除痛，造福人类。[①]

韩济生原计划在2003年就开始"退隐"，可是接连不断的任务让这个计划一拖再拖，成了奢望：

> 有一本权威性的有关药物成瘾的教科书 Subsance Abuse: A Comprehensive Textbook（Williams and Wilkins），主编 Joyce Lowinson 约我写"Acupuncture"（"针灸"）一章。原来是由六个美国人写的，第四版改由我来写，这个任务也不轻，但我要努力完成。另外，INRC 2002年在圣地亚哥开会时，又把我选入 Executive Committee（我未参会）。据说是由于2006年将在北京开 IUPHAR 大会，INRC 可能作为 Satelite Meeting 在北京开。果如此，又是一个任务。我原来计划从2003年开始逐渐淡出，从科学界消失，现在看来还要干上几年。我心里很希望在晚年能有一点休息，享受人生乐趣。当然科研和教学

[①] 韩济生：点滴回忆。见：王晓民主编：《芳菲时节：韩济生院士与他的学生们》。北京：北京医科大学、中国协和医科大学联合出版社，1998年，第1—22页。

也是乐趣，但属于劳神的乐趣，天下是否有不劳神的乐趣？！①

而今，已到鲐背之年的韩济生还在忙碌工作着，依然还没有业余时间去实现自己的爱好。

2012年10月，是北医百年庆典的日子。韩济生在北医已经工作了整整半个世纪，他的学生们自发地在校园举行了一场特殊的纪念会。

图11-15　韩济生在"北医百年，有我五十"庆典上（2012年10月25日）

10月25日，"北医百年，有我五十——祝贺北京大学医学部成立一百周年、庆祝韩济生院士从教六十周年贡献北医五十年"活动在北医校园举行。海内外同仁两百余人前来庆祝，济济一堂。全国人大常委会副委员长、北京大学医学部主任韩启德院士题词"华枝春满，天心月圆"，时任卫生部部长陈竺院士题词"献身医学教育一甲子桃李满天下，弘扬针刺原理研究半世纪惠泽全球众生"。韩启德在致辞中解释道：

我给韩先生写的这幅字，语出李叔同。"华枝春满"是指韩先生一生取得的成就以及他的学生桃李满天下；"天心月圆"，我觉得他已经到了这个境界，这是一个人能达到的最高境界。在事业、家庭上都十分圆满。就像我们看着天上的月亮一样，散发皎洁、明亮的光辉。②

这也许是对韩济生一生最恰当的评价。

---

① 韩济生给亲朋好友及学生的新年信件，2002年。资料存于采集工程数据库。
② 韩启德."北医百年，有我五十"致辞，2012年10月25日，北京大学医学部。存地同上。

第十一章　华枝春满

结 语

通往成功的道路上总是布满了荆棘与坎坷，韩济生的成长之路也并非一帆风顺。回顾韩济生的学术生涯，我们可以发现他身上有以下特点。

惜时如金，勤奋刻苦

韩济生惜时如金，总说自己要"笨鸟先飞"。八十五岁时，他在讲座中对学生们说：

> 我睡觉只有四五个小时，所以我一天比较多工作一些，人家到六十岁退休，我现在八十五岁，我就多做了二十五年。我平常睡觉又少，工作得多，再加上二十五年，差不多大半辈子了，所以我这一辈子相当于三四个人的一辈子了。虽然太苦了一点，但是我还以苦为乐。①

在一次采访中被问及人生规律时，韩济生回答：

> 说实在，人生的规律很难总结。你说，今天在这儿，明天不知道

---

① 韩济生"杏林大家谈"讲座——"唯愿此生济苍生"，2013年6月18日，北京大学医学部。资料存于采集工程数据库。

会发生什么，人生有许多偶然性的事情。从我住的地方来说，我是出生于萧山，以后逃难到兰溪、龙游、衢州。抗战胜利了，又回到萧山，上杭州高中，毕业之后，考取上海的医学院，毕业后又分配到大连、哈尔滨工作，又从哈尔滨回到北京等等等等，真是太曲折了。根本不知道明天要发生什么，总之是服从组织分配。所以说你让我总结规律，没有规律可循。只能说，"变化"就是规律。但是我觉得有一点是有规律的，不管时代或者机会给你放到哪里，你都要勤奋、努力、刻苦的工作，这一点是可以自己掌握的。[1]

"业精于勤荒于嬉"。儿子韩松平说：

他珍惜时间的习惯是有目共睹的。他从不在星期日早上睡懒觉，也绝不会在夏天的晚上出去乘凉。为了争分夺秒，他常常是一步迈两级台阶跑着上楼梯。与此相反，他却舍得在科研总结、画图、制表上花大量的时间，反复推敲，力求准确、清楚地表达实验结果。正是这种特殊的画图癖好，使他设计出很多别具一格，使人看后耳目一新、印象深刻的图表。也正是在制图过程反复推敲中，许多感性认识升华为理性思考。例如，在总结人体针灸镇痛的时-效曲线时，经过直线化处理后，他发现在不同穴位针刺引起的镇痛作用具有非常相近的半衰期和动态变化规律，从而推论针刺镇痛作用可能是由体内释放某种（些）化学物质引起，由此建立了针刺镇痛的神经化学假设，并得到尔后大量实验的证实。[2]

惜时如金甚至内化到了韩济生的每一个生活细节中。上楼梯时，他常常两级并作一步。乘电梯时，要先按关，再摁楼层；出电梯，要拿好钥匙，做好开门的准备。有时连续工作太困，就在书房地毯上倒地而睡。为

---

[1] 郭桐兴：中国科学院韩济生院士漫谈济生之路。腾讯科技网站，2009-03-24。
[2] 韩松平：聚焦与剖析。见：王晓民主编：《芳菲时节：韩济生院士与他的学生们》。北京：北京医科大学、中国协和医科大学联合出版社，1998年，第63-65页。

了能尽快醒来，倒背双手当枕头，当双手发麻、感到不适时，自然就会醒来，再接着工作。因为没时间锻炼，他买了一个廉价的蹬车机，每天晚上一边锻炼一边看新闻。接受访谈时，还在腿上用手指练字。惜时如金、勤奋刻苦，已成为韩济生一辈子的习惯。

思维敏锐，严谨执着

如果想要成为出色的科学家，光有勤奋是不够的，韩济生还有一个优点，就是思维敏锐，有很强的学术敏感性，就像他自己所说"我的脑袋是开放的"。这一点，夫人朱秀媛深有体会，她非常形象地称韩济生为"新事物感受器"：

> 2006年，有一次他评审一篇稿件，说一位皮肤科医生从一种痛性皮肤病开始研究，竟然发现这是一种钠离子通道功能过盛所引起的疾病。他回来特别兴奋地跟我说，他说："哎呀，你看，太伟大了！他怎么能发现这个呀？那将来的时候如果我们筛选一下有没有抑制钠离子通道的药物，不就是最佳的不成瘾止痛药了吗？"接着他看了好多相关文献，把这个兴奋灶写了一篇科普的文章"借问酒家何处有，牧童遥指杏花村"。意思是踏破铁鞋无觅处的理想止痛药，可能就在"不远的"将来，希望能够找到一个抑制钠离子通道的止疼药，又没有像吗啡一样很大的副作用、成瘾性等。
>
> 有一次他到美国去，听他原来的研究生说，现在又有一种新的脑啡肽类似物，叫做"孤啡肽"。他听了以后，回国就赶紧做孤啡肽与针刺镇痛相关的实验，很短的时期里，一下就发表了几篇文章。这几篇文章在国际上大量的被人引用。[①]

也正是这种学术敏感性，使韩济生能从常人熟视无睹的量血压现象中，做出自己第一项科研；从人家写在签到簿上的一个新词（神经科学），

[①] 朱秀媛访谈，2012年9月27日，北京。资料存于采集工程数据库。

引发出成立一个学会的想法,并最终实现……

在学术道路上,要抓住灵感,坚持不懈。韩济生曾有过一段很精彩的总结:

> 科学的发展和社会的前进,不断给我们带来新的机遇,像流光溢彩,目不暇接,我们只有抓住那些一闪而过的光点,择其要者,投入自己的努力,坚持不懈,穷追不舍,一个一个加以解决,才能做出一点踏实的工作,不断为一个总的目标添砖加瓦,为科学事业做出一点贡献。[①]

人尽其才,物尽其用

韩济生的"物尽其用",或者说"抠门"是有名的。学生打印材料时如有浪费现象,毕业时如用经费多领了几个软盘,他都会严厉批评;他总是将一面用过的打印纸反面再用;每天收到的信件,大信封要收集起来作为资料袋再次利用;他自己打孔装订材料,用废弃的纸袋、包装盒做封面;他还致信北医校长,建议校内交流的信件,信封用铅笔写,这样用橡皮擦后可以再次使用。他要求实验室要"人走灯灭",后来到了国外,看到实验室整夜不关灯很不习惯。人家说"如果有人在黑暗中摔一跤,是要负法律责任的",他就与人争辩:"开一盏灯就可以照亮,防止摔跤,为什么要开十盏灯?"在国内外的旅馆里,也都是如此要求自己。老伴朱秀媛称他"活像一个绿党(环保组织)成员"![②] 韩济生不是吝啬,而是希望能最大限度地发挥每个物件的作用。

在用人方面,韩济生带领团队时,会结合各自的专业背景,尽量发挥他们的长处,做到"人尽其才"。他深知国际学习的重要性,总是为团队及国内同行争取和创造各种学习交流的机会。有长期出国交流机会时,总

[①] 韩济生:点滴回忆。见:王晓民主编:《芳菲时节:韩济生院士与他的学生们》。北京:北京医科大学、中国协和医科大学联合出版社,1998年,第1-22页。

[②] 朱秀媛:济生:探索和开发。见:编写组:《韩济生院士》。北京:北京大学医学出版社,2008年,第165-167页。

是选送年轻人。这可能会影响自己的成长，但他考虑的是怎样才能对科研全局更为有利，希望最大化地发挥这种机会的效用。

爱生之极，进而爱群

在钱财上，韩济生自己很节俭，但对科研需要的资料、设备却毫不吝啬。出国时，他自己省吃俭用，用省下的外汇给集体购买资料、器材。学生费宏回忆：

> （二十世纪）八十年代初，刚改革开放时，他有很多机会出国，那时候出国就发点吃饭的经费，他每次都节省下来，代买实验用的物质。那个时候在国内实验条件挺差的，试剂要不就是不好，要不就买不到，还得花外汇。那个时候外汇很难换到，所以他就把这点钱都节省下来，买了器材回来。我记得特清楚，有一年他带回来了十磅活性炭，不知道他怎么带的，我就想幸亏盖子没崩开，要不飞机上大家都是黑的。还有一年他居然带回一个演讲投影的屏幕，这么老长，居然就拿回来了。他真的能牺牲自己的利益为国家做贡献。[①]

韩济生乐善好施，总是慷慨捐献各种奖金，但不是为了捐助而捐助，他关注的是那些容易被忽视的群体，尽可能地让钱发挥更大的价值。捐助希望小学；给普通技术员设立求索奉献奖；给吸毒人员设立戒毒不复吸奖；成立北京济生疼痛医学基金会，韩济生脑科学发展基金，等等。1997年，他还填写了捐献骨髓和身后捐献角膜的志愿书。

韩济生不是书呆子，他发自内心地热爱生活，热爱世界上美好的事物，希望通过自己的努力使世界变得更加美好。在学术上，为了能让自己的研究真正"普济众生"，他研制韩氏仪，关注疼痛病人、吸毒人员、不孕不育家庭和孤独症儿童。虽然在"险恶"的市场中多次被骗，但是从未放弃。

[①] 费宏访谈，2012年10月25日，北京。资料存于采集工程数据库。

女儿韩一虹这样理解父亲的内心：

> 他是一个内心充满爱、充满激情、充满阳光的人。我觉得如果一个人是为了急功近利的话，不会一生五六十年都在努力工作。不停地开拓，他一定是心里面有对工作的爱，对科学的爱和想去帮助病人的那种激情，才能不懈地努力。还有一个是对祖国的爱，家仇国恨是最初激发他发奋图强的主要原因。
>
> 不管做什么，他总是尽心尽力的尽他的所能，来尽量为社会做贡献，争取对别人能够有用，有好处。所以从他的消费和为社会创造的不管是精神财富还是知识财富来对比，他的消费是非常低的，付出是非常多的。[①]

芸芸众生，孰不爱生？爱生之极，进而爱群。这也许就是韩济生"乐善不倦，博济无穷"的本质所在。

探索无止境

时间证明，韩济生当初选择神经化学进路来研究针麻原理是明智的。他利用了当时的最新知识，尤其是痛觉的调制系统的认识，说明了针刺镇痛的神经通路和神经系统各层次之间各种神经递质和神经肽的相互关系。改革开放后，大部分原先研究针麻的中国学者的研究兴趣转移了，而以韩济生等学者为代表的神经化学机制研究队伍则坚持了下来，而且一直很活跃。1993年11月23日，韩济生当选为中国科学院学部委员。[②] 基本上，因研究针刺镇痛机理而当选学部委员（院士）的仅有韩济生一人。

最初劝说韩济生从事针麻研究的彭瑞骢回忆道：

> 韩济生算是最早开始研究（针刺麻醉）这个课题的，从1965年就开始了。他的研究思路比较好，从化学物质的作用来思考，以前都

[①] 韩一虹访谈，2012年10月25日，北京。资料存于采集工程数据库。
[②] 同年12月29日正式发布。

认为是电生理。他的研究设计很巧妙，比如说他发现针刺以后，痛阈的改变需要一段时间差，因此他分析肯定是个化学反应，要是物理电刺激的话，应该马上就会反应。后来他就用了各种办法，慢慢地一步一步提出了内啡肽。针刺可以刺激体内内啡肽的产生，而内啡肽又参与镇痛作用。这样针刺麻醉的机理至少阐明了部分，是不是全部还不敢说，很多还是远远说不清楚的。生理教研室研究针刺以前就有点基础。他们教研室的崔宏研究过针刺的电生理，主要从电生理的角度研究针刺镇痛，还专门到上海的脑生理研究所的张香桐那儿学电生理。而韩济生认为是化学作用，后来做得比较好。这项研究在"文化大革命"中基本没有中断，因为是周总理交代我们要研究机理的。我记得"文化大革命"的时候，他们出了很多关于疼痛原理的书，像痛阈、神经介质这方面。这样也就把西医的神经科学研究得比较深入了一点，以前这方面不是很清楚。所以说原来西医基础不行的话，搞中西医结合也是不行的。中西医结合讲起来非常简单，但是要真正去实践是非常复杂的，要有好多好多条件。[1]

爱思唯尔（Elsevier）每年会根据旗下的Scopus数据库[2]对中国高被引学者进行排名，其发布的中国高被引学者（Most Cited Chinese Researchers）榜单成为评价中国学者学术影响力的重要指标。在"神经科学"领域，韩济生在榜单上总是名列前茅。

在Scopus数据库中，韩济生的h指数（high citations）[3]为51，意味着有51篇论文分别被引用了至少51次。其中2012年被引次数最高，为665次。这可能与韩济生在当年的国际标准组织（ISO）有关中医药器材技术委员会（TC249）大会上，代表中国争取到"电针仪"国际标准的制定权

---

[1] 彭瑞骢口述，孟譞、张大庆访问整理：《彭瑞骢访谈录》。长沙：湖南教育出版社，2010年，第270页。

[2] Scopus是由全球著名出版商爱思唯尔研发的数据库，涵盖了广泛的同行评审科研文献的摘要和引文。

[3] Scopus在对1996年之前一直上溯到1970年的被引用参考文献数据进行更新。h指数可能会随着时间的推移而增大。

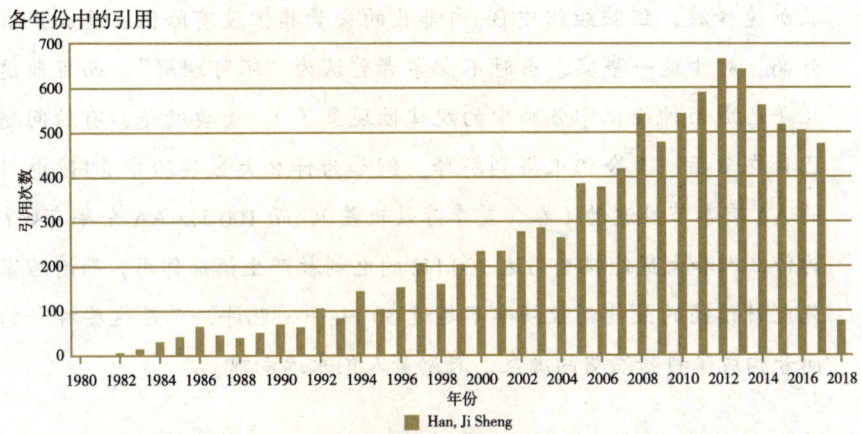

各年份中的引用

注释：Scopus 正在对1996年之前一直上溯到1970年的引用参考文献数据进行更新。1996年之前的引用次数可能会逐渐增加。

图结-1 韩济生的论文被引趋势（来源：Scopus 数据库，2018年3月21日）

有关。

韩济生曾以"揭不尽的谜底"对自己的科研生涯进行过总结：

> 科研思路像一条无尽的长河，无穷的长链。在众多的问题中，能弄个水落石出的只是少数；要将科研成果直接应用于实际，行之有效，则难度更大。我们感到高兴的是，这些年的工作得到了国内同行的鼓励（获1987年国家自然科学三等奖，1999年获国家自然科学二等奖）和国际学术界的肯定；应用我们发现的原理设计制造的电针仪（"七五"攻关获奖产品）和经皮肤穴位刺激仪（"HANS"）在国内、外临床应用中都得到了好评。回顾25年来走过的道路，我由衷地感谢曾参加本项研究的一百余位同志（58名进修教师，12名硕士，16名博士，两名博士后，40余名同事）和目前正在工作的30余名同事和学生，为探索针刺镇痛这一中西医结合课题所付出的艰苦劳动，以及国内外朋友给予这一科学集体的大力支持和热情帮助。我也确实感到这些年来所走过的每一步都是在崎岖小道上的攀登：有些问题是在困惑了多年后豁然开朗的（如关于去甲肾上腺素在脑内对抗针刺镇痛、在脊髓加强针刺镇痛的认识）；有些问题是随着神经科学知识的发展而得到解决的（例如1981年和1983年我们曾报告电针使脑内 β-内啡

肽加速释放，但脑组织中β-内啡肽的含量非但没有降低，反而显著升高。对于这一事实，当时不少学者曾认为"不可理解"，而目前这几乎已成为神经化学领域中的规律性现象了）。重要的是，有的问题已存在多年，至今仍未得到解释。例如为什么大鼠实验中 2 Hz 电针的 AA 有季节性波动（春、夏季疗效较差），而 100 Hz AA 全年有效？为什么人和大鼠能接受高达 100 Hz 的电刺激产生镇痛作用，而清醒家兔电针镇痛的最佳刺激频率不超过 30 Hz……也许，正是这些神秘的问号构成了科研思路的源泉，激励着人们永远向前。①

探索没有止境，从事了一辈子的针灸研究，对经络的看法是绕不过去的问题。2003 年访美时，曾有人鼓励他，"既然你不认为有独立的经络存在，为什么不写一篇文章从科学上来否定它呢？"韩济生答道，"否定一个东西不容易！即使有一百个理由，也不能从根本上排除将来不至于出现一个阳性证据的可能性"。② 尽管已经取得了这么多成果，但是韩济生继续在探索中前行，有几分事实说几分话，而不轻易去维护或否认某个理论。

---

① 韩济生：1/4 世纪的求索。见：编写组：《韩济生院士》。北京：北京大学医学出版社，2008 年，第 13—16 页。
② 韩济生：美国之行日记。2003 年 9 月，未刊稿。资料存于采集工程数据库。

附录一　韩济生年表

1928 年
7 月 17 日，出生于浙江省萧山县城厢镇东张家弄一号。父亲韩松林，母亲单氏。家中排行第七。

1934 年
7 月，开始在萧山仓桥小学上学。

1937 年
抗日战争全面爆发，萧山遭受空袭。

1938 年
7 月，读完初小（四年级）。

秋，日机轰炸萧山，随亲戚向浙西"逃难"，入学兰溪县游埠镇中心小学。

1940 年
母亲在逃难中得了胆囊急症，身故。

夏，小学毕业。

秋，考入金华中学，上了一年半初中。

1941 年

日军侵略浙西，年末辍学回萧山一年。

1942 年

5 月至 8 月间，日军发动浙赣战役，金华沦陷，金华中学停办。

年末，从萧山回到兰溪。

1943 年

2 月，金华中学在缙云县壶镇复校。

到缙云，继续在金华中学上初中。

1944 年

7 月，初中毕业。

秋天，到衢州中学上了一年半高中。

1945 年

8 月，抗日战争胜利，年末回到萧山。

1946 年

春，插班进入浙江省杭州高级中学文科班继续上了一年半高中。

1947 年

秋，高中毕业。

9 月，报考国立上海医学院，上海交通大学纺织系，浙江大学化工系，均被录取。选择入学上海医学院医学系（学号 36005），编入第二十三班第一年级。入学成绩位居前四，获奖学金。

1949 年

5月27日，上海解放。被解放军战士不扰市民、露宿街头的举动所感动，对共产主义事业产生好感。

1950 年

1月至4月，作为血吸虫病防治队队员，赴江苏省嘉定（1958年划归上海市）南翔59师175团1营防治血吸虫。

1951 年

3月，认识药学院同学朱秀媛，定下恋爱关系。

8月1日至次年1月，在上海中山医院实习内外科。

1952 年

2月至3月，到血吸虫病流行严重的江苏省青浦县任屯村防治血吸虫，任防治小组长。

3月至4月，思想改造运动。

4月，在西门妇孺医院实习妇产科。

5月，在中山医院眼科实习。

6月，回到学校结束校内课程。

7月至8月20日，在中山医院继续实习，希望毕业后能留在外科。

8月底，被分配到大连医学院"生理高级师资班"进修学习。动身去大连，先坐火车到沈阳，转车到大连医学院报到，任见习助教。

冬，学校组织师生突击俄文。

1953 年

2月，大学毕业发文凭。上海医学院学制原本应是六年（1947—1953年），这一届缩短为五年半，其中包括上海中山医院临床实习八个月（原本为一年），大连医学院"生理学高级师资进修班"学习一年。

7月，生理进修班学习结束。

7月11日，在大连医学院进修时，由林茂樟（团小组长）介绍加入新民主主义青年团，三个月后由哈尔滨医科大学团组织批准按期转正。

8月12日，完成毕业论文"巴甫洛夫学说与辨证唯物论"。

9月，被分配到哈尔滨医科大学生理系任助教，朱秀媛任药理科助教。

1954 年

父亲去世。

暑期，自找课题做科研，到松花江边的休养所做血压测量，提高测量精确度。

在教学实验中提高记纹鼓记录方法做实验记录的便捷性。

被评为哈医大"好工作者"，在校庆时受表扬。

1955 年

4月9日，与朱秀媛结婚，分到了不到十平方米的朝南房间。分期付款买了一台收音机。

1956 年

6月10日，儿子韩松平出生。

7月，接到人事处调往北京的通知，任中央卫生部直属卫生干部进修学院生理学助教。到北京，了解该校。

8月，携妻儿赴京，到进修学院报到，开始筹建实验室，从事生理教学。妻子朱秀媛进入医学科学院药理系工作。

1958 年

12月10日，女儿韩一虹出生。

1960 年

年底，卫生干部进修学院宣告停办，工作人员解散，重新分配。共在该学院工作了五年，任助教三年，讲师二年。

1961 年

9 月，调往北京中医学院，任生理教研组生理讲师。

每学期有一轮给药学系学生教生理课，包括讲课和实习，接连两轮。工作紧张，经常住在办公室。与生理教研组主任刘国隆结成互助组，业余时间教他英文，刘国隆则教其电子学和电工学。

1962 年

9 月，调往北京医学院，任生理教研室讲师，师从王志均从事消化生理学研究。

承担生理教学任务，并辅助王志均带研究生袁斌和汤健。

为了解决颅脑定位注射技术，参考协和医院的脑立体定位仪，自制家兔脑立体定位仪。

1965 年

9 月，北医党委副书记彭瑞骢谈话，请其从事针刺麻醉原理研究。次日，去通县观看胸科专家辛育龄用针麻做肺叶切除术。

接受卫生部任务，离开消化生理研究，从事针刺麻醉研究，在基础部书记许鹿希领导下做实际工作。

从各科室调来技术员，探讨针刺对人体痛觉的影响。

1966 年

2 月，在上海召开的第一次全国针麻学术大会上，代表北医针麻组报告针刺人体某些穴位对皮肤痛阈的影响。

5 月，"文化大革命"开始，研究工作停止。

1967 年

下乡到通县马驹桥公社，指导学生、赤脚医生治疗流行性脑炎。

1971 年

7月18日，新华社首次正式发布"中国医务工作者和科学工作者创造成功针刺麻醉"的消息。

1972 年

2月，尼克松访华，随行官员及美国媒体参观北医三院针麻手术。
5月，生理教研室主任范少光建议重新开始针麻原理研究。
决定从神经化学入手，研究针刺麻醉的物质基础。
撰写《中枢神经介质概论》。

1974 年

8月26日—9月15日，全国针麻研究工作会议在上海召开。代表北医研究组报告"针刺对脑内神经介质的影响"，是国际国内首次提出针刺镇痛的物质基础证据，证明有单胺类神经介质参与。

1977 年

主编的《中枢神经介质概论》由科学出版社出版。

1978 年

2月，北京医学院等十一所院校恢复招收研究生。开始招收研究生，招收李思嘉、宣雨霆两名硕士生。
北京医学院针麻原理研究组在全国科学大会被评为先进集体。

1979 年

2月，由讲师（十七年）直接晋升为正教授（生理学）。
3月18日，提交入党申请书。
6月1—5日，卫生部在北京召开全国针灸、针麻学术研讨会。做大会报告，说明脑内吗啡样物质在针刺镇痛中的重要作用。
7月，首次出国访问，在美国华盛顿特区国立精神卫生研究院（NIMH）

作学术讲演。赴波士顿参加"国际麻醉药研究学会"（International Narcotic Research Conference，INRC）年会，并作大会报告说明针刺能使中枢神经系统释放镇痛物质。这是第一次有中国大陆学者到 INRC 做大会学术报告。

10 月，获世界卫生组织奖学金，去瑞典乌普萨拉大学药理系进修六个月。自费延长一个月，到斯德哥尔摩卡罗林斯卡大学生理系见习两周。

"中枢抗阿片物质研究"获卫生部科技进步甲级奖。

1980 年

5 月，进修完毕回国，共计在瑞典七个半月。

"中枢神经介质在针刺镇痛中的作用"获北京市科技进步奖一等奖。

《中枢神经介质概论》第二版由科学出版社出版。

北京医学院基础部针麻研究组获卫生部颁发的科研二等奖，北京市医学科研二等奖。

1981 年

3 月 1 日，被聘任为卫生部医学科学委员会委员、生理学专题委员会委员及针灸针麻专题委员会委员。

国务院学位委员会公布了首批博士和硕士学位授予单位和导师的名单，成为首批博士生导师之一。

9 月，李思嘉由硕士生转为博士生。

担任国际麻醉研究学会年会主席团成员，在日本京都主持国际麻醉学术会议。

赴意大利、德国、瑞典、奥地利作学术演讲。

1982 年

2 月，谢翠微和谢国玺转为博士生。

8 月 26—28 日，作为 WHO 临时顾问赴新西兰参加"针灸的科学基础"讲习会，报告"针刺止痛的神经化学基础"。

9 月 5 日，在香港大学学生会"中国传统医学的科学基础"报告会演讲，介绍针刺止痛原理。

9月7—8日，参加第四届香港神经科学会年会，担任年会主席之一，并作报告"强啡肽与针刺镇痛"。省钱在港购买科研用小型便携式电子计算机一台。

12月10日，再次提交入党申请书。

任美国《国际神经科学杂志》编委。

受国际《药理学与毒理学年鉴》特邀，发表《针刺镇痛的神经化学原理》综述论文。

在美国纽约大学、芝加哥医学院、华盛顿大学、斯坦福大学等八所大学作学术演讲。

1983年

5月28日，再次提交入党申请书。

6月13日，由周仲福、范少光介绍入党，成为预备党员，次年转正。

11月20—25日，参加在香港举办的第六届亚澳神经外科大会并作报告。

任北京医科大学生理教研室主任（至1993年），教研室被学校定为改革试点单位。

"β内啡肽放免测定及其应用"获卫生部乙级奖。

1984年

3月，小组研究"β-内啡肽放免测定法的建立及其在针刺镇痛原理研究中的初步应用"获北京市科学技术成果二等奖。

6月6日，提交党员预备期小结。

6月17日，再次撰写提交党员预备期小结。

8月7—10日，中国针灸学会在北京举行第二届全国针灸针麻学术讨论会。作"针刺麻醉原理研究"大会报告，指出不同频率电针可以引起不同种类阿片肽的释放；脑内存在一种对抗吗啡或内啡肽的物质——胆囊收缩素。阿片肽与胆囊收缩素保持对立统一局面。这是针刺镇痛原理研究中的两项重要突破。

8月30日，被聘任为安徽中医学院针灸经络研究所特约研究员。

9月，第一位博士生李思佳毕业。

12月，谢国玺、谢翠微博士毕业。

12月，受北京市高等教育局、北京市教育工会表彰"为教育事业辛勤工作三十年"。

12月31日，被聘任为中国动物学会《动物学报》编委会委员。

12月31日，北京医学院生理教研室"机体对自身释放的单胺类递质发生耐受是引起针刺镇痛耐受的一个重要机理"研究获卫生部乙级科学技术成果奖。

被评为"国家有突出贡献的科学家"。

在美国斯坦福大学、杜克大学等九所大学作学术报告。

在英国伦敦的"第九届国际药理学大会"上作学术报告。

在德国、瑞典、尼日利亚、突尼斯等国的大学作学术报告。

1985年

2月16日，被国务院学位委员会聘任为第二届学科评议组（基础医学Ⅱ分组）成员。

3月25日，被聘任为《中国生理科学杂志》（英文）编辑。

5月14日，经卫生部批准，北京医学院改名为北京医科大学。

5月29日，被北京医科大学聘任为第二届学位评定委员会委员。

11月20日，被聘任为《生理科学进展》杂志主编。

12月，被中国针灸学会全国会员代表大会选举为中国针灸协会第二届理事会理事。

12月2日，聘任为北京市科学技术进步奖医药卫生评审组成员。

12月14日，北京医科大学基础医学院"中枢微量法注射抗体法——研究神经肽生理功能的新方法"研究获卫生部甲级科学技术成果奖。

获国际脑研究组织（IBRO）奖学金，作为访问教授前往美国洛克菲勒大学神经科学中心合作六个月（1985年及1986年各3个月），在此期间完成十篇英文论文初稿，后都发表于 SCI 杂志中。

在美国华盛顿大学、爱因斯坦医学院、路易斯大学医学院等六所大学及日本国际脑研究大会作学术演讲。

1986 年

1 月，被聘任为《国外医学中医中药分册》顾问。

8 月 14 日，被卫生部聘任为重大医药卫生科技成果评审委员会委员。

10 月 4 日，被卫生部聘任为高等医学院校医学专业基础学科统考命题委员会副主任委员。

12 月，"甲七肽在家兔中脑导水管周围灰质中有镇痛作用并参与电针镇痛"成果获北京医科大学科技成果奖。

12 月，"中枢环核苷酸在针刺镇痛中的作用"成果获北京医科大学科技成果奖。

12 月 9 日，北京医科大学基础医学院"强啡肽在脊髓中有强烈镇痛作用并参与电针镇痛"研究获卫生部甲级科学技术成果奖。

在美国五所大学、英国及意大利各两所大学作学术演讲。

1987 年

3 月，"脑内钙和镁对抗电针镇痛和吗啡镇痛的作用部位"研究获北京市学术成果奖。

6 月 19 日，成立北京医科大学"神经科学研究中心"，担任主任。

9 月 8—10 日，参加第九届香港神经科学年会，作了关于脑内阿片镇痛回路的研究报告。

10 月 1 日，担任卫生部科学委员会委员、专题委员会委员所作贡献受卫生部表彰。

11 月 23—26 日，第一届世界针灸学术大会在北京举行。作大会报告，提出针刺镇痛脑内神经通路的线路图，标出各类阿片肽和神经递质的中枢作用部位，提出"脑干和边缘系统镇痛回路"概念。

"胆囊收缩素在中枢神经系统中有抗阿片作用"获国家教委二等奖。

主编英文 *The Neurochemical Basis of Pain Relief by Acupuncture*（《针刺镇痛的神经化学原理》）第一卷由中国医药科技出版社出版。

"针刺镇痛的神经生物学研究"（Neurobiology of Acupuncture Analgesia）项目首次获美国国立卫生研究院科研基金资助，共连续十三年。

创建"北京神经科学学会"。

奥地利最高卫生委员会正式承认针灸是一种有科学依据的治疗方法，奥地利针灸学会致电感谢其研究成果所起的作用。

在日本五所大学、德国三所大学、澳大利亚作学术演讲。

被瑞典隆德皇家学会授予外籍会员（院士）称号。

1988 年

2 月，被聘为《国外医学中医中药分册》顾问。

3 月，"可乐宁降压机制的新认识：中枢释放强啡肽减少交感传出冲动"研究获北京市学术成果奖。

5 月，"中枢八肽胆囊收缩素有强烈的抗阿片作用并参与吗啡耐受和电针耐受"项目获国家教育委员会科学技术进步奖二等奖

7 月 2 日，当选为北京神经科学学会第一届理事会理事长（至 1993 年）。

8 月 28 日，研究小组"针刺镇痛的神经化学原理"项目获国家自然科学三等奖。

9 月 10 日，被授予美国针刺医学会"名誉会员"称号。

11 月，被聘任为北京市科技进步奖评委会行业组评审委员。

12 月 10 日，"脑室和杏仁核注射 P 物质对血压影响的机理探讨"项目获贵州省科学技术进步奖三等奖。

12 月 24 日，北京医科大学生理教研室"可乐宁降压机制的新认识：中枢释放强啡肽减少交感传出冲动"项目获卫生部科学技术进步三等奖。

12 月 24 日，北京医科大学生理教研室"中枢神经系统中三类阿片肽对血压的调节作用"项目获卫生部科学技术进步二等奖。该项目将针刺的生理作用研究扩大到了心血管系统。

在美国哈佛医学院、圣路易斯大学医学院等十所大学、加拿大多伦多

大学、匈牙利、捷克作学术演讲。

1989 年

1月9日，美国斯坦福大学药理学家哥德斯坦院士赠送的仪器送达。

5月2—3日，赴大连作报告。

4月7日，被聘任为吉林省高校第四批博士学位申报专家论证组成员（生理学学科）。

7月，被选为国际麻醉品研究学会执委会委员。

7月24日，被聘任为中国中医研究院"中医药预测课题组"特邀咨询专家。

9月27—28日，在北京召开"第一届东西方疼痛会议"，并成立了中华疼痛学会（CASP），任会长。

11月，在美国圣路易斯及纽约大学作学术演讲。

12月27日，台湾寄来访问邀请书和委托书。

1990 年

1月9日，在第十八届中国生理学会代表大会上当选为中国生理学会第十八届理事会常务理事。

3月，"不同频率的电针在中枢神经系统中引起不同种类阿片肽释放"项目获北京医科大学科技成果奖，同年获国家中医药管理局中医药科学技术进步奖二等奖。

3月15日，被聘任为卫生部医疗卫生国际交流中心理事会理事。

3月22—24日，学术访问泰国。

3月25—30日，学术访问新加坡。

4月1—6日，在澳大利亚阿德莱德参加国际疼痛学大会。

4月7—15日，由台湾中国医药研究所邀请，访问台湾，为经国务院批准直接赴台访问的首位大陆学者。在台湾大学、阳明大学、生物医学研究所、中医药研究所、台中中医药大学等单位作学术演讲。

4月17—20日，参加在意大利罗马举行的第四届国际医学针灸及相关技术大会（4th ICMART），并作学术报告。

6月2日，获中国科普作协表彰为"建国以来成绩突出的科普作家"。

7月，被聘任为中国生理学会第十八届理事会学术工作委员会副主任委员、神经科学委员会副主任委员。

8月16日，被聘任为北京抗癫痫协会顾问。

11月1—6日，在上海参加生理学年会。

12月1—3日，学术访问美国。

12月17日，北京医科大学生理教研室"脑内血管紧张素Ⅱ对抗电针镇痛并促进电针耐受和吗啡耐受的形成"项目获卫生部科学技术进步三等奖。

读报见中国吸毒（海洛因为主）人数已达到七万人，开始考虑应用韩氏仪减轻吸毒者断药时出现的严重戒断症状。

任国际卫生组织科学顾问。

任国际麻醉品研究学会常务理事。

任国家博士后基金会医学组组长。

"大鼠低频和高频电针镇痛中枢部位的研究"获国家教委科技进步一等奖。

成为中国科学院学部委员候选人。

在英国两所大学、荷兰作学术演讲。

1991年

4月2—6日，访问澳大利亚，在昆士兰参加国际针灸大会。

6月10日，被聘任为河南医科大学名誉教授。

7月，"大鼠低频和高频电针镇痛中枢部位的研究－下丘脑弓状和脑桥臂旁核的作用"项目获科学技术进步奖一等奖。

9月29日，因对"针刺镇痛"所作贡献获新加坡疼痛学会表彰。

10月1日，获国务院表彰政府特殊津贴。

10月18日，被聘任为国际传统医药大会学术顾问委员会委员。

任美国国立卫生研究院科学评委会顾问。

任国际疼痛学会教育委员会国际顾问。

任《神经科学方法杂志》编委。

在美国、前南斯拉夫、澳大利亚、新加坡、泰国作学术演讲。

1992 年

4月20日，被国务院学位委员会聘为第三届学科评议组（基础医学Ⅱ评议组）成员。

4月28日，被聘任为《中国生理科学杂志》（英文）编委。

5月，受中国医药学院邀请再访台湾，在台北和高雄作学术演讲。

9月，派吴鎏桢博士后到西安戒毒所，用韩氏仪治疗海洛因成瘾者的戒断症状。

9月23日，被聘任为军事医学科学院毒物药物研究所指导教授。

10月，在北京支持召开"第二届东西方疼痛会议"。

获北京医科大学"桃李奖"，该奖项是北医颁发给教师的最高荣誉。

1993 年

3月8日—10日，参加第四届国际疼痛学会年度学术会议并作演讲。

5月，培养的四名博士生答辩通过。

6月，实验室搬入新楼。

6月，"中脑边缘镇痛回路的研究"项目获国家教育委员会科学技术进步奖一等奖。

8月30日，主编的《神经科学纲要》（六十九位作者合著）由北京医科大学协和医科大学联合出版社出版。

9月，获北京市普通高等学校优秀教学成果二等奖。

10月19日，参加神经外科医师大会基因表达会议。

10月19日，国务院第十一次常务会议决定，中国科学院学部委员改称中国科学院院士。

11月，当选为中国科学院（生物学部）院士。

12月26日，获批"卫生部神经科学重点实验室"，任实验室主任。

12月28日，卫生部药政司通知，韩氏戒毒治疗仪在卫生部麻醉品专家委员会审议通过，将在一些地区推广使用。

辞去生理教研室主任。

在英国、瑞典、法国、泰国、香港、台湾作学术演讲。

1994 年

2月8日晚，新闻联播中首次将针刺镇痛原理研究成果列为重大研究成果。

3月14—20日，第三次访问台湾，获首届"立夫中医药学术奖（针灸学奖）"，作针灸研究学术演讲。

3月25日，参加中央电视台"东方之子"节目录制。4月15日播出。

4月9—12日，应邀访问日本箱根，参加国际脑研究组织（IBRO）为次年在日本京都召开的"第四届世界神经科学大会"举办的筹备会议。

4月29—30日，撰写中法疼痛诊疗中心意向书。5月20日，举行中心成立签字仪式。

4月—2002年12月，选取湛江吴川戒毒所运用韩氏仪对二百人规模的吸毒人员进行脱毒、抗心瘾治疗。

5月10日，整理光华科技进步奖申报材料。12月，获光华科技进步奖一等奖。

5月，被推选为中国生理学会副理事长，中国神经科学学会副理事长。

7月，在加拿大蒙特利尔召开的"第十二届国际药理学大会"上作大会报告。

11月，在曼谷召开的"第九届亚澳麻醉学大会"上作大会报告。

在美国十二所大学作演讲。

"CCK抗阿片镇痛的分子机制"获国家教委三等奖。

1995 年

3月27日，中法两国合作举办的"中法疼痛治疗中心"在北京医科大学揭幕，任中心主任。

3月31日，将光华科技基金一等奖奖金的一半（五千元）捐赠延庆县永宁镇孔营小学成立"希望图书馆"。10月6日，被聘任为孔化营小学名誉校长。

4月，获"北京市先进工作者"称号。

5月，在西安主持召开"第三届东西方疼痛会议"。

6月，"八肽胆囊收缩素的抗阿片作用机理：信号传导系统多层次抗拮抗模型"项目获国家教育委员会科学技术进步奖三等奖。

6月28日，"韩氏药物脱瘾治疗仪治疗海洛因成瘾"获国家民委促进科学技术进步一等奖。

7月，主编的《神经科学纲要》获国家新闻出版署颁发的全国优秀科技图书二等奖。

7月，出席在加拿大温哥华召开的美洲华人生物科学大会（SCBA），并作报告。

8月，应邀参加在日本京都召开的第四届世界神经科学大会，担任专题报告会主席。

10月，应邀在德国马格德堡大学作学术演讲。

10月12—15日，参加第三届"斯坦福国际神经科学研讨会"。

10月19日，获"何梁何利科技进步奖"（生物学）。用该奖金作为基金，设立"求索奉献奖"，奖励北京医科大学基础医学院系室工作优秀的教辅技术人员。

11月，国际权威杂志《科学》出版专辑《中国的科学》，其中"恰当的国际联系可以拯救生命创造奇迹"（The right ties can save lives and move mountains）一文，介绍了韩济生等三位具有国际合作联系的中国科学家的科研成就。

11月，主编的《神经科学纲要》被评为国家教育委员会第二届全国高等学校出版社优秀学术著作特等奖。

中华人民共和国公安部颁布"关于推荐使用'韩氏药物脱瘾治疗仪'的通知"。

创办《中国疼痛医学杂志》（季刊），任主编。

1996 年

1月26日，有三篇论文获北京医科大学国际交流基金会论文奖二等奖，两篇获三等奖。

4月,参加韩国庆熙大学成立五十周年学术会议,作大会报告。

10月,"针刺麻醉与针刺镇痛的研究"成果获评国家"八五"科技攻关重大科技成果。

12月23日,《神经科学纲要》项目获卫生部科学技术进步一等奖。

获首届"广州仲景中医药杰出成果奖"。

1997年

3月31日,"针刺镇痛和吗啡镇痛的一种负反馈机制"项目获国家教委科学技术进步奖二等奖。

5月,填写了捐献骨髓和身后捐献角膜的志愿书。

7月,在洛杉矶召开的"首届中美两国科学院联合学术会议"上作特别演讲。

8月,第二十八届"国际麻醉药研究学会"年会在香港举行,带领神经科学研究所团队五人参加。

11月,参加在美国国立卫生研究院召开的"针刺疗法听证会",作大会报告"针刺镇痛的阿片肽机制"。此次大会为美国推广应用针灸疗法打下良好基础。

接受《中医研究》关于针刺镇痛原理的专访。

韩氏仪被公安部、卫生部和全国禁毒委员会选为有效的戒毒产品向全国推荐。

1998年

1月1日,专利"用于吸毒者脱瘾的穴位神经刺激治疗方法及其装置"生效,专利号94107366.1。

1月,北京医科大学神经科学研究所成立,任所长。

4月,论文获山东省第五届自然科学优秀学术论文三等奖。

7月12日,学生王晓民主编的《芳菲时节:韩济生院士与他的学生们》出版。

8月，在美国尔湾市（Irvine）召开的中美科学院科学前沿会议上，作晚宴后特别演讲（After-dinner Special Lecture）。

10月6—10日，在第一百〇五次北京香山会议上，与秦伯益和池志强院士共同主持召开"海洛因成瘾的神经机理和防治"大会，作"阿片依赖的神经机制研究概况"报告。

10月21日，在墨西哥召开的"首届美洲针灸和东方医学大会"上作大会报告。

12月，在日本宫泽召开的"第八届国际针灸医学大会"上作大会报告"针灸机理研究进展"。

12月，"在受体和基因水平阐明胆囊收缩素抗阿片机理"项目获北京市科学技术进步奖二等奖。

主编的《针刺镇痛的神经化学基础》（*The Neurochemical Basis of Pain Relief by Acupuncture*）第二卷，由湖北科学技术出版社英文出版，共计一百三十多万字。

连任WHO科学顾问，任期四年。

1999年

1月30日，"中枢孤啡肽在吗啡镇痛和电针镇痛中的作用"项目获教育部科学技术进步奖三等奖。

5月7日，LH202H韩氏穴位神经刺激仪获国家医疗器械注册证（有效期四年）。

5月，《神经科学纲要》获国家科技进步三等奖。

7月15日，参加在以色列耶路撒冷召开的"第五届国际脑研究学会学术大会"，主持"针灸"专题讨论会，这是该学会会议首次将针灸列为专题讨论会。

10月，在韩国汉城作学术演讲。

11月，在北京主持召开"中国神经科学学会第二届代表大会暨第三届全国学术会议"。

12月，"中枢八肽胆囊收缩素决定针刺镇痛和吗啡镇痛的有效性"项目获科技部国家自然科学奖二等奖。

12月,"神经科学纲要"项目获科技部科学技术进步奖三等奖。

主编的《神经科学原理》(八十三位作者合著,六十九章)由北京医科大学出版社出版。

《针刺镇痛原理》由上海科技教育出版社出版。

2000 年

4月,在北京主持召开"第四届东西方国际疼痛会议"。

4月3日,原北京医科大学与北京大学合并,组建了新的北京大学。"北京医科大学神经科学研究所"更名为"北京大学神经科学研究所",任所长。

6月,在海南海口戒毒所设立临床研究基地(二十张床),利用韩氏仪防复吸。

7月,在美国西雅图、休士顿、圣路易、新泽西、纽约、波士顿、巴尔的摩等十五所学术机构上作"关于针刺镇痛和针刺戒毒原理"演讲。

8月26日,到香港理工大学做报告。

10月22—23日,在香港国际传统医学研究会等主办的"世界传统医药日大会"上,获香港首届紫荆花医学成就奖。

12月,参加在美国巴尔的摩召开的中国国家自然科学基金会与美国国立卫生研究院联席会议。

12月29日,"丽珠杯"2000年中国医药科技十大新闻在京揭晓,所做研究"揭开针刺镇痛个体差异之谜,发现中枢八肽胆囊收缩素(CCK-8)的抗阿片作用是决定针刺镇痛和吗啡镇痛有效性的重要因素"入选。

2001 年

1月23—24日春节期间,作为美国国立卫生研究院学术代表团成员在伦敦皇家医师学院作报告"针灸:从经验医学到现代科学的研究战略"。

3月3日,申请国家自然科学基金科普项目"海洛因成瘾——毒祸猛于洪水"。

4月28日，在西安参加"脑与疼痛大会"，作"慢性疼痛的针灸治疗"的大会报告。

6月，在海南省省会海口市创建自愿戒毒所并获开业执照。

9月29日，在德国法兰克福"针灸大会"上作"疼痛控制与药物成瘾的针灸治疗"大会报告。

10月6日，在法国巴黎召开的"法国疼痛学会"年会上作大会报告"慢性痛的针灸疗法"。

成立北京大学医学部基础医学院神经生物学系，任系主任。

获批"教育部神经科学重点实验室"，任实验室主任。

设立"韩氏戒毒一年不复吸奖"，奖励成功脱毒人员继续应用韩氏仪防止复吸。

2002年

1月，在天津民族医院设立临床研究基地（三十张床），利用韩氏仪脱毒。

2月26日，访问瑞典卡罗林斯卡学院作报告。

2月27日，访问荷兰乌得勒支并在针灸学会作报告。

3月2日，访问德国法兰克福，在德国生理学年会上作报告。

3月，为纪念《生理科学进展》创刊四十五周年，主编《科学殿堂的攀登之路：老一辈生理科学家的心路历程》，由北京医科大学出版社出版发行。

6月访美，在纽约召开的"化学依赖"国际会上作大会报告。顺访埃默里大学和冷泉港研究所，并作学术演讲。在美国国立卫生研究院酒精成瘾研究所（NIAAA）、替代医学研究中心（NCCAM）作演讲。

7月，被国际麻醉药研究学会第二次选为执委会委员，任期四年。

8月12日，在德国耶拿市（Jena）举办的"国际生命医学科学大会"上作演讲。

11月，去德国杜塞尔多夫市（Dusseldorf）作学术报告，在世界博览会上获欧洲Serin针灸奖。

11月18日，被聘任为赣南医学院名誉院长。

接受《国际人才交流》关于针刺戒毒的专访。

与另外 11 位两院院士一起,为青少年撰写《解读生命科学》科普丛书。

获批教育部"神经生物学国家重点学科"(全国仅三个)。

应邀到上海青浦县(五十年前,曾到该县防治血吸虫)戒毒所指导工作,被评为"高级医学顾问"。

2003 年

1 月,在《神经科学动向》(Trends in Neuroscience)杂志上发表针刺原理研究论文。

4 月,主持召开第五届"东西方国际疼痛会议"。

9 月访美,在国立卫生研究院替代医学研究中心和药物依赖研究所作演讲,在加州大学洛杉矶分校、马利兰大学、哈佛大学演讲。同时寻求进行针刺脑影像研究的合作单位。

11 月 29 日,赴德国慕尼黑参会并作报告。

与二十一位中科院院士联名向国务院提交"以非典型肺炎(SARS)防治为切入点,构筑预防医学体系,全面加强中国医学科学研究"的报告。

申请并获得"慢性痛研究"自然科学重点基金。

获得戒毒有关的"973"科研基金(1998 年香山科学会议的产物)。

被聘任为赣州医学院名誉院长。

2004 年

2 月 5 日,参加在香港召开的"亚太神经化学年会"并作大会报告。

5 月 24 日,由中华医学会疼痛学分会向卫生部医政司提交"关于我国二级以上医院建立疼痛诊疗科"的申请报告。

6 月 26 日(国际禁毒日),主编的戒毒科普书《毒难戒、毒能戒》由高等教育出版社出版发行,二十万字。

7 月 14—17 日,出席中国生理学会在北京举办的首届海内外华裔生理科学家学术大会并作演讲。

7月20日，在日本京都"国际麻醉药研究学会"年会上作学会奠基者讲演（Founder's Lecture）。

8月，去西宁和拉萨参加"国际高山医学大会"。

9月28日，在中华医学会及学术会务部支持下召开学科论证会，征求对成立疼痛科的意见。

10月，再度获美国国立卫生研究院重点科研基金，与哈佛大学合作研究针刺戒毒原理（2004—2009），其间任哈佛大学精神病学科兼职教授。

10月5日，参加在澳大利亚悉尼举办的国际医学针灸及相关技术大会，并作报告。

11月26日，去巴西参加美洲针灸会，并作两个大会报告。

在北京召开的"国际精神药理学大会"作大会报告。

2005 年

1月，美国《物质滥用》（Substance Abuse）教科书第四版出版，为第四十九章"针刺戒毒"主笔者。

4月，赴美国波士顿参加哈佛大学研讨会。

6月，与另十七位院士（吴阶平、韩启德、裘法祖、王忠诚、吴孟超、汤钊猷、顾玉东、郭应禄、孙燕、陈可冀、沈自尹、王世真、秦伯益、杨雄里、陈萱张、樊代明、胡亚美）共同倡议成立疼痛科，并送交卫生部医政司。

7月，申请的《神经科学原理（第三版）》资助项目获批。

8月，应考斯塔（E. Costa）教授邀请，到芝加哥伊州神经科学研究所演讲，顺访饶毅实验室。

9月，被聘任为复旦大学兼职教授。

9月22日，致信卫生部医政司王羽司长呼吁成立疼痛科。

10月2日，致信卫生部黄洁夫副部长呼吁成立疼痛科。

10月11日，第二次致信卫生部医政司王羽司长，呼吁成立疼痛科。

11月，受美国国立卫生研究院邀请赴马里兰州参加"针刺的神经生物学效应"高峰研讨会。

11月，上海社区启动绿色戒毒防复吸工程。后来在2009年3月至2010年12月期间，完成防复吸临床观察。

12月24日，受邀出席北京大学人民医院2005年度学术交流会议并作大会特邀报告。

开始与哈佛大学麦克林（McLean）医院李豫伟（Dr. David Lee）副教授合作，作NIH/NCCAM重点课题"中医药和针灸对酒精和药物依赖的治疗研究"，负责第三分题"电针防止可卡因依赖的研究"，每年三个月。

2006年

1月，在全国科学大会上，初步确定与南京联创集团合作生产韩氏仪。

2月15日，上书韩启德副委员长，寻求成立疼痛科的支持。

3月23日，在北京大学医学部研究生会举办的"讲究科学道德，净化学术环境"系列讲座中，做了题为"科学道德和创新"的首讲。

4月，首访马来西亚吉隆坡，在世界针灸联合会大会上作报告。

4月7日，在北京大学医学部学位与研究生教育工作研讨会上，应邀就"研究生创新能力培养"作大会报告。

5月13—15日，中华医学会疼痛学会召开首届全国疼痛科主任峰会，就建立疼痛科问题展开讨论。

6月14日，致信卫生部高强部长，呼吁成立疼痛科。

6月15日，在"北京大学纪念中国共产党成立八十五周年暨表彰大会"上，获得"北京大学优秀共产党员标兵"称号。

7月，参加在北京举行的第十五届国际药理学会大会，并主持"药物成瘾"专题报告会。

7月，去美国哈佛大学进行科研合作，9月回国。

7月，在纽约州立大学神科所做邀请报告，并讨论科研合作问题。

8月，赴巴尔的摩约翰霍普金斯医学院作报告。

9月，赴新泽西州纽瓦克市，参加西东大学（Seton Hall University）研究生院学术会议。

9月，主讲课程"神经生物学"被评为北京大学医学部精品课程。

9月8日，获北京大学"2005—2006年度教学优秀奖"。

10月，赴美国参加波士顿地区中医药学会学术会议。

10月，赴法国巴黎参加法中医学会学术会议。

11月11日，召开《疼痛学》首次编委会。29日，与北京大学医学出版社签订《疼痛学》出版合同，任主编。

11月29日，受邀出席北京大学医学部师德师风建设工作会，并作主旨为"教师应德才兼备以德为先"的大会发言。

12月7日，参加在上海召开的"国际针灸经络会议"，并作大会报告"针刺镇痛与戒毒"。

12月13日，获北京大学首届蔡元培奖，这是北京大学颁发给教师的最高荣誉。

被推荐为北京大学优秀教师。

2007年

1月22日，在北京大学医学部药学院科研年会上，作了题为"针刺与药物：内源性调整与外源性干预"的学术报告。

3月25日，中央电视台10套《大家》栏目播出人物专访"神经生理学家韩济生"。

4月，在北京市小区内开展韩氏仪防复吸工作。

5月，在北京主持召开首届中国国际生物活性神经肽会议，做大会报告并任国际神经肽协会中国分会主席。

7月，卫生部发布"关于在《医疗机构诊疗科目名录》中增加疼痛科诊疗科目的通知"（卫医发［2007］227号），号召全国二级以上医院成立疼痛科，治疗慢性疼痛。

7月—9月，到美国哈佛进行科研合作，期间在美国四个城市作学术演讲。

7月，担任中国科技部"973"项目《基于临床的针麻镇痛的基础研究》首席科学家。11月29日，召开项目启动暨实施方案论证会。

8月，"韩氏仪在居民小区防海洛因戒毒后的复吸"获批北京市科委戒毒重点课题。

9月，主讲课程"神经生物学"被评为国家级精品课程。

10月11日，世界疼痛日，参加在南京召开的"神经科学在脱瘾（戒毒）、镇痛领域最新科研成果发布会"。

10月14日，在北京举行中华医学会疼痛学分会第七届年会暨建立疼痛科大型新闻发布会，宣传卫生部227号文件，为全国大医院建立疼痛科创造条件。

12月，南京济生医疗科技有限公司生产出2道韩氏仪，设计出6道、12道韩氏仪。

12月30日，被聘任为"徐州医学院疼痛研究与治疗中心"名誉主任。

任中国卫生部支撑计划基金"韩氏仪防止海洛因戒毒后复发"子课题负责人。

2008年

2月，主编的《针刺镇痛神经化学原理》第三卷出版。

3月，被聘任为教育部医学教育认证专家委员会委员。

3—5月，继续到美国哈佛大学麦克林（McLean）医院进行科研合作，期间在美国五所大学做学术演讲。

4月15日，被世界中医药学会联合会授予"王定一杯"中医药国际贡献奖。

7月30日，海峡两岸医药卫生交流协会表彰其所做贡献与支持。

9月，主编的《神经科学》教科书第三版出版。

9月，《韩济生院士》由北京大学医学出版社出版。

9月17日，在北京大学医学部2008级新生开学典礼上，作为教师代表发言。

9月21日，在北京大学2008级新生开学典礼上，作为教师代表发言。

10月，参加中华医学会疼痛学分会举办的"2008年世界镇痛日新闻发布会"并作大会发言。

10月21日,在由中国生理学会与美国、澳大利亚、加拿大和英国生理学会联合举办的"2008北京国际生理科学学术大会"上,作关于针灸与内稳态的学术报告。

10月24日,被聘任为新疆维吾尔自治区人民医院疼痛科顾问。

11月28日,出席第九届北大生物医学论坛并作大会发言。

年底,《神经化学研究》特刊"献给韩济生教授专辑"(Neurochemical Research Special Issue dedicated to Professor Ji-Sheng Han)出版。

2009年

1月,带领中华疼痛学会代表团出席在夏威夷召开的第二十五届"美国疼痛科学年会",在会上作关于"针灸的历史及未来"的报告。

1月,被聘任为杭州市萧山区经济和社会发展促进会名誉会长。

2月1日,在夏威夷大学,作"针刺治疗疼痛"讲座。

3月31日,被聘任为超声医疗国家工程研究中心"特聘顾问"。

4月16日,受邀出席基础医学院学生党总支"名师谈发展"师生访谈活动。

4月21—24日,国际神经免疫药理学会第十五届国际年会在武汉举行,在会上作"针刺与药物依赖"报告。

6月20日,参与完成的"神经生物学疼痛专题PBL与LBL相结合的教学探索"获2008年度北京大学教学成果奖一等奖。9月,获北京大学医学部高等教育教学成果奖。

6月26日,作为资深编委,受邀出席北京大学学报《医学版》五十岁生日庆祝会并作大会发言。

6月26日,被CNKI数据库检索为在《北京大学学报(医学版)》发文量最多的二十三位作者之一。

10月21日,在北京大学前沿交叉学科研究院主办的"生物医学跨学科学术交流讲座"上,作了题为"从针刺原理研究到破译脑功能"的学术报告。

10月23日，在北京大学医学部研究生导师培训会上，就"诚信与创新"进行演讲。

11月29日，作为名誉主编出席《生理科学进展》杂志编委会。

11月30日，被授予中国中医科学院荣誉首席研究员称号。

2010年

1月13日，论文"吗啡促进八肽胆囊收缩素CCK的释放而CCK（B）受体拮抗剂L-365260在大鼠脊髓加强mu型阿片镇痛"获2009年度北京大学医学部SCI论文引用奖。

4月2日，在北京大学医学部主办的"医药前沿论坛暨100强药企对接会"上，作了"揭示神经系统工作密码及其功能调控的保健和治病研发"的大会主题演讲。

4月3日，为台湾医学生大陆访问团演讲。

5月14—17日，中华医学会疼痛学分会在长沙市召开第五届全国疼痛科主任峰会，在会议开幕式上致辞。

7月24日，在新加坡医学会召开的年会上，作三场报告。

8月至9月，在广东省中山市进行卫生部支撑计划"韩氏仪防止海洛因戒毒后复发"子课题研究，用韩氏仪脱毒。自1990年从事戒毒事业的20年来，在全国7个地区开展了治疗药物依赖（脱毒，防复吸）工作，其中脱毒已经形成成熟模式，防复吸也有明确结果（一年内30%不复吸）。

8月20日，被聘任为中华医学科技奖第三届评审委员会委员。

8月29日至9月3日，参加在加拿大蒙特利尔市举行的"第十三届国际疼痛大会"。大会三十五年以来首次将针刺镇痛列为大会报告内容，作为特邀报告人，作题为"针刺镇痛的共识和歧义"的演讲。

9月9日，在美国西雅图的华盛顿大学，作"孤独症的针灸治疗"演讲。

10月，被聘任为中国医师学会神经调控专业委员会第一届委员会特别顾问。

10月9—11日，在北京国际会议中心召开由中华医学会疼痛学分会和北京大学神经科学研究所联合承办的"第七届东西方疼痛会议"，被中华医学会疼痛学分会授予"终身名誉主任委员"。与国际疼痛学会主席盖博哈特（G. F. Gebhart）教授共同主持会议，并作"针刺镇痛的现状与未来"的大会报告。

11月28日，在以"交融·砥砺·创新·责任——世界一流大学征程上的医学发展"为主题的第十一届北大生物医学论坛上，受邀为论坛演讲嘉宾。

2011 年

1月，被聘任为中科院心理健康重点实验室学术顾问。

1月，"中医针灸学理论指导下针刺镇痛的神经生物学机制研究"项目获中国针灸学会科学技术奖二等奖。

3月，将所获北京大学"国华杰出学者奖"五十万元人民币奖金作为种子基金，成立"北京济生疼痛医学基金会"，获得民政部门批准。5月12日正式宣布成立，韩济生任终身名誉理事长，李勇杰任理事长。

4月18日，被聘任为国家临床重点专科建设项目管理委员会专家顾问组成员。

4月19日，应北京中医药大学研究生院之邀，参加该校名师大讲堂活动，作"如何用科学的态度从事中医药研究"的讲座。

5月13—16日，由中华医学会疼痛学分会主办的第六届全国疼痛科主任峰会在上海召开，作题为"'优秀的科研，漂亮的写作'——如何写好疼痛相关论文"报告。

5月16日，在上海召开的亚洲疼痛大会上，作"疼痛与神经调控学术"报告。

9月27日，被聘任为《十万个为什么》第六版编委会委员。

9月8日，获"2011年吴阶平医学奖"。11月19日，参加在广东省中山市举办的颁奖大会。

2012 年

2月，主编的国家"十一五"重点图书《疼痛学》教科书由北京大学医学出版社出版（六十余位专家参编，总字数 128.7 万字）。

5月23日，在韩国大田市召开国际标准组织（ISO）有关中医药器材技术委员会（TC249）大会，代表中国争取到"电针仪"国际标准的制定者地位。

7月23日，被聘任为全军高层次科技创新人才工程培养对象带教导师。

7月26日，"经皮穴位电刺激技术在生殖医学中的应用研究"获得卫生部行业专项基金（1901万），将与国内九家生殖医学中心共同开展大型临床试验，进一步深入研究韩氏仪在生殖领域的应用。与此同时，复旦大学儿科医院牵头的另一卫生部行业专项基金"孤独症"项目（北大神经科学研究所为参与单位）也获得批准。

8月17日，申请的国家自然科学基金面上项目"催产素和精氨酸后叶加压素与孤独症儿童发病机制的关系研究"获得国家基金委医学科学部批准，金额七十万。

8月30日，在意大利米兰举行的第十四届国际疼痛大会上，被国际疼痛学会授予"终身名誉会员"称号（此前中国仅有神经科学家张香桐曾获此荣誉）。

9月，在美国芝加哥出席第三届神经外科医师大会（CNS），并作了题为"针刺治疗与神经调控化进展：戒毒、孤独症、试管婴儿等病和针灸是神经调控的概念"的演讲。

10月23日，在"北医百年庆典医学学术周开幕式暨转化医学论坛"上，作了"针刺研究的转化医学"的报告。

10月24日，在"基础医学大师讲坛"上，作了题为"人生感悟"的演讲，并将所获"吴阶平医学奖"奖金二十万注入"求索奉献奖"。

10月25日，北医庆祝建校百年期间，召开"北医百年，有我五十：韩济生院士从教六十周年暨为北医服务五十周年"庆祝活动及北京大学神经科学研究所国际前沿论坛。

11月2日，《人民日报海外版》第14版发表"中国疼痛医学的开创者（名医谱）"。

12月，"针刺治疗慢性痛的神经生物学机制研究"项目获北京市科学技术二等奖。

2013 年

2月1—3日，参加北京大学临床实验管理和实施培训课程。

3月4日，被聘任为第四军医大学名誉教授。

3月8日，中国大陆辅助生殖技术成功应用二十五周年之际，在"人类辅助生殖技术规范化管理和培训研讨会"上，讲述了针刺的电生理原理以及在人类辅助生殖技术中的应用成果。

3月18日，在北京大学医学部"爱·责任·成长——主题教育活动"（研究生专场）中，给学生们作"科研中经受的挫折与对策"讲座。

4月27日，为北医研究生作"人不是生来专为做某一方面专家"的讲座。

6月19日，应北京大学医学部基础医学院团学联之邀，在第八期"杏林大家谈"上作"唯愿此生济苍生"讲座。

2014 年

3月27日，荣获第二届"香港张安德中医药国际贡献奖"，奖金五十万港币。在香港浸会大学颁奖会上，发表获奖演讲"针刺研究的转化医学"。将奖金用于奖励《中国疼痛医学杂志》的年度优秀论文。

5月30日至6月1日，在中国针灸学会与美国针刺研究学会在北京联合举办的"2014国际针灸研讨会"上，作了题为"针刺研究是我生命的主要部分"的主旨报告，并获颁美国针刺研究学会设立的首个"针刺研究终身成就奖"。

2015 年

1月3日，团队"药物成瘾机制及综合干预模式研究与应用"获国家科技进步奖二等奖。

1月16日，参加北医生殖医学中心成立仪式。

1月23日，参加上海崇明癌痛论坛。

2月6日，教育部杜占元副部长前来北医神科所慰问。

3月3日，开讲疼痛医学选修课，选课学生百余人。

4月9日，钻石婚纪念，去北大校园照相留念。

5月12日，中国医师协议杨民秘书长来访，就成立疼痛医师专业委员会征求意见。表示支持。

5月22日，在太原举行的疼痛医学论坛上，颁发首届"韩济生疼痛医学优秀论文奖"。

7月2日，在北京香山会议上，发表演讲"从针刺疗效看穴位本质"。

7月18日，在西安的"穴位讨论会"上，发表演讲"穴位及其适宜刺激"。

9月12日，在大连医科大学校庆上作特邀报告"六十年后回访母校"。

9月18日，在杭州的浙二医广济学术周上，作"针刺疗法与转化医学"报告。

9月23日，在深圳南山医院疼痛医学工作站，作"学有专精方成其锐"报告。

10月17日，在北京的国际头痛学会上，作"针刺·电针·经皮穴位电刺激（Acup-EA-TEAS）"演讲。

11月7日，在上海国际孤独症论坛上，作"经皮穴位电刺激治疗孤独症"演讲。

11月21日，中国医师协会疼痛医师专业委员会在京改选，作大会发言谈"珍惜"，樊碧发当选主委。

12月25日，受首都医科大学特邀演讲"我的学术生涯和人生感悟"。

2016年

1月11日，德国乌尔姆大学的托比斯（Tobies）教授前来商谈关于Shank3基因敲除小鼠科研合作事宜。

1月14日，在北大办公楼参加关于遴选北医主任的会议。

2月24日，应国际标准组织（ISO）要求，与韩松平共同将所起草的电针仪标准改为国际电工委员会（IEC）格式。

3月4日，中医研究院决定把针刺镇痛科研成果列为中医药典藏之一，受邀请起草。

5月21日，在西安举办的"2016疼痛医学论坛"开幕式上演讲"恪尽职守发展疼痛医学"。

5月30日，在北京参加中科院第十八次院士大会。

6月25日，在北京举办的"国际灸法学术会议"上，作"针法与灸法的科学基础"报告。

8月13日，在哈尔滨医科大学九十周年校庆上，作"科研：任务驱动与兴趣驱动"演讲。

9月11日，在中国中医研究院针灸研究所举办的"国际针刺方法研讨会"上，作"针刺·电针·经皮穴位电刺激"报告。

9月18日，在北京举行的"中国非公营医疗机构协会疼痛医学分会"开幕式上，作"团结合作为民除痛"演讲。

10月13日，在北京中日友好医院疼痛医联体成立大会上，作开幕式演讲。

10月21日，在南京举办的"中华医学会疼痛学分会第十二届年会"上，作开幕式演讲"中国疼痛医学腾飞"。

10月26日，在北京举办的"北大－哈佛孤独症研讨会"上，作"经皮穴位电刺激仪治疗孤独症：脑内'社交因子'参与机制"报告。

11月5日，在北京神经科学学会年会上，作"科研：任务驱动？兴趣驱动？"报告。

11月10日，在长沙举办的孤独症重大课题结题会上，作"经皮穴位电刺激仪治疗孤独症：脑内催产素和精氨酸加压素参与机制"报告。

2017年

1月3—4日，在京参加第二届中医药国际化论坛"健康中国与中医药的国际化"，发表演讲"针灸方法的演变和疗效"。

3月27日，与妻子朱秀媛作为校友襄助颜福庆医学教育发展基金18000元，资助复旦大学上海医学院教育事业。

3月31日至4月1日，赴深圳参加首届南科大国际疼痛医学论坛暨南方科技大学疼痛医学中心成立会，被聘为中心名誉主任，并在会上作了"中国疼痛医学现状"的报告。

7月5日，在北京大学毕业典礼研究生毕业典礼暨学位授予仪式上，作为导师代表通过视频为毕业生寄语。

7月15—16日，在京举办疼痛科成立十周年大会，作大会报告，回顾总结中国疼痛医学历程。

12月3日，在世界针灸学术大会暨2017中国针灸学会年会上，被授予首届"天圣铜人"科技特殊贡献奖。

2018年

7月17日，九十寿诞。在北京大学神经科学研究所召开"韩济生院士从教六十六年暨北京大学医学部脑科学发展基金成立庆祝大会"上，捐赠一百万元用于发展脑科学研究。

附录二 韩济生主要论著目录

论文

[1] 韩济生. 记纹器上的墨水描记方法 [J]. 中华医学杂志, 1954 (11): 922-923.

[2] 韩济生, 杨纪曾. 人体血压测量方法的探讨 [J]. 哈医大学报, 1956 (1): 43-49.

[3] 韩济生, 袁斌. 下丘脑和第三脑室内注射乙酰胆碱对兔血浆自由脂肪酸浓度的影响 [J]. 生理学报, 1965, 28 (1): 64-71.

[4] 北京医学院基础部针麻原理研究组. 针刺人体某些穴位对皮肤痛阈的影响 [J]. 中华医学杂志, 1973 (3): 151-157.

[5] Research Group of Acupuncture Anesthesia, Peking Medical College. The role of some neurotransmitters of brain in finger-acupuncture analgesia (2) [J]. Scientia Sinica, 1974, 17 (1): 112-130.

[6] 北京医学院基础部针麻原理研究组. 家兔针刺镇痛动物模型的进一步研究 [J]. 北京医学院学报, 1974, 6 (1): 18-22.

[7] 北京医学院基础部针麻原理研究组. 大白鼠针刺镇痛动物模型初步报告 [J]. 北京医学院学报, 1974, 6 (3): 170-173.

［8］北京医学院基础部针麻原理研究组. 脑内某些神经介质在指针镇痛中的作用（1）［J］. 中国科学 A 辑 1974（1）：98-108.

［9］北京医学院基础部针麻原理研究组. 鸦片受体阻断剂纳洛酮对抗指针镇痛的初步研究［J］. 中华外科杂志，1977，15（3）：192.

［10］汤健，韩济生. 电针镇痛时大鼠脑和垂体内吗啡样物质活性的变化［J］. 北京医学院学报，1978（03）：150-152.

［11］韩济生，周保和，卢振初，等. 中枢 5-羟色胺在针刺镇痛中的作用［J］. 中国科学，1978（05）：579-588.

［12］任民峰，韩济生. 一种改进的甩尾测试及其在针刺镇痛实验研究中的应用［J］. 生理学报，1978，(02)：204-208.

［13］范少光，汤健，陈晓黎，等. 纳洛酮对抗大鼠电针镇痛的研究［J］. 科学通报，1979，(24)：1149-1152.

［14］韩济生，关新民，徐晋敏. 大鼠电针镇痛过程中中枢去甲肾上腺素更新率的研究［J］. 生理学报，1979，(01)：11-19.

［15］J. S. Han, J. Tang, M. F. Ren, et al. Central Neurotransmitters and Acupuncture Analgesia［J］. American Journal of Chinese Medicine，1980，8（4）：331-348.

［16］李思嘉，汤健，王敬玲，等. 针刺耐受及其恢复［J］. 针刺研究，1980，(02)：140-142.

［17］韩济生，汤健，黄宝珊，等. 大鼠针刺耐受与脑内抗鸦片物质有关［J］. 科学通报，1980，(07)：332-336.

［18］韩济生，汤健，范少光，等. 中枢 5-羟色胺和鸦片样物质在针刺镇痛中的作用［J］. 针刺研究，1980，(01)：39-43.

［19］Zhou Z F, Du M Y, Wu W Y, et al. Effect of Intracerebral Microinjection of Naloxone On Acupuncture-and Morphine-Analgesia in the Rabbit.［J］. Scientia Sinica，1981，24（8）：1166-1178.

［20］谢翠微，汤健，韩济生. 持续电针引起耐受及其与吗啡镇痛的交叉耐受［J］. 针刺研究，1981（04）：270-274.

［21］汤健，张复，孙兵，等. 内源性鸦片样物质在出血性和中毒性休克

中的作用 [J]. 生理学报, 1981 (04): 373-378.

[22] 周仲福, 杜敏逸, 乌文英, 等. 家兔脑内微量注射纳洛酮对吗啡和针刺镇痛的影响 [J]. 中国科学, 1981 (04): 503-512.

[23] Han J S, L Terenius. Neurochemical Basis of Acupuncture Analgesia [J]. Annual Review of Pharmacology and Toxicology, 1982, 22: 193-220.

[24] Han J S, Xie C W. Dynorphin: Potent Analgesic Effect in Spinal Cord of the Rat [J]. Life Sciences, 1982, 31 (16-17): 1781-1784.

[25] Han J S, Xie G X, Zhou Z F, et al. Enkephalin and Beta-Endorphin as Mediators of Electro-Acupuncture Analgesia in Rabbits: An Antiserum Microinjection Study [J]. Advances in biochemical psychopharmacology, 1982, 33: 369-377.

[26] Xuan Y T, Zhou Z F, Han J S. Tolerance to Electroacupuncture Analgesia was Reversed by Microinjection of 5-Hydroxytryptophan Into Nuclei Accumbens in the Rabbit [J]. International Journal of Neuroscience, 1982, 17 (3): 157-161.

[27] Li S J, Tang J, Han J S. The Implication of Central Serotonin in Electro-Acupuncture Tolerance in the Rat. [J]. Scientia Sinica. Series B, Chemical, biological, agricultural, medical & earth sciences/ Chung-kuok" o hsueh yuan, chu pan, 1982, 25 (6): 620-629.

[28] Fan S G, Qu Z C, Zhe Q Z, et al. GABA: Antagonistic Effect On Electroacupuncture Analgesia and Morphine Analgesia in the Rat [J]. Life Sciences, 1982, 31 (12-13): 1225-1228.

[29] Han J S, Zhou Z F, Xuan Y T. Acupuncture Has an Analgesic Effect in Rabbits [J]. Pain, 1983, 15 (1-4): 83-91.

[30] Xie G. X, Han J S, V Höllt. Electroacupuncture Analgesia Blocked by Microinjection of Anti-Beta-Endorphin Antiserum Into Periaqueductal Gray of the Rabbit [J]. International Journal of Neuroscience, 1983, 18 (3-4): 287-291.

[31] 韩济生, 谢翠微. 强啡肽在大鼠脊髓内的强烈镇痛作用 [J]. 中国科

学（B辑），1983，(11)：1015-1020.

[32] Han Ji-Sheng, Xie Guo-Xi. Dynorphin: Important Mediator for Electroacupuncture Analgesia in the Spinal Cord of the Rabbit [J]. Pain, 1984, 18 (4): 367-376.

[33] Han J S, Xie G X, A Goldstein. Analgesia Induced by Intrathecal Injection of Dynorphin B in the Rat [J]. Life Sciences, 1984, 34 (16): 1573-1579.

[34] Zhou Z F, Xuan Y, Han J S. Analgesic Effect of Morphine Injected Into Habenula, Nucleus Accumbens Or Amygdala of Rabbits [J]. Acta Pharmacologica Sinica, 1984, 5 (3): 150-153.

[35] Tang J, Fei H, Xie C W, et al. Characterization and Localization of Atriopeptin in Rat Atrium [J]. Peptides, 1984, 5 (6): 1173-1177.

[36] Han J S, Fei H, Zhou Z F. Met-Enkephalin-Arg6-Phe7-like Immunoreactive Substances Mediate Electroacupuncture Analgesia in the Periaqueductal Gray of the Rabbit [J]. Brain Research, 1984, 322 (2): 289-296.

[37] Li S J, Han J S. Depressor and Bradycardic Effect Following Intrathecal Injection of [NMePhe3, D-Pro4] Morphiceptin in Rats [J]. European Journal of Pharmacology, 1984, 99 (1): 91-95.

[38] 韩济生. 针刺镇痛及其有关的神经通路和神经介质 [J]. 生理科学进展, 1984 (04): 294-300.

[39] 李思嘉, 韩济生. 脊髓蛛网膜下腔注射脑啡肽类似物引起大鼠血压降低和心率减慢 [J]. 生理学报, 1984 (06): 546-551.

[40] 韩济生. 针刺镇痛原理研究 [J]. 针刺研究, 1984 (03): 231-245.

[41] 邱学才, 张鉴, 韩济生. 大鼠蛛网膜下腔注射 dbcAMP 或 dbcGMP 分别对抗或加强电针镇痛 [J]. 针刺研究, 1984 (01): 72-75.

[42] Han J S, Ding X Z, Fan S G. Is Cholecystokinin Octapeptide (CCK-8) a Candidate for Endogenous Antiopioid Substrates [J]. Neuropeptides, 1985, 5 (4-6): 399-402.

[43] Ren M F, Lu C H, Han J S. Dynorphin-A-（1-13）Antagonizes Morphine Analgesia in the Brain and Potentiates Morphine Analgesia in the Spinal Cord [J]. Peptides, 1985, 6（6）: 1015-1020.

[44] 张敏, 韩济生. 5-羟色胺在低频和高频电针镇痛中都起重要作用 [J]. 针刺研究, 1985,（03）: 212-215.

[45] 韩济生. 针刺镇痛原理研究二十年 [J]. 中西医结合杂志, 1985（08）: 506-508.

[46] 谢翠微, 韩济生. B-内啡肽和强啡肽参与可乐宁和去甲肾上腺素的中枢降压效应 [J]. 生理学报, 1985（02）: 172-179.

[47] Han J S, Ding X Z, Fan S G. Cholecystokinin Octapeptide（CCK-8）: Antagonism to Electroacupuncture Analgesia and a Possible Role in Electroacupuncture Tolerance [J]. Pain, 1986, 27（1）: 101-115.

[48] Han J S. Electroacupuncture: An Alternative to Antidepressants for Treating Affective Diseases [J]. International Journal of Neuroscience, 1986, 29（1-2）: 79-92.

[49] Han J S, Xuan Y T. A Mesolimbic Neuronal Loop of Analgesia: I. Activation by Morphine of a Serotonergic Pathway From Periaqueductal Gray to Nucleus Accumbens [J]. International Journal of Neuroscience, 1986, 29（1-2）: 109-117.

[50] Ding X Z, Fan S G, Zhou J P, et al. Reversal of Tolerance to Morphine but No Potentiation of Morphine-Induced Analgesia by Antiserum Against Cholecystokinin Octapeptide [J]. Neuropharmacology, 1986, 25（10）: 1155-1160.

[51] Xuan Y T, Shi Y S, Zhou Z F, et al. Studies On the Mesolimbic Loop of antinociception-II. A Serotonin-Enkephalin Interaction in the Nucleus Accumbens [J]. Neuroscience, 1986, 19（2）: 403-409.

[52] Xie C W, Tang J, Han J S. Clonidine Stimulated the Release of Dynorphin in the Spinal Cord of the Rat: A Possible Mechanism for its Depressor Effects [J]. Neuroscience Letters, 1986, 65（2）: 224-228.

[53] Jin W Q, Zhou Z F, Han J S. Electroacupuncture and Morphine Analgesia Potentiated by Bestatin and Thiorphan Administered to the Nucleus Accumbens of the Rabbit [J]. Brain Research, 1986, 380 (2): 317-324.

[54] Chai S H, Tang J, Han J S. Antiopioid Activity of the Cardioexcitatory Peptide in Central Modulation of Cardiovascular Functions [J]. European Journal of Pharmacology, 1986, 130 (3): 315-318.

[55] Han J S, Yu L C, Shi Y S. A Mesolimbic Loop of Analgesia. III. A Neuronal Pathway From Nucleus Accumbens to Periaqueductal Grey [J]. Asia Pacific Journal of Pharmacology, 1986, 1 (1).

[56] 韩济生, 丁玄宙, 范少光. 吗啡受体拮抗剂翻转电针镇痛的程度决定于电针刺激的频率 [J]. 生理学报, 1986 (05): 475-482.

[57] 费宏, 谢国玺, 韩济生. Low and High Frequency Electrocu-Puncture Stimulations Release (Met~5) Enkephalin and Dynorphin A in Rat Spinal Cord [J]. Science Bulletin, 1987 (21): 1496-1501.

[58] 王克威, 谢国玺, 韩济生. 血管紧张素ⅱ对抗吗啡镇痛: 脑室注射有效而脊髓蛛网膜下腔注射无效 [J]. 科学通报, 1987 (05): 383-385.

[59] 王晓民, 周仲福, 韩济生. 电针频率是决定家兔电针镇痛效果是否能被纳洛酮阻断的重要因素 [J]. 针刺研究, 1988 (01): 56-60.

[60] Li Y, Han J S. Cholecystokinin-Octapeptide Antagonizes Morphine Analgesia in Periaqueductal Gray of the Rat [J]. Brain Research, 1989, 480 (1-2): 105-110.

[61] Wang X J, Fan S G, Ren M F, et al. Cholecystokinin-8 Suppressed 3H-etorphine Binding to Rat Brain Opiate Receptors [J]. Life Sciences, 1989, 45 (2): 117-123.

[62] Yu L C, Han J S. Involvement of Arcuate Nucleus of Hypothalamus in the Descending Pathway From Nucleus Accumbens to Periaqueductal Grey Subserving an Antinociceptive Effect [J]. International Journal of

Neuroscience, 1989, 48 (1-2): 71-78.

[63] Sun S L, Han J S. High and Low Frequency Electroacupuncture Analgesia are Mediated by Different Types of Opioid Receptors at Spinal Level: A Cross Tolerance Study [J]. Acta Physiologica Sinica, 1989, 41 (4): 416-420.

[64] Wang J F, Han S P, Lu Z, et al. Effect of Calcium Ion On Analgesia of Opioid Peptides [J]. International Journal of Neuroscience, 1989, 47 (3-4): 279-285.

[65] 孙少丽, 韩济生. 低频和高频电针镇痛由脊髓水平不同类型的阿片受体介导: 交叉耐受试验 [J]. 生理学报, 1989 (04): 416-420.

[66] 王克威, 韩济生. 大鼠脑内血管紧张素 ii 参与吗啡耐受的证据 [J]. 中国药理学与毒理学杂志, 1989 (01): 7-11.

[67] Wang X J, Han J S. Modification by Cholecystokinin Octapeptide of the Binding of μ-, δ-, and K-Opioid Receptors [J]. Journal of Neurochemistry, 1990, 55 (4): 1379-1382.

[68] Wang Q, Mao L, Han J S. The Arcuate Nucleus of Hypothalamus Mediates Low but Not High Frequency Electroacupuncture Analgesia in Rats [J]. Brain Research, 1990, 513 (1): 60-66.

[69] Wang X J, Wang X H, Han J S. Cholecystokinin Octapeptide Antagonized Opioid Analgesia Mediated by M- and K- but Not Δ-Receptors in the Spinal Cord of the Rat [J]. Brain Research, 1990, 523 (1): 5-10.

[70] Yu L C, Han J S. Habenula as a Relay in the Descending Pathway From Nucleus Accumbens to Periaqueductal Grey Subserving Antinociception [J]. International Journal of Neuroscience, 1990, 54 (3-4): 245-251.

[71] Wang Q, Mao L M, Han J S. The Role of Periaqueductal Gray in Mediation of Analgesia Produced by Different Frequencies Electroacupuncture Stimulation in Rats [J]. International Journal of Neuroscience, 1990, 53 (2-4): 167-172.

[72] Wang Q, Mao L, Han J. Characterization of Inhibition of Spinal Nociceptive Reflex by Stimulation of the Arcuate Nucleus of the Hypothalamus in the Pentobarbital-Anesthetized Rat [J]. Pain, 1990, 41 (1): 101-108.

[73] Zhang L J, Wang X J, Han J S. Phorbol Ester Suppression of Opioid Analgesia in Rats [J]. Life Sciences, 1990, 47 (19): 1775-1782.

[74] Wang Q, Mao L, Han J. Analgesia From Electrical Stimulation of the Hypothalamic Arcuate Nucleus in Pentobarbital-Anesthetized Rats [J]. Brain Research, 1990, 526 (2): 221-227.

[75] Wang Q, Mao L M, Han J S. Naloxone-Reversible Analgesia Produced by Microstimulation of the Arcuate Nucleus of the Hypothalamus in Pentobarbital-Anesthetized Rats [J]. Experimental Brain Research, 1990, 80 (1): 201-204.

[76] Yu L C, Han J S. The Neural Pathway From Nucleus Accumbens to Amygdala in Morphine Analgesia of the Rabbit [J]. Acta Physiologica Sinica, 1990, 42 (3): 277-283.

[77] Wang Q, Mao L, Han J. Analgesic Electrical Stimulation of the Hypothalamic Arcuate Nucleus: Tolerance and its Cross-Tolerance to 2 Hz Or 100 Hz Electroacupuncture [J]. Brain Research, 1990, 518 (1-2): 40-46.

[78] Wang Q, Mao L M, Han J S. Diencephalon as a Cardinal Neural Structure for Mediating 2 Hz- but Not 100 Hz-electroacupuncture-induced Tail Flick Reflex Suppression [J]. Behavioural Brain Research, 1990, 37 (2): 149-156.

[79] Wang X J, Han J S. Modification by Cholecystokinin Octapeptide of the Binding Of μ-, δ-, and κ-Opioid Receptors [J]. Journal of Neurochemistry, 1990, 55 (4): 1379-1382.

[80] Wang Q, Mao L M, Shi Y S, et al. Lumbar Intrathecal Administration of Naloxone Antagonizes Analgesia Produced by Electrical Stimulation of

the Hypothalamic Arcuate Nucleus in Pentobarbital-Anesthetized Rats [J]. Neuropharmacology, 1990, 29 (12): 1123-1129.

[81] 王强，毛利民，韩济生. 电针镇痛与经皮电刺激镇痛的比较 [J]. 北京医科大学学报, 1990, (06): 430.

[82] Han J S, Chen X H, Sun S L, et al. Effect of Low- and High- Frequency TENS On Met-enkephalin-Arg-Phe and Dynorphin a Immunoreactivity in Human Lumbar CSF [J]. Pain, 1991, 47 (3): 295-298.

[83] Ma Q P, Yin G F, Ai M K, et al. Serotonergic Projections From the Nucleus Raphe Dorsalis to the Amygdala in the Rat [J]. Neuroscience Letters, 1991, 134 (1): 21-24.

[84] Ma Q P, Han J S. Neurochemical Studies On the Mesolimbic Circuitry of Antinociception [J]. Brain Research, 1991, 566 (1-2): 95-102.

[85] Han J S, Ren M F. The Importance of Monitoring Tail-Skin Temperature in Measuring Tail-Flick Latency [J]. Pain, 1991, 46 (1): 117.

[86] Ma Q P, Han J S. Naloxone Blocks the Release of Opioid Peptides in Periaqueductal Gray and N. Accumbens Induced by Intra-Amygdaloid Injection of Morphine [J]. Peptides, 1991, 12 (6): 1235-1238.

[87] 包虹，周正锋，于英心，等. C 纤维不是电针镇痛的主要传入纤维，而是弥散性伤害性抑制控制的主要纤维 [J]. 针刺研究, 1991 (02): 120-124.

[88] 梅林，韩济生. 八肽胆囊收缩素对抗阿片肽的中枢性降血压作用 [J]. 生理学报, 1991 (02): 156-163.

[89] Chen X H, Han J S. Analgesia Induced by Electroacupuncture of Different Frequencies is Mediated by Different Types of Opioid Receptors: Another Cross-Tolerance Study [J]. Behavioural Brain Research, 1992, 47 (2): 143-149.

[90] Chen Xiao-Hong, Han Ji-Sheng. All Three Types of Opioid Receptors in the Spinal Cord are Important for 2/15 Hz Electroacupuncture Analgesia

[J]. European Journal of Pharmacology, 1992, 211 (2): 203-210.

[91] Wang J Q, Mao L, Han J S. Comparison of the Antinociceptive Effects Induced by Electroacupuncture and Transcutaneous Electrical Nerve Stimulation in the Rat [J]. International Journal of Neuroscience, 1992, 65 (1-4): 117-129.

[92] Wang J, Ren M, Han J. Mobilization of Calcium From Intracellular Stores as One of the Mechanisms Underlying the Antiopioid Effect of Cholecystokinin Octapeptide [J]. Peptides, 1992, 13 (5): 947-951.

[93] Zhou Y, Sun Y H, Zhang Z W, et al. Accelerated Expression of Cholecystokinin Gene in the Brain of Rats Rendered Tolerant to Morphine [J]. Neuroreport, 1992, 3 (12): 1121-1123.

[94] Ma Q P, Shi Y S, Han J S. Further Studies On Interactions Between Periaqueductal Gray, Nucleus Accumbens and Habenula in Antinociception [J]. Brain Research, 1992, 583 (1-2): 292-295.

[95] Ma Qing-Ping, Han Ji-Sheng. Neurochemical and Morphological Evidence of an Antinociceptive Neural Pathway From Nucleus Raphe Dorsalis to Nucleus Accumbens in the Rabbit [J]. Brain Research Bulletin, 1992, 28 (6): 931-936.

[96] R Dorsalis, Ma Q P, Zhou Y, et al. Electroacupuncture Accelerated the Expression of C-Fos Protooncogene in Serotonergic Neurons of Nucleus [J]. International Journal of Neuroscience, 1992, 67 (1-4): 111-117.

[97] Zhang L J, Lu X Y, Han J S. Influences of Cholecystokinin Octapeptide On Phosphoinositide Turnover in Neonatal-Rat Brain Cells [J]. Biochemical Journal, 1992, 285 (3): 847-850.

[98] Lin J G, Chen X H, Han J S. Antinociception Produced by 2 and 5 Khz Peripheral Stimulation in the Rat [J]. International Journal of Neuroscience, 1992, 64 (1-4): 15-22.

[99] Xu T, Wang T, Han J S. Centrally Acting Endogenous Hypotensive

Substances in Rats Subjected to Endotoxic Shock [J]. Life Sciences, 1992, 51 (23): 1817-1821.

[100] Wang J F, Sun X J, Yang H F, et al. Mobilization of Calcium From Intracellular Store as a Possible Mechanism Underlying the Anti-Opioid Effect of Angiotensin II [J]. Neuropeptides, 1992, 22 (4): 219-222.

[101] 韩济生. 从阿片与抗阿片这一对矛盾中研究针刺镇痛原理 [J]. 生命科学, 1992 (03): 13-16.

[102] 呼业功, 李钊, 郭静萱, 等. 长效阿片拮抗剂纳曲酮抗休克作用的临床观察 [J]. 北京医科大学学报, 1992 (02): 81-84.

[103] 陈晓红, 韩济生, 袁毓, 等. 2—15Hz 电刺激促使人体脊髓中同时释放甲七肽和强啡肽 a [J]. 北京医科大学学报, 1992 (01): 80.

[104] Han J S, Zhang R L. Suppression of Morphine Abstinence Syndrome by Body Electroacupuncture of Different Frequencies in Rats [J]. Drug and Alcohol Dependence, 1993, 31 (2): 169-175.

[105] Zhou Y, Sun Y H, Shen J M, et al. Increased Release of Immunoreactive CCK-8 by Electroacupuncture and Enhancement of Electroacupuncture Analgesia by CCK-B Antagonist in Rat Spinal Cord [J]. Neuropeptides, 1993, 24 (3): 139-144.

[106] Bian J T, Sun M Z, Han J S. Reversal of Electroacupuncture Tolerance by Cck-8 Antiserum: An Electrophysiological Study On Pain-Related Neurons in Nucleus Parafascicularis of the Rat [J]. International Journal of Neuroscience, 1993, 72 (1-2): 15-29.

[107] Zhang L X, Zhou Y, Du Y, et al. Effect of CCK-8 On Audiogenic Epileptic Seizure in P77PMC Rats [J]. Neuropeptides, 1993, 25 (1): 73-76.

[108] Ma Q P, Zhou Y, Han J S. Noxious Stimulation Accelerated the Expression of C-Fos Protooncogene in Cholecystokininergic and Dopaminergic Neurons in the Ventral Tegmental Area [J]. Peptides,

1993, 14 (3): 561-566.

[109] Wang J F, Ren M F, Xue J C, et al. Cyclic AMP Mediates Mu and Delta, but Not Kappa Opioid Analgesia in the Spinal Cord of the Rat [J]. Life Sciences, 1993, 52 (24): 1955-1960.

[110] Ji R R, Zhang Q, Han J S. Electroacupuncture Enhances Enkephalin mRNA Expression in the Spinal Cord and Medulla, an in Situ Hybridization Study [J]. Acta Physiologica Sinica, 1993, 45 (4): 395-399.

[111] Ma Q P, Zhou Y, Han J S. Electroacupuncture Accelerated the Expression of C-Fos Protooncogene in Dopaminergic Neurons in the Ventral Tegmental Area of the Rat [J]. International Journal of Neuroscience, 1993, 70 (3-4): 217-222.

[112] Ji R R, Zhang Z W, Zhou Y, et al. Induction of C-Fos Expression in the Rostral Medulla of Rats Following Electroacupuncture Stimulation [J]. International Journal of Neuroscience, 1993, 72 (3-4): 183-191.

[113] Wang J F, Shun X J, Yang H F, et al. Supression by [D-pen2, D-pen5] Enkephalin On Cyclic Amp Dependent Protein Kinase-Induced, but Not Protein Kinase C-induced Increment of Intracellular Free Calcium in Ng 108-15 Cells [J]. Life Sciences, 1993, 52 (19): 1519-1525.

[114] Zhou Y, Sun Y H, Zhang Z W, et al. Increased Release of Immunoreactive Cholecystokinin Octapeptide by Morphine and Potentiation of M-Opioid Analgesia by CCK-8 Receptor Antagonist L-365, 260 in Rat Spinal Cord [J]. European Journal of Pharmacology, 1993, 234 (2-3): 147-154.

[115] 陈小红, 果淑凤, 韩济生. 疏密波电针镇痛最佳刺激条件的选择 [J]. 北京医科大学学报, 1993 (05): 338.

[116] 纪如荣, 张勤, 韩济生. 电针可促进前脑啡肽原 mRNA 在大鼠脊髓和延髓的表达: 原位杂交研究 [J]. 生理学报, 1993 (04): 395-399.

[117] W Xu, Qiu X C, Han J S. Serotonin Receptor Subtypes in Spinal Antinociception in the Rat [J]. Journal of Pharmacology and Experimental Therapeutics, 1994, 269（3）: 1182–1189.

[118] Han J S, Chen X H, Yuan Y, et al. Transcutaneous Electrical Nerve Stimulation for Treatment of Spinal Spasticity. [J]. Chinese Medical Journal, 1994, 107（1）: 6–11.

[119] Pu S, Zhuang H, Lu Z, et al. Cholecystokinin Gene Expression in Rat Amygdaloid Neurons: Normal Distribution and Effect of Morphine Tolerance [J]. Molecular Brain Research, 1994, 21（3–4）: 183–189.

[120] Han J, Wu L, Cui C. Heroin Addicts Treated with Transcutaneous Electrical Nerve Stimulation of Identified Frequencies [J]. Regulatory Peptides, 1994, 54（1）: 115–116.

[121] Xu W, Cui X, Han J S. IC/2 Receptors Mediate Supraspinal M Opioid-Induced Analgesia [J]. Neuroreport, 1994, 5（18）: 2665–2668.

[122] Pu S F, Zhuang H X, Han J S. Cholecystokinin Octapeptide（CCK-8）Antagonizes Morphine Analgesia in Nucleus Accumbens of the Rat Via the CCK–B Receptor [J]. Brain Research, 1994, 657（1–2）: 159–164.

[123] Chen X, Han J, Huang L. CCK Receptor Antagonist L–365, 260 Potentiated Electroacupuncture Analgesia in Wistar Rats but Not in Audiogenic Epileptic Rats[J]. Chinese Medical Journal, 1994, 107（2）: 113–118.

[124] Zhang L J, Han N L, Han J S. Regulation by Lithium of the Antagonistic Effect of Cholecystokinin Octapeptide On Ohmefentanyl-Induced Antinociception [J]. Neuropharmacology, 1994, 33（1）: 123–126.

[125] 韩济生. HANS 的设计和应用 [J]. 中国针灸, 1994（S1）: 358–

362.

[126] 郭惠夫, 方圆, 王晓民, 等. 不同频率电针激活大鼠中枢神经系统不同部位的 Fos 蛋白表达 [J]. 针刺研究, 1994 (Z1): 52-53.

[127] 董宏伟, 汤乃梅, 韩济生. 多次 100Hz 经皮电刺激与 100Hz 电针刺激产生镇痛效应比较 [J]. 针刺研究, 1994 (Z1): 72.

[128] 韩济生, 边景檀, 沈上, 明晓云, 石玉顺. 中枢 P 物质参与电针镇痛的证据 [J]. 神经科学, 1994 (03): 9-15.

[129] 陈小红, 韩济生, 黄柳婷. CCK Receptor Antagonist L-365, 260 Potentiated Electroacupuncture Analgesia in Wistar Rats but Not in Audiogenic Epileptic Rats [J]. Chinese Medical Journal, 1994 (02): 35-40.

[130] Liu N J, Xu T, Xu C, et al. Cholecystokinin Octapeptide Reverses M-Opioid-Receptor-Mediated Inhibition of Calcium Current in Rat Dorsal Root Ganglion Neurons [J]. Journal of Pharmacology and Experimental Therapeutics, 1995, 275 (3): 1293-1299.

[131] Han J S. Cholecystokinin Octapeptide (CCK-8: A Negative Feedback Control Mechanism for Opioid Analgesia [J]. Progress in Brain Research, 1995, 105: 263-271.

[132] 韩济生, 罗非, 韩念霖. 关于药物协同作用的几种计算方法 [J]. 生理科学进展, 1995 (03): 276-280.

[133] 韩济生, 孙宇华, 周岩, 等. 长时间电针时大鼠脑内八肽胆囊收缩素的生成和释放加速 [J]. 神经科学, 1995 (02): 83-88.

[134] 韩济生, 吴鎏桢, 崔彩莲. 韩氏穴位神经刺激仪治疗阿片戒断综合征的临床研究 [J]. 中国疼痛医学杂志, 1995 (01): 30-38.

[135] 韩济生, 罗非, 许伟. 电针对实验性单发关节炎模型的镇痛及治疗作用 [J]. 中国疼痛医学杂志, 1995 (01): 43-48.

[136] Guo H F, Tian J, Wang X, et al. Brain Substrates Activated by Electroacupuncture of Different Frequencies (I): Comparative Study On the Expression of Oncogene C-Fos and Genes Coding for Three

Opioid Peptides [J]. Molecular Brain Research, 1996, 43 (1-2): 157-166.

[137] Guo H F, Tian J, Wang X, et al. Brain Substrates Activated by Electroacupuncture (EA) of Different Frequencies (Ⅱ): Role of Fos/Jun Proteins in EA-induced Transcription of Preproenkephalin and Preprodynorphin Genes [J]. Molecular Brain Research, 1996, 43 (1-2): 167-173.

[138] Xu T, Liu N J, Li C Q, et al. Cholecystokinin Octapeptide Reverses the Κ-Opioid-Receptor-Mediated Depression of Calcium Current in Rat Dorsal Root Ganglion Neurons [J]. Brain Research, 1996, 730 (1-2): 207-211.

[139] Guo H F, Cui X, Hou Y, et al. C-Fos Proteins are Not Involved in the Activation of Preproenkephalin Gene Expression in Rat Brain by Peripheral Electric Stimulation (Electroacupuncture) [J]. Neuroscience Letters, 1996, 207 (3): 163-166.

[140] Shen S, Bian J T, Tian J B, et al. Frequency Dependence of Substance P Release by Electroacupuncture in Rat Spinal Cord [J]. Acta Physiologica Sinica, 1996, 48 (1): 89-93.

[141] 韩济生, 沈上, 李君, 等. 脊髓中血管紧张素Ⅱ的释放及其抗电针镇痛 [J]. 生理学报, 1996 (06): 543-550.

[142] 韩济生. 中枢阿片肽和胆囊收缩素功能活动的消长是决定针刺镇痛有效性的重要因素 [J]. 北京医科大学学报, 1996 (05): 321-326.

[143] 韩济生, 许伟, 田令华, 等. 孤啡肽在脑内对抗电针镇痛在脊髓加强电针镇痛 [J]. 北京医科大学学报, 1996 (05): 327-330.

[144] 韩济生, 罗非, 李楠, 等. 反复电针对单发佐剂关节炎模型大鼠脊髓P物质、八肽胆囊收缩素及甲硫氨酸脑啡肽样免疫活性物质自发释放的影响 [J]. 中国疼痛医学杂志, 1996 (03): 169-175.

[145] 韩济生, 吴鎏桢, 崔彩莲. 韩氏穴位神经刺激仪 (HANS) 对75例

海洛因戒断者心率的影响[J]. 中国疼痛医学杂志, 1996,(02): 98-102.

[146] 韩济生. 针刺麻醉向何处去? 由针刺麻醉(AA)到针刺辅助麻醉(AAA)[J]. 中国疼痛医学杂志, 1996(01): 1-5.

[147] 韩济生, 沈上, 边景檀, 等. 电针引起脊髓P物质释放的频率依赖性[J]. 生理学报, 1996(01): 89-93.

[148] 韩济生. 中枢神经肽之间的相互作用——神经科学与针灸学相结合的成功尝试[J]. 生物学通报, 1996(02): 1-3.

[149] Tian J H, Xu W, Fang Y, et al. Bidirectional Modulatory Effect of Orphanin FQ On Morphine-Induced Analgesia: Antagonism in Brain and Potentiation in Spinal Cord of the Rat [J]. British Journal of Pharmacology, 1997, 120(4): 676-680.

[150] Tang N M, Dong H W, Wang X M, et al. Cholecystokinin Antisense RNA Increases the Analgesic Effect Induced by Electroacupuncture Or Low Dose Morphine: Conversion of Low Responder Rats Into High Responders [J]. Pain, 1997, 71(1): 71-80.

[151] Tian J H, Xu W, Zhang W, et al. Involvement of Endogenous Orphanin FQ in Electroacupuncture-Induced Analgesia [J]. Neuroreport, 1997, 8(2): 497-500.

[152] Han J S. Physiology of Acupuncture: Review of Thirty Years of Research [J]. Journal of Alternative and Complementary Medicine, 1997, 3(SUPPL.1).

[153] Guo H F, Wang X M, Tian J H, et al. 2 Hz and 100 Hz Electroacupuncture Accelerate the Expression of Genes Encoding Three Opioid Peptides in the Rat Brain [J]. Acta Physiologica Sinica, 1997, 49(2): 121-127.

[154] Zhang L X, Li X L, Wang L, et al. Rats with Decreased Brain Cholecystokinin Levels Show Increased Responsiveness to Peripheral Electrical Stimulation-Induced Analgesia [J]. Brain Research, 1997,

745（1-2）：158-164.

[155] Zhang L X, Li X L, Smith M A, et al. Lipofectin-Facilitated Transfer of Cholecystokinin Gene Corrects Behavioral Abnormalities of Rats with Audiogenic Seizures [J]. Neuroscience, 1997, 77（1）：15-22.

[156] 韩济生，万有."内吗啡肽"的发现是阿片肽研究的一次突破 [J]. 生理科学进展，1997（03）：47-49.

[157] 罗非，安建雄，樊碧发，等. 穴位体表电刺激治疗三叉神经痛28例报告 [J]. 中国疼痛医学杂志，1997（02）：107-111.

[158] 韩济生. 针刺麻醉（Aa）与针刺辅助麻醉（Aaa）[J]. 针刺研究，1997（Z1）：97-99.

[159] 郭惠夫，王晓民，田今华，等. 2Hz和100Hz电针加速脑内三种阿片肽基因表达 [J]. 生理学报，1997（02）：121-127.

[160] G A Ulett, Han S, Han J S. Electroacupuncture: Mechanisms and Clinical Application [J]. Biological Psychiatry, 1998, 44（2）：129-138.

[161] G A Ulett, Han J, Han S. Traditional and Evidence-Based Acupuncture: History, Mechanisms, and Present Status [J]. Southern Medical Journal, 1998, 91（12）：1115-1120.

[162] Tian J H, Zhang W, Fang Y, et al. Endogenous Orphanin FQ: Evidence for a Role in the Modulation of Electroacupuncture Analgesia and the Development of Tolerance to Analgesia Produced by Morphine and Electroacupuncture [J]. British Journal of Pharmacology, 1998, 124（1）：21-26.

[163] Zhang M, Sun Q L, Wan Y, et al. OFQ Reverses the K-Opioid Receptor-Mediated Depression of Calcium Current in Rat Dorsal Root Ganglion Neurons [J]. Neuroreport, 1998, 9（9）：2095-2098.

[164] 韩济生. 美国国立卫生研究院（NIH）举办针灸听证会———一次历史性的盛会 [J]. 中国针灸，1998（03）：59-60.

[165] 王韵，王晓民，韩济生. 不同频率电针耐受对 K 阿片受体 mRNA 转录的影响 [J]. 北京医科大学学报，1998（01）：1-4.

[166] 田津斌，沈上，韩济生. 电针频率对大鼠脊髓灌流液中 Som 和 Cgrp 含量的影响 [J]. 生理学报，1998（01）：101-105.

[167] Han Z, Jiang Y H, Wan Y, et al. Endomorphin-1 Mediates 2 Hz but Not 100 Hz Electroacupuncture Analgesia in the Rat [J]. Neuroscience Letters, 1999, 274（2）：75-78.

[168] Yuan L, Han Z, Chang J K, et al. Accelerated Release and Production of Orphanin FQ in Brain of Chronic Morphine Tolerant Rats [J]. Brain Research, 1999, 826（2）：330-334.

[169] Wu L Z, Cui C L, Tian J B, et al. Suppression of Morphine Withdrawal by Electroacupuncture in Rats: Dynorphin and K-Opioid Receptor Implicated [J]. Brain Research, 1999, 851（1-2）：290-296.

[170] Wang X M, Zhou Y, R Spangler, et al. Acute Intermittent Morphine Increases Preprodynorphin and Kappa Opioid Receptor mRNA Levels in the Rat Brain [J]. Molecular Brain Research, 1999, 66（1-2）：184-187.

[171] Zhou Y, Spangler R, Maggos C E, et al. Hypothalamic-Pituitary-Adrenal Activity and Pro-Opiomelanocortin mRNA Levels in the Hypothalamus and Pituitary of the Rat are Differentially Modulated by Acute Intermittent Morphine with Or without Water Restriction Stress [J]. Journal of Endocrinology, 1999, 163（2）：261-267.

[172] Zhao C S, Li B S, Zhao G Y, et al. Nocistatin Reverses the Effect of Orphanin FQ/nociceptin in Antagonizing Morphine Analgesia [J]. Neuroreport, 1999, 10（2）：297-299.

[173] 万有，Mogil J S，黄诚，等. β-内啡肽基因敲除小鼠 2Hz 电针镇痛效果显著降低 [J]. 中国疼痛医学杂志，1999（03）：161-167.

[174] 袁立，许伟，韩济生. 孤啡肽与八肽胆囊收缩素在大鼠脑内拮抗吗

啡镇痛的协同作用[J]. 中国药理学通报, 1999（03）: 29-32.

[175] 崔振中, 梁德勇, 金蕾, 等. 用 mRNA 差异显示法分离大鼠吗啡依赖相关基因[J]. 北京医科大学学报, 1999（03）: 29-32.

[176] 喻允国, 崔彩莲, 于吉人, 等. K 阿片受体介导 100 Hz 电针对吗啡戒断大鼠心动过速的缓解作用[J]. 北京医科大学学报, 1999,（01）: 5-8.

[177] Wang B, Luo F, Zhang W T, et al. Stress Or Drug Priming Induces Reinstatement of Extinguished Conditioned Place Preference [J]. Neuroreport, 2000, 11（12）: 2781-2784.

[178] Huang C, Wang Y, Chang J K, et al. Endomorphin and M-Opioid Receptors in Mouse Brain Mediate the Analgesic Effect Induced by 2 Hz but Not 100 Hz Electroacupuncture Stimulation [J]. Neuroscience Letters, 2000, 294（3）: 159-162.

[179] Wang B, Luo F, Xia Y Q, et al. Peripheral Electric Stimulation Inhibits Morphine-Induced Place Preference in Rats [J]. Neuroreport, 2000, 11（5）: 1017-1020.

[180] Wang Y, Huang C, Cao Y, et al. Repeated Administration of Low Dose Ketamine for the Treatment of Monoarthritic Pain in the Rat [J]. Life Sciences, 2000, 67（3）: 261-267.

[181] Tian J H, Han J S. Functional Studies Using Antibodies Against Orphanin FQ/nociceptin [J]. Peptides, 2000, 21（7）: 1047-1050.

[182] Han N L, Luo F, Bian Z P, et al. Synergistic Effect of Cholecystokinin Octapeptide and Angiotensin II in Reversal of Morphine Induced Analgesia in Rats [J]. Pain, 2000, 85（3）: 465-469.

[183] Cui C L, Wu L Z, Han J S. Spinal Kappa-Opioid System Plays an Important Role in Suppressing Morphine Withdrawal Syndrome in the Rat [J]. Neuroscience Letters, 2000, 295（1-2）: 45-48.

[184] 汪家琮, 周红俊, 刘根林, 等. 韩氏穴位神经刺激仪（Hans）治疗脊髓损伤引起的肌痉挛痛[J]. 中国疼痛医学杂志, 2000（04）:

217-224.

［185］张本国，罗非，刘崇悦，等. 单独应用韩氏戒毒仪治疗海洛因成瘾121例报告［J］. 中国中西医结合杂志，2000（08）：593-595.

［186］刘苏星，罗非，沈上，等. 大鼠电针镇痛的个体差异性及其与基础痛阈的关系［J］. 中国疼痛医学杂志，2000（02）：92-95.

［187］黄诚，王韵，石玉顺，等. 小鼠低频和高频电针镇痛阿片机制的探讨［J］. 中国疼痛医学杂志，2000（02）：96-103.

［188］韩济生. 中枢八肽胆囊收缩素的抗阿片作用是决定针刺镇痛和吗啡镇痛有效性的重要因素［J］. 生理科学进展，2000（02）：173-177.

［189］刘红香，刘承，罗非，等. 经皮神经电刺激治疗慢性炎症痛的适宜参数探讨之二：不同强度的疗效比较［J］. 中国针灸，2000（02）：47-50.

［190］吴鎏桢，崔彩莲，韩济生. 2/100Hz跨皮肤电刺激对男性海洛因成瘾者性机能障碍及血清性激素水平的影响［J］. 中国中西医结合杂志，2000（01）：15-18.

［191］刘红香，蒋玉辉，熊亮，等. 经皮神经电刺激治疗慢性炎症痛的适宜参数探讨之一：不同频度的疗效比较［J］. 中国针灸，2000（01）：41-46.

［192］Wan Y, Wilson S G, Han J S, et al. The Effect of Genotype on Sensitivity to Electroacupuncture Analgesia［J］. Pain, 2001, 91（1-2）: 5-13.

［193］Sun R Q, Wang Y, Zhao C S, et al. Changes in Brain Content of Nociceptin/Orphanin FQ and Endomorphin 2 in a Rat Model of Neuropathic Pain［J］. Neuroscience Letters, 2001, 311（1）: 13-16.

［194］Sun R Q, Zhao C S, Wang H J, et al. Nocistatin, a Peptide Reversing Acute and Chronic Morphine Tolerance［J］. Neuroreport, 2001, 12（8）: 1789-1792.

［195］蒋袁絮，王韵，刘红香，等. 2Hz和100Hz经皮神经电刺激对大鼠慢性炎症痛治疗作用的比较［J］. 中国中西医结合杂志，2001（12）:

923-925.

[196] 韩济生. 针刺镇痛频率特异性的进一步证明 [J]. 针刺研究, 2001 (03): 224-227.

[197] 王贺春, 姚磊, 万有, 等. 不同频度电针治疗大鼠慢性神经源性痛的疗效比较 [J]. 针刺研究, 2001 (03): 227-228.

[198] 王玢, 罗非, 韩济生. 低频电针可取消药物点燃与应激诱发的大鼠条件性位置偏爱重建的作用 [J]. 针刺研究, 2001 (03): 232-233.

[199] 万有, Peng Bonnie, Pintar John E, 等. 孤啡肽基因敲除小鼠电针镇痛作用增强 [J]. 中国疼痛医学杂志, 2001 (03): 161-164.

[200] 吴鎏桢, 崔彩莲, 韩济生. 多次电针刺激抑制大鼠吗啡戒断症状的累加效应及长时程后效应 [J]. 中国疼痛医学杂志, 2001 (02): 105-108.

[201] Liang X B, Liu X Y, Li F Q, et al. Long-Term High-Frequency Electro-Acupuncture Stimulation Prevents Neuronal Degeneration and Up-Regulates BDNF mRNA in the Substantia Nigra and Ventral Tegmental Area Following Medial Forebrain Bundle Axotomy [J]. Molecular Brain Research, 2002, 108 (1-2): 51-59.

[202] Huang C, Wang Y, Han J S, et al. Characteristics of Electroacupuncture-Induced Analgesia in Mice: Variation with Strain, Frequency, Intensity and Opioid Involvement [J]. Brain Research, 2002, 945 (1): 20-25.

[203] Wang B, Luo F, Ge X C, et al. Effects of Lesions of Various Brain Areas on Drug Priming or Footshock-Induced Reactivation of Extinguished Conditioned Place Preference [J]. Brain Research, 2002, 950 (1-2): 1-9.

[204] Ren Y H, Wang B, Luo F, et al. Peripheral Electric Stimulation Attenuates the Expression of Cocaine-Induced Place Preference in Rats [J]. Brain Research, 2002, 957 (1): 129-135.

[205] 王贺春, 万有, 王韵, 等. 不同穴位电针治疗大鼠慢性神经源性痛

的疗效比较［J］. 针刺研究, 2002（03）: 180-185.

［206］崔彩莲, 马勤耘, 吴鎏桢, 等. 2/100Hz 电针抑制吗啡戒断大鼠中枢神经元型一氧化氮合酶的表达［J］. 北京大学学报（医学版）, 2002（04）: 321-325.

［207］王韵, 张翼, 王伟, 等. 内吗啡肽与强啡肽产生协同镇痛作用的新证据［J］. 中国疼痛医学杂志, 2002（02）: 118-119.

［208］程晓馨, 李丰桥, 黄敏, 等. 雷公藤氯内酯醇对帕金森病大鼠多巴胺神经元的保护作用［J］. 药学学报, 2002（05）: 339-342.

［209］孙瑞卿, 王贺春, 王韵, 等. 不同频率的电针对大鼠神经源性痛的治疗作用［J］. 中国应用生理学杂志, 2002（02）: 25-28.

［210］Han J S. Acupuncture: Neuropeptide Release Produced by Electrical Stimulation of Different Frequencies［J］. Trends in Neurosciences, 2003, 26（1）: 17-22.

［211］Zhang W T, Jin Z, Cui G H, et al. Relations Between Brain Network Activation and Analgesic Effect Induced by Low Vs. High Frequency Electrical Acupoint Stimulation in Different Subjects: A Functional Magnetic Resonance Imaging Study［J］. Brain Research, 2003, 982（2）: 168-178.

［212］Liang X B, Luo Y, Liu X Y, et al. Electro-Acupuncture Improves Behavior and Upregulates GDNF mRNA in MFB Transected Rats［J］. Neuroreport, 2003, 14（8）: 1177-1181.

［213］Li F Q, Cheng X X, Liang X B, et al. Neurotrophic and Neuroprotective Effects of Tripchlorolide, an Extract of Chinese Herb Tripterygium Wilfordii Hook F, on Dopaminergic Neurons［J］. Experimental Neurology, 2003, 179（1）: 28-37.

［214］Zhang W T, Jin Z, Huang J, et al. Modulation of Cold Pain in Human Brain by Electric Acupoint Stimulation: Evidence from fMRI［J］. Neuroreport, 2003, 14（12）: 1591-1596.

［215］Fang M, Wang Y, He Q H, et al. Glial Cell Line-Derived Neurotrophic

Factor Contributes to Delayed Inflammatory Hyperalgesia in Adjuvant Rat Pain Model [J]. Neuroscience, 2003, 117 (3): 503-512.

[216] Wang J Y, Luo F, Chang J Y, et al. Parallel Pain Processing in Freely Moving Rats Revealed by Distributed Neuron Recording [J]. Brain Research, 2003, 992 (2): 263-271.

[217] Shi X D, Ren W, Wang G B, et al. Brain Opioid-Receptors are Involved in Mediating Peripheral Electric Stimulation-Induced Inhibition of Morphine Conditioned Place Preference in Rats [J]. Brain Research, 2003, 981 (1-2): 23-29.

[218] Huang C, Long H, Shi Y S, et al. Nocistatin Potentiates Electroacupuncture Antinociceptive Effects and Reverses Chronic Tolerance to Electroacupuncture in Mice [J]. Neuroscience Letters, 2003, 350 (2): 93-96.

[219] 孙瑞卿, 王贺春, 景峥, 等. 2 Hz电针减轻神经源性痛大鼠的痛觉超敏和冷诱发的持续性疼痛 [J]. 中国疼痛医学杂志, 2003 (04): 220-224.

[220] 王锦琰, 罗非, 韩济生. 中枢神经元放电的在体多通道同步记录技术 [J]. 生理科学进展, 2003 (04): 356-358.

[221] 邢国刚, 刘风雨, 万有, 等. 2 Hz电针诱导神经病理痛大鼠脊髓背角突触传递长时程抑制 [J]. 北京大学学报（医学版）, 2003 (05): 453-457.

[222] 田德润, 李晓东, 牛东滨, 等. 电针上调食源性肥胖大鼠弓状核α-MSH的表达 [J]. 北京大学学报（医学版）, 2003 (05): 458-461.

[223] 崔彩莲, 冀栋, 彭文萍, 等. 极小剂量纳洛酮增强电针的镇痛作用但不影响电针对吗啡戒断症状的抑制作用 [J]. 中国疼痛医学杂志, 2003 (02): 100-104.

[224] 张蔚婷, 罗非, 亓颖伟, 等. 穴位电刺激对痛信息处理过程的调制作用之脑电图研究（英文）[J]. 北京大学学报（医学版）, 2003

（03）：236-240.

[225] 田德润，李晓东，石玉顺，等. 经皮神经电刺激治疗超重和肥胖症的初步研究 [J]. 北京大学学报（医学版），2003（03）：277-279.

[226] Han J S. Acupuncture and Endorphins [J]. Neuroscience Letters, 2004, 361 (1-3): 258-261.

[227] Zhang W T, Jin Z, Luo F, et al. Evidence from Brain Imaging with fMRI Supporting Functional Specificity of Acupoints in Humans [J]. Neuroscience Letters, 2004, 354 (1): 50-53.

[228] Tu H, Deng L, Sun Q, et al. Hyperpolarization-Activated, Cyclic Nucleotide-Gated Cation Channels: Roles in the Differential Electrophysiological Properties of Rat Primary Afferent Neurons [J]. Journal of Neuroscience Research, 2004, 76 (5): 713-722.

[229] Li F Q, Lu X Z, Liang X B, et al. Triptolide, a Chinese Herbal Extract, Protects Dopaminergic Neurons from Inflammation-Mediated Damage through Inhibition of Microglial Activation [J]. Journal of Neuroimmunology, 2004, 148 (1-2): 24-31.

[230] Huang C, Hu Z P, Long H, et al. Attenuation of Mechanical but Not Thermal Hyperalgesia by Electroacupuncture with the Involvement of Opioids in Rat Model of Chronic Inflammatory Pain [J]. Brain Research Bulletin, 2004, 63 (2): 99-103.

[231] Shi X D, Wang G B, Ma Y Y, et al. Repeated Peripheral Electrical Stimulations Suppress Both Morphine-Induced CPP and Reinstatement of Extinguished CPP in Rats: Accelerated Expression of PPE and PPD mRNA in NAc Implicated [J]. Molecular Brain Research, 2004, 130 (1-2): 124-133.

[232] Huang C, Li H T, Shi Y S, et al. Ketamine Potentiates the Effect of Electroacupuncture On Mechanical Allodynia in a Rat Model of Neuropathic Pain [J]. Neuroscience Letters, 2004, 368 (3): 327-331.

[233] Tian D R, Li X D, Shi Y S, et al. Changes of Hypothalamic α−MSH and CART Peptide Expression in Diet−Induced Obese Rats [J]. Peptides, 2004, 25(12): 2147−2153.

[234] Sun R Q, Wang H C, Wan Y, et al. Suppression of Neuropathic Pain by Peripheral Electrical Stimulation in Rats: M−Opioid Receptor and NMDA Receptor Implicated [J]. Experimental Neurology, 2004, 187(1): 23−29.

[235] Tang X Q, Wang Y, Huang Z H, et al. Adenovirus−Mediated Delivery of GDNF Ameliorates Corticospinal Neuronal Atrophy and Motor Function Deficits in Rats with Spinal Cord Injury [J]. Neuroreport, 2004, 15(3): 425−429.

[236] Wang J Y, Zhang H T, Han J S, et al. Differential Modulation of Nociceptive Neural Responses in Medial and Lateral Pain Pathways by Peripheral Electrical Stimulation: A Multichannel Recording Study [J]. Brain Research, 2004, 1014(1−2): 197−208.

[237] Cui G H, Ren X W, Wu L Z, et al. Electroacupuncture Facilitates Recovery of Male Sexual Behavior in Morphine Withdrawal Rats [J]. Neurochemical Research, 2004, 29(2): 397−401.

[238] Ji D, Sui Z Y, Ma Y Y, et al. NMDA Receptor in Nucleus Accumbens is Implicated in Morphine Withdrawal in Rats [J]. Neurochemical Research, 2004, 29(11 SPEC. ISS.): 2113−2120.

[239] Sun Q, Tu H, Xing G G, et al. Ectopic Discharges from Injured Nerve Fibers are Highly Correlated with Tactile Allodynia Only in Early, but Not Late, Stage in Rats with Spinal Nerve Ligation [J]. Experimental Neurology, 2005, 191(1): 128−136.

[240] Sun Q, Xing G G, Tu H Y, et al. Inhibition of Hyperpolarization−Activated Current by ZD7288 Suppresses Ectopic Discharges of Injured Dorsal Root Ganglion Neurons in a Rat Model of Neuropathic Pain [J]. Brain Research, 2005, 1032(1−2): 63−69.

[241] Wang Y, Zhang Y, Wang W, et al. Effects of Synchronous Or Asynchronous Electroacupuncture Stimulation with Low Versus High Frequency on Spinal Opioid Release and Tail Flick Nociception [J]. Experimental Neurology, 2005, 192 (1): 156-162.

[242] Chen J H, Liang J, Wang G B, et al. Repeated 2 Hz Peripheral Electrical Stimulations Suppress Morphine-Induced CPP and Improve Spatial Memory Ability in Rats [J]. Experimental Neurology, 2005, 194 (2): 550-556.

[243] Tian D R, Li X D, Wang F, et al. Up-Regulation of the Expression of Cocaine and Amphetamine-Regulated Transcript Peptide by Electroacupuncture in the Arcuate Nucleus of Diet-Induced Obese Rats [J]. Neuroscience Letters, 2005, 383 (1-2): 17-21.

[244] Choi B T, Lee J H, Wan Y, et al. Involvement of Ionotropic Glutamate Receptors in Low Frequency Electroacupuncture Analgesia in Rats [J]. Neuroscience Letters, 2005, 377 (3): 185-188.

[245] Huang C, Long H, Shi Y S, et al. Ketamine Enhances the Efficacy to and Delays the Development of Tolerance to Electroacupuncture-Induced Antinociception in Rats [J]. Neuroscience Letters, 2005, 375 (2): 138-142.

[246] Yang H, Chang J Y, Woodward D J, et al. Coding of Peripheral Electrical Stimulation Frequency in Thalamocortical Pathways [J]. Experimental Neurology, 2005, 196 (1): 138-152.

[247] Zhang M, Wang X, Zhang D, et al. Orphanin FQ Antagonizes the Inhibition of Ca2+ Currents Induced by M-Opioid Receptors [J]. Journal of Molecular Neuroscience, 2005, 25 (1): 21-27.

[248] Dong H W, Wang L H, Zhang M, et al. Decreased Dynorphin a (1-17) in the Spinal Cord of Spastic Rats After the Compressive Injury [J]. Brain Research Bulletin, 2005, 67 (3): 189-195.

[249] Ma Y Y, Guo C Y, Yu P, et al. The Role of NR2B Containing

NMDA Receptor in Place Preference Conditioned with Morphine and Natural Reinforcers in Rats [J]. Experimental Neurology, 2006, 200 (2): 343-355.

[250] Huang J, Chang J Y, Woodward D J, et al. Dynamic Neuronal Responses in Cortical and Thalamic Areas During Different Phases of Formalin Test in Rats [J]. Experimental Neurology, 2006, 200 (1): 124-134.

[251] Tian N, Wang F, Tian D R, et al. Electroacupuncture Suppresses Expression of Gastric Ghrelin and Hypothalamic NPY in Chronic Food Restricted Rats [J]. Peptides, 2006, 27 (9): 2313-2320.

[252] Wang Y, Xie W Y, He Y, et al. Role of CDK5 in Neuroprotection From Serum Deprivation by M-Opioid Receptor Agonist [J]. Experimental Neurology, 2006, 202 (2): 313-323.

[253] Liang J, Li Y, Ping X, et al. The Possible Involvement of Endogenous Ligands for Mu-, Delta- and Kappa-Opioid Receptors in Modulating Morphine-Induced CPP Expression in Rats [J]. Peptides, 2006, 27 (12): 3307-3314.

[254] Zhong F, Wu L Z, Han J S. Suppression of Cue-Induced Heroin Craving and Cue-Reactivity by Single-Trial Transcutaneous Electrical Nerve Stimulation at 2 Hz [J]. Addiction Biology, 2006, 11 (2): 184-189.

[255] 杨东晓, 徐满英, 韩济生. 八肽胆囊收缩素对针刺镇痛的影响及其机制 [J]. 中国临床康复, 2006 (03): 136-139.

[256] Xing G G, Liu F Y, Qu X X, et al. Long-Term Synaptic Plasticity in the Spinal Dorsal Horn and its Modulation by Electroacupuncture in Rats with Neuropathic Pain [J]. Experimental Neurology, 2007, 208 (2): 323-332.

[257] Ma Y Y, Chu N N, Guo C Y, et al. NR2B-containing NMDA Receptor is Required for Morphine-But Not Stress-Induced Reinstatement

[J]. Experimental Neurology, 2007, 203（2）: 309-319.

[258] Liu F Y, Xing G G, Qu X X, et al. Roles of 5-Hydroxytryptamine (5-HT) Receptor Subtypes in the Inhibitory Effects of 5-HT On C-fiber Responses of Spinal Wide Dynamic Range Neurons in Rats [J]. Journal of Pharmacology and Experimental Therapeutics, 2007, 321（3）: 1046-1053.

[259] Chu N N, Zuo Y F, Meng L, et al. Peripheral Electrical Stimulation Reversed the Cell Size Reduction and Increased BDNF Level in the Ventral Tegmental Area in Chronic Morphine-Treated Rats [J]. Brain Research, 2007, 1182（1）: 90-98.

[260] Huang C, Hu Z P, Jiang S Z, et al. CCKB Receptor Antagonist L365, 260 Potentiates the Efficacy to and Reverses Chronic Tolerance to Electroacupuncture-Induced Analgesia in Mice [J]. Brain Research Bulletin, 2007, 71（5）: 447-451.

[261] Wang J Y, Chang J Y, Woodward D J, et al. Corticofugal Influences On Thalamic Neurons During Nociceptive Transmission in Awake Rats [J]. Synapse, 2007, 61（5）: 335-342.

[262] Liu H X, Tian J B, Luo F, et al. Repeated 100 Hz TENS for the Treatment of Chronic Inflammatory Hyperalgesia and Suppression of Spinal Release of Substance P in Monoarthritic Rats [J]. Evidence-Based Complementary and Alternative Medicine, 2007, 4（1）: 65-75.

[263] Yu L, Yang F, Luo H, et al. The Role of TRPV1 in Different Subtypes of Dorsal Root Ganglion Neurons in Rat Chronic Inflammatory Nociception Induced by Complete Freund's Adjuvant [J]. Molecular Pain, 2008, 4.

[264] Jiang Y Q, Xing G G, Wang S L, et al. Axonal Accumulation of Hyperpolarization-Activated Cyclic Nucleotide-Gated Cation Channels Contributes to Mechanical Allodynia After Peripheral Nerve Injury in Rat [J]. Pain, 2008, 137（3）: 495-506.

[265] Zhou Y, Cui C L, Schlussman S D, et al. Effects of Cocaine Place Conditioning, Chronic Escalating-Dose "Binge" Pattern Cocaine Administration and Acute Withdrawal On Orexin/Hypocretin and Preprodynorphin Gene Expressions in Lateral Hypothalamus of Fischer and Sprague-Dawley Rats [J]. Neuroscience, 2008, 153 (4): 1225-1234.

[266] Wang F, Tian D R, Han J S. Electroacupuncture in the Treatment of Obesity [J]. Neurochemical Research, 2008, 33 (10): 2023-2027.

[267] Huang C, Huang Z Q, Hu Z P, et al. Electroacupuncture Effects in a Rat Model of Complete Freund's Adjuvant-Induced Inflammatory Pain: Antinociceptive Effects Enhanced and Tolerance Development Accelerated [J]. Neurochemical Research, 2008, 33 (10): 2107-2111.

[268] Qiao Z M, Wang J Y, Han J S, et al. Dynamic Processing of Nociception in Cortical Network in Conscious Rats: A Laser-Evoked Field Potential Study [J]. Cellular and Molecular Neurobiology, 2008, 28 (5): 671-687.

[269] Luo H, Xu I S, Chen Y, et al. Behavioral and Electrophysiological Evidence for the Differential Functions of TRPV1 at Early and Late Stages of Chronic Inflammatory Nociception in Rats [J]. Neurochemical Research, 2008, 33 (10): 2151-2158.

[270] Overstreet D H, Cui C L, Ma Y Y, et al. Electroacupuncture Reduces Voluntary Alcohol Intake in Alcohol-Preferring Rats Via an Opiate-Sensitive Mechanism [J]. Neurochemical Research, 2008, 33 (10): 2166-2170.

[271] Ma Y Y, Shi X D, Han J S, et al. Peripheral Electrical Stimulation-Induced Suppression of Morphine-Induced CCP in Rats: A Role for Dopamine in the Nucleus Accumbens [J]. Brain Research, 2008, 1212: 63-70.

[272] 闫俊娟，倪牧宇，曲之毅，等. 2/100Hz 经皮穴位电刺激治疗青少

年网瘾 ET 结果的初步探讨［J］. 中国药物依赖性杂志，2008（04）：282-285.

［273］Qu X X, Cai J, Li M J, et al. Role of the Spinal Cord NR2B-containing NMDA Receptors in the Development of Neuropathic Pain［J］. Experimental Neurology, 2009, 215（2）: 298-307.

［274］Ma Y. Y, Meng L, Guo C Y, et al. Dose- and Time-Dependent, Context-Induced Elevation of Dopamine and its Metabolites in the Nucleus Accumbens of Morphine-Induced CPP Rats［J］. Behavioural Brain Research, 2009, 204（1）: 192-199.

［275］Hu L, Chu N N, Sun L L, et al. Electroacupuncture Treatment Reverses Morphine-Induced Physiological Changes in Dopaminergic Neurons within the Ventral Tegmental Area［J］. Addiction Biology, 2009, 14（4）: 431-437.

［276］万有，韩济生，Pintar John E. 孤啡肽基因敲除小鼠电针镇痛作用增强（英文）［J］. 北京大学学报（医学版），2009（03）：376-379.

［277］Geng S J, Liao F F, Dang W H, et al. Contribution of the Spinal Cord BDNF to the Development of Neuropathic Pain by Activation of the NR2B-containing NMDA Receptors in Rats with Spinal Nerve Ligation［J］. Experimental Neurology, 2010, 222（2）: 256-266.

［278］Liu F Y, Qu X X, Ding X, et al. Decrease in the Descending Inhibitory 5-HT System in Rats with Spinal Nerve Ligation［J］. Brain Research, 2010, 1330: 45-60.

［279］Liang J, Ping X J, Li Y J, et al. Morphine-Induced Conditioned Place Preference in Rats is Inhibited by Electroacupuncture at 2 Hz: Role of Enkephalin in the Nucleus Accumbens［J］. Neuropharmacology, 2010, 58（1）: 233-240.

［280］权志鹏，秦明星，韩济生，等. 2/100Hz 经皮穴位电刺激对社区戒毒康复中阿片成瘾者的作用［J］. 中国药物依赖性杂志，2010（03）：185-190.

[281] Han J S. Acupuncture Analgesia: Areas of Consensus and Controversy [J]. Pain, 2011, 152 (SUPPL.3).

[282] Han J S, Ho Y S. Global Trends and Performances of Acupuncture Research [J]. Neuroscience and Biobehavioral Reviews, 2011, 35 (3): 680-687.

[283] Zhang R, Feng X J, Guan Q, et al. Increase of Success Rate for Women Undergoing Embryo Transfer by Transcutaneous Electrical Acupoint Stimulation: A Prospective Randomized Placebo-Controlled Study [J]. Fertility and Sterility, 2011, 96 (4): 912-916.

[284] Lv X F, Xu Y, Han J S, et al. Expression of Activity-Regulated Cytoskeleton-Associated Protein (Arc/Arg3.1) in the Nucleus Accumbens is Critical for the Acquisition, Expression and Reinstatement of Morphine-Induced Conditioned Place Preference [J]. Behavioural Brain Research, 2011, 223 (1): 182-191.

[285] Wang Fei, Tian D R, Tso P, et al. Arcuate Nucleus of Hypothalamus is Involved in Mediating the Satiety Effect of Electroacupuncture in Obese Rats [J]. Peptides, 2011, 32 (12): 2394-2399.

[286] 韩济生. 针刺镇痛：共识与质疑 [J]. 中国疼痛医学杂志, 2011 (01): 9-14.

[287] Zheng Q, Fang D, Cai J, et al. Enhanced Excitability of Small Dorsal Root Ganglion Neurons in Rats with Bone Cancer Pain. [J]. Molecular Pain, 2012, 8: 24.

[288] Wang K, Zhang R, He F, et al. Electroacupuncture Frequency-Related Transcriptional Response in Rat Arcuate Nucleus Revealed Region-Distinctive Changes in Response to Low- and High-Frequency Electroacupuncture [J]. Journal of Neuroscience Research, 2012, 90 (7): 1464-1473.

[289] Jiang Y, Hao Y, Zhang Y, et al. Thirty Minute Transcutaneous Electric Acupoint Stimulation Modulates Resting State Brain Activities:

A Perfusion and BOLD fMRI Study [J]. Brain Research, 2012, 1457: 13-25.

[290] Zhang Y, Glielmi C B, Jiang Y, et al. Simultaneous CBF and BOLD Mapping of High Frequency Acupuncture Induced Brain Activity [J]. Neuroscience Letters, 2012, 530 (1): 12-17.

[291] Zhang R, Jia M X, Zhang J S, et al. Transcutaneous Electrical Acupoint Stimulation in Children with Autism and its Impact On Plasma Levels of Arginine-Vasopressin and Oxytocin: A Prospective Single-Blinded Controlled Study [J]. Research in Developmental Disabilities, 2012, 33 (4): 1136-1146.

[292] Zheng Q, Fang D, Liu M, et al. Suppression of KCNQ/M (Kv7) Potassium Channels in Dorsal Root Ganglion Neurons Contributes to the Development of Bone Cancer Pain in a Rat Model [J]. Pain, 2013, 154 (3): 434-448.

[293] Liu M, Yang H, Fang D, et al. Upregulation of P2X3 Receptors by Neuronal Calcium Sensor Protein VILIP-1 in Dorsal Root Ganglions Contributes to the Bone Cancer Pain in Rats [J]. Pain, 2013, 154 (9): 1551-1568.

[294] Xu X J, Shou X J, Li J, et al. Mothers of Autistic Children: Lower Plasma Levels of Oxytocin and Arg-Vasopressin and a Higher Level of Testosterone [J]. PLoS One, 2013, 8 (9).

[295] Jiang Y, Wang H, Liu Z, et al. Manipulation of and Sustained Effects on the Human Brain Induced by Different Modalities of Acupuncture: An fMRI Study [J]. PLoS One, 2013, 8 (6).

[296] 董悦, 董玉茹, 姜胤, 等. 手针、电针及经皮穴位电刺激调节人脑功能的功能性磁共振观察 [J]. 中国疼痛医学杂志, 2013 (02): 75-79.

[297] Xiang X H, Chen Y M, Zhang J M, et al. Low- and High-Frequency Transcutaneous Electrical Acupoint Stimulation Induces Different Effects

On Cerebral M-Opioid Receptor Availability in Rhesus Monkeys [J]. Journal of Neuroscience Research, 2014, 92 (5): 555-563.

[298] Xu X J, Zhang H F, Shou X J, et al. Prenatal Hyperandrogenic Environment Induced Autistic-Like Behavior in Rat Offspring [J]. Physiology and Behavior, 2015, 138: 13-20.

[299] Fang D, Kong L Y, Cai J, et al. Interleukin-6-Mediated Functional Upregulation of TRPV1 Receptors in Dorsal Root Ganglion Neurons through the Activation of JAK/PI3K Signaling Pathway: Roles in the Development of Bone Cancer Pain in a Rat Model [J]. Pain, 2015, 156 (6): 1124-1144.

[300] Lv X F, Sun L L, Cui C L, et al. NAc Shell Arc/Arg3.1 Protein Mediates Reconsolidation of Morphine CPP by Increased GluR1 Cell Surface Expression: Activation of ERK-coupled CREB is Required [J]. International Journal of Neuropsychopharmacology, 2015, 18(9): 1-10.

著作

[1] 北京医学院基础部针麻原理研究组生理组. 中枢神经介质概论 [M]. 北京：科学出版社，1977.

[2] 韩济生，任民峰，汤健，范少光，周仲福. 中枢神经介质概论（第2版）[M]. 北京：科学出版社，1980.

[3] 韩济生，主编. 针刺镇痛的神经化学原理 [M]. 北京：中国医药科技出版社，1987.

[4] Han J S, Editor-in-Chief. Human Physiology [M]. Shanghai: Shanghai Scientific and Technological Publisher, 1989.

[5] 王志均，韩济生，主编. 治学之道——老一辈生理科学家自述 [M]. 北京：北京医科大学、中国协和医科大学联合出版社，1992.

[6] 韩济生，主编. 神经科学纲要 [M]. 北京：北京医科大学、中国协和医科大学出版社，1993.

[7] 韩济生，主编. 针刺镇痛原理研究［M］. 石家庄河北教育出版社，1993.

[8] 韩济生. 针刺镇痛的神经化学基础（第2卷）［M］. 武汉：湖北科学技术出版社，1998.

[9] 韩济生. 针刺镇痛原理［M］. 上海：上海科技教育出版社，1999.

[10] 韩济生，主编. 神经科学原理（第2版）（上、下册）［M］. 北京：北京医科大学出版社，1999.

[11] 韩济生，主编. 科学殿堂的攀登之路：老一辈生理科学家的心路历程［M］. 北京：北京医科大学出版社，2002.

[12] 韩济生，樊碧发，主编. 临床技术操作规范疼痛学分册［M］. 北京：人民军医出版社，2004.

[13] Han Ji-Sheng, Alan I Trachtenberg, Joyce H Lowinson. Chapter 49-Acupuncture［M］//Joyce H Lowinson, Pedro Ruiz, Robert B Millman, John G Langrod, eds. Substance Abuse: A Comprehensive Textbook（4th Edition）. Philadelphia: Lippincott Williams and Wilkins, 2005: 743-762.

[14] 韩济生，主编，马达，副主编. 毒难戒，毒能戒［M］. 北京：高等教育出版社，2004.

[15] 韩济生，倪家骧，主编. 临床诊疗指南疼痛学分册［M］. 北京：人民卫生出版社，2007.

[16] 韩济生，主编. 针刺镇痛的神经化学基础（第3卷）［M］. 北京：北京大学医学出版社，2008.

[17] 韩济生，主编. 神经科学（第3版）［M］. 北京：北京大学医学出版社，2009.

[18] 韩济生，主编. 疼痛学［M］. 北京：北京大学医学出版社，2012.

[19] Han Ji-Sheng. Chapter 210- Antiopioid Peptides［M］//Abba Kastin, ed, Handbook of Biologically Active Peptides（2nd Edition）. Amsterdam: Academic Press of Elsevier, 2013: 1543-1549.

参考文献

传记、访谈录等

[1] 皮述中. 韩济生小影：敷文纪念刊 [Z]. 杭州：1947.

[2] 王晓民，主编. 芳菲时节：韩济生院士与他的学生们 [M]. 北京：北京医科大学中国协和医科大学联合出版社，1998.

[3] 王艳宁. 打开针灸原理的大门——记北京医科大学教授韩济生 [N]. 人民日报，1998-01-25（科星灿烂）.

[4] 求索者的奉献——记著名神经科学家、中国科学院院士、北京医科大学教授韩济生 [J]. 科技潮，2000（12）：110-112.

[5] 李俊兰. 周总理的嘱托遭遇知识经济 [N]. 北京青年报，2000-07-17（特稿专递）.

[6] 石硕. 真诚、真情、真本领——韩济生院士的"三为"人生 [N]. 科学时报，2004-08.

[7] 徐立明. 韩济生：大爱无言——中国科学院院士韩济生老区情怀纪实 [N]. 科学时报，2006-10.

[8] 秀丽人生，和美人生：朱秀媛教授八十华诞纪念册 [Z]. 2007.（未正式出版）

[9] 编写组. 韩济生院士 [M]. 北京：北京大学医学出版社，2008.

[10] 傅冬红. 韩济生：此生惟愿济众生 [J]. 北医人（特刊），2008,（5）：7-20.

［11］韩济生：一位"远航者"的追求［N］. 经济日报，2009-02-22（文化周末·人物）.

［12］郭桐兴. 中国科学院韩济生院士漫谈济生之路［EB/OL］.（2009-03-24）http://tech.qq.com/a/20090407/000219_3.htm.

［13］蔡虹. 中科院院士耗时44年发现针灸止痛原理［N］. 北京科技报，2009-09-16.

［14］陈克铨，陈婕，刘青，等. 韩济生：济生之路［M］// 彭裕文，桂永浩主编. 正谊明道：上医院士如是说. 上海：复旦大学出版社，2012：82-96.

［15］张晶晶. 欲济苍生应未晚［N］. 中国科学报，2012-12-08（人物周刊）.

［16］韩济生，主编. 韩济生院士集［M］. 北京：人民军医出版社，2014.

［17］韩济生. 不忘初心，从一而终［M］// 蒋郎朗. 精神的魅力2018. 北京：北京大学出版社，2018：20-27.

相关论文与报道

［1］韩济生. 记纹器上的墨水描记方法［J］. 中华医学杂志，1954（11）：922-923.

［2］韩济生，杨纪曾. 人体血压测量方法的探讨［J］. 哈医大学报，1956（1）：43-49.

［3］韩济生. 人体内的自动控制系统［N］. 光明日报，1962-07-06.

［4］韩济生. 出汗与卫生［N］. 光明日报东风副刊，1962-08-13.

［5］韩济生. 心跳和脉搏［N］. 光明日报，1962-12-18.

［6］韩济生. 新陈代谢［N］. 光明日报，1963-02-01.

［7］韩济生. 饥和饱［J］. 科学大众，1963，（08）：4-5.

［8］评论员. 为朝鲜科学研究的卓越成就欢呼［N］. 人民日报，1963-12-14（4）.

［9］韩济生. 化验取血会不会影响健康［J］. 科学大众，1964，（10）：396.

［10］韩济生. 怎样合理选择食物［N］. 文汇报，1965-03-15.

［11］新华社记者. 我国医务工作者和科学工作者创造成功针刺麻醉［N］. 人民日报，1971-07-19（1）.

[12] 新华社记者. 中西医结合的光辉范例——欢呼我国创造成功针刺麻醉[N]. 人民日报，1971-07-19（1）.

[13] 耿希晨，陶乃煌. 对针刺麻醉的评价要实事求是[N]. 文汇报，1980-10-22.

[14] 焦玄. 针刺麻醉座谈会[J]. 中国针灸，1981（01）：48-49.

[15] J.S. HAN, L. TERENIUS. Neurochemical Basis of Acupuncture Analgesia [J]. Annual Review of Pharmacology and Toxicology, 1982, 22: 193-220.

[16] 刘辉. 中国针灸学会针刺麻醉研究会成立暨第一次学术讨论会[J]. 针刺研究，1986（03）：218.

[17] 韩济生. 针刺镇痛研究成果是世界性的科学财富[J]. 中西医结合杂志，1986（特刊）：62-68.

[18] 吴国盛. 走向科学思想史研究[J]. 自然辩证法研究，1994（02）：10-15.

[19] Jeffrey Mervis. The Right Ties Can Save Lives and Move Mountains [J]. Science, 1995, 270（5239）：1144-1147.

[20] 韩济生. 针刺麻醉向何处去？由针刺麻醉（AA）到针刺辅助麻醉（AAA）[J]. 中国疼痛医学杂志，1996（01）：1-5.

[21] 辛育龄. 记尼克松访华团参观针麻手术[J]. 中国中西医结合杂志，1998，18（9）：515-516.

[22] 韩济生. 如何做事如何做人——致医学科研新兵[J]. 中华医学科研管理杂志，2003（04）：4-5.

[23] 黄艳红. 中国针刺镇痛机理研究的社会史分析[D]. 北京大学，2006.

[24] 中华医学会. 中华医学会纪事（1915-2010）[Z]. 2010.

[25] 茅以升之女茅玉麟讲述，本报记者采访. 茅以升炸毁第一座钱塘江大桥[N]. 解放军报，2010-08-13（纪念抗战·史实解密）.

[26] 黄龙. 纪念吴襄教授诞辰100周年[EB/OL].（2010-09-12）http://www.dlmedu.edu.cn/topic/wuxiang/jieshao.htm.

［27］韩济生. 在过度医疗背后［N］. 光明日报，2013-10-13（6）.

［28］王笑频. 试论推进中医药国际标准化工作的关键策略［J］. 中医药管理杂志，2015（13）：3-5.

［29］刘炜宏，杨宇洋，麻颖，等. 首届"天圣铜人奖"颁奖典礼隆重举行［EB/OL］.（2017-12-03）http://www.wfas.org.cn/home/index/news_con/nsid/940.

著作

［1］费黑，主编. 萧山县志［M］. 杭州：浙江人民出版社，1987.

［2］邵祖德，张彬，等. 浙江教育简志［M］. 杭州：浙江人民出版社，1988.

［3］郑岗，主编. 新中国预防医学历史经验（第三卷）［M］. 北京：人民卫生出版社，1988.

［4］张仁. 中国针刺麻醉发展史［M］. 上海：上海科学技术文献出版社，1989.

［5］萧山城厢镇志编纂委员会. 萧山城厢镇志［M］. 杭州：浙江大学出版社，1989.

［6］金永熙，傅心如，吕景波，等. 大连医学院院志［M］. 大连：大连医学院院志编辑委员会，1991.

［7］张宏儒. 二十世纪中国大事全书［M］. 北京：北京出版社，1993.

［8］徐天民，韩启德，主编. 北京医科大学人物志［M］. 北京：北京医科大学、中国协和医科大学联合出版社，1997.

［9］姚泰. 上海医科大学七十年［M］. 上海：上海医科大学出版社，1997.

［10］韩济生. 针刺镇痛原理［M］. 上海：上海科技教育出版社，1999：87.

［11］蔡景峰，李庆华，张冰浣，主编. 中国医学通史·现代卷［M］. 北京：人民卫生出版社，2000.

［12］刘海藩. 历史的丰碑：中华人民共和国国史全鉴·（十五）社会卷［M］. 北京：中共中央文献出版社，2004.

［13］刁承湘，季为群. 上海医科大学志（1927-2000）［M］. 上海：复旦大学出版社，2005.

［14］曹洪欣，李怀荣. 中国中医研究院人物志［M］. 北京：中医古籍出版社，

2005.

[15] 高宁. 百年名校杭州高级中学［M］. 杭州：浙江教育出版社，2006.

[16] 萧山区历史学会. 萧山历史文化研究［M］. 北京：方志出版社，2006.

[17] 钱益民，颜志渊. 颜福庆传［M］. 上海：复旦大学出版社，2007.

[18] 张彬，等. 浙江教育发展史［M］. 杭州：杭州出版社，2008.

[19] 龚缨晏. 浙江早期基督教史［M］. 杭州：杭州出版社，2010.

[20] 彭瑞骢口述，孟馥，张大庆访问整理. 彭瑞骢访谈录［M］. 长沙：湖南教育出版社，2010.

[21] 李永明. 美国针灸热传奇［M］. 北京：人民卫生出版社，2011.

[22] 陈克铨，编. 上医文化研讨会文集［M］. 北京：中国工人出版社，2011.

[23] 沈弘，编译. 遗失在西方的中国史：《伦敦新闻画报》记录的晚清 1842-1873［M］. 北京：北京时代华文书局，2014.

[24] 老科学家学术成长资料采集工程领导小组办公室. 感悟科学人生［M］. 北京：中国科学技术出版社，2014.

[25] 傅冬红. 北大神经科学研究所韩济生院士获美国针刺研究学会"针刺研究终身成就奖"［EB/OL］.（2014-06-09）http://pkunews.pku.edu.cn/xywh/2014-06/09/content_283573.htm.

[26] 饶毅，黎润红，张大庆. 辛酸与荣耀——中国科学的诺奖之路［M］. 北京：北京大学出版社，2016.

后 记

回想起来，第一次知道韩济生院士是在十多年前，偶尔打开电视，看到央视科教频道《大家》栏目正在播出人物专访"神经生理学家韩济生"。印象最深的是，韩先生本已功成名就，因为报纸上的一则新闻，为了挽救吸毒者，踏入了前途未卜的针刺戒毒研究领域，并用个人积蓄设立了戒毒防复吸奖。有戒毒成功人员去韩先生家，对老先生到处奔波帮他们戒毒既心怀感激又表示不解，得到的回答是"看见你们就是对我的奖赏"。屏幕上，韩先生的儒雅风度，强烈的社会责任感，令我深深折服。这么多年过去了，当时的那份感动犹在我心。后来，了解到韩先生老家在浙江萧山高桥，而那儿正是我祖父母工作生活的地方；青少年时期，为了躲避战乱，韩先生曾在金华、衢州一带辗转求学，我老家就在金华，挨着衢州，了解那儿的山山水水、风土人情。因此在心理上，对韩先生更增了几分亲切。所以，当北京大学医学史中心主任张大庆教授问我是否愿意加入韩济生院士学术成长资料采集工程、负责传记撰写时，我欣然接受了任务。

在医学界的院士之中，韩济生院士的身份比较特殊。他是西医出身，做的却是针灸研究。在我的课上，请医学生们就"中医""西医"作词汇联想各写十个词时（人名、书名、印象等皆可），很多学生会在"中医"后面写上"韩济生"。中西医论持续了百来年，中医的质疑者们对针灸的态度却相对肯定，针灸也成为中医走向国际的成功范例之一，一些国家甚至将针灸纳入了医保范畴。这除了针灸自身的疗效外，也离不开韩济生院士等一批科学家的长期努力，他们运用现代科学学术话语向世界介绍了中医的这个瑰宝，提升了针灸的国际地位。所以"韩济生学术成长资料采集"的意义不仅在于展现韩济生院士的学术成长经历，也可以作为如何向世界讲好中国故事、发出中国声音的科学界案例。

采集工作的幸运之处是得到了韩先生本人、家人及单位的全力配合，韩先生的儿子韩松平博士对父亲的生活、专业都很熟悉，为充分采集资料提供了极大的便利；所在单位北京大学医学部全力支持并配备了最佳阵容，韩先生的助手张嵘亲自挂帅、运筹帷幄，人事处朱树梅处长、科研处沈如群处长、医学史中心张大庆主任、基础医学院领导孙敏副院长、宣传部徐璐老师团队、资料员赵宇洋及研究生们从不同方面为项目的顺利开展提供了保障，采集了大量口述、实物、档案等资料，在项目中期预评中被作为典范向其他采集小组展示。投入力度越大，意味着对最终成果——传记的期望值也越高，加上韩先生本人极有文采，甚至已自拟了对仗工整的章节标题（可我并未采纳），我倍感压力，唯恐辜负了韩先生及项目组的努力和期望。

写作就像绣花，一针一线，如何选材、起落，需要细思量。随着资料越来越多，加上学科专业知识的壁垒，我写得越来越慢，成稿一拖再拖，心中既着急又愧疚。对于细节的刨根问底，常打断写作进程，不过有时也有意想不到的收获。有一次，在校园里偶遇韩先生，他给我看校报上刚刊登的中国高被引学者榜单。这是爱思唯尔基于旗下 Scopus 数据库排的次序，韩先生在神经科学领域总是榜上有名。我对 Scopus 数据库并不熟悉，可是又不愿意不经查证直接引用报道，结果一查发现韩先生在 Scopus 上有多个不同的作者标识号码，这会降低 h 指数（科研影响力的指标之一）。韩先生知道后高兴得像个孩子似的，回复道"真是一个大发现，真相大白！"，此前他一直怀疑自己的 h 指数偏低。我们向 Scopus 申请合并编号后，韩先生的 h 指数由 34 升到了 51。

因为写作过程中需要补充采访、查找资料，我有段时间常去韩先生家中。韩先生是一个充满正能量的人，无论是拉家常、谈学术、说政治，总能令人获得精神的愉悦、心灵的温暖和智慧的启迪。他虽然已年近九旬，但仍然如孩童一般单纯、明亮、率真。韩先生的成就离不开贤内助朱秀媛教授的支持，一位同样善良温暖、平易近人的科学家。朱老师会因为韩先生没留我吃饭而责备他，下一次则执意留我在家吃饺子。她已行动不便，但是煮饺子、端碗，什么都不让我帮忙。吃完饭，韩先生负责洗碗，怎么也不让我洗。朱老师拉着我的手说"让他洗吧，我们去客厅坐会儿"，转头又对韩先生说"洗好碗后，给我们削个苹果"。朱老师坐在沙发上给我看影集，韩先生端着切好的苹果过来，每人一块分好后，很自然地坐在了沙发的扶手处。光线刚刚好，两人慈祥地笑着，依偎着一起吃苹果，画面是如此温馨美好，会是"相濡以沫"那一节绝佳的插图。可惜，我当时一手托着影集一手拿着苹果，等我吃完，他俩也吃完起身了，错过了最佳拍摄时机。早年，朱老师对家庭付出很多；如今，朱老师身体欠佳，对爱妻悉心照料成为了韩先生的首要任务。韩先生是行如风的人，现在经常会扶着妻子慢慢散步，成为校园里的一道风景。

韩先生在总结参与采集工作的感想时，曾写道"我是一个苦行僧。是日本侵略者飞机投下炸弹杀害我同胞的场景，激起了一名少年奋发自强的觉悟，从此竟然保留终身。我不愿意今天的中国少年还需要经历这种残酷的折磨来激活自己的能量。他们有权利通过更体面的'药引子'，来激发他们身上蕴藏的无穷力量！但我相信，作为一个民族，过分奢靡的生活很可能会使人颓废堕落。居安思危，适当的危机意识才能令人奋发图强。这可能是一个颠扑不破的真理！"人生不可复制，也不必复制，但是精神可以传承，希望这些科学家们的传记能给年轻朋友们一点启迪，成为激发自身能量的"药引子"之一。

感谢"老科学家学术成长资料采集工程"，感谢张大庆老师的引荐，感谢张藜、吕瑞花、罗新波等老师的指导。感谢所有接受了访谈、提供了资料或给予本项目支持的单位和个人。感谢北京大学医学图书馆李维、周志超，本部图书馆刘姝，中国医学科学院医学信息研究所杜建在文献数据分析方面的帮助。感谢我的同学楼立理编辑在前期通读了稿件并提出了修改意见。感谢出版社的配合，尤其是副总编许慧与责任编辑余君，有了他们的高效工作，本书的出版才得以赶上韩先生的九十寿辰。本书的完成还离不开很多领导、前辈、同事、朋友们的支持和配合，在此一并谨致谢忱。

张嵘与韩松平老师不仅承担了大量的采集工作，还分别撰写了导言、序二，其他章节由陈琦执笔。从战火年代到和平岁月，风雨浮沉，作为中国近现代历史和科学发展的见证者，每一位老科学家的人生都是一幅波澜壮阔的画卷。可惜笔者学识有限，难以充分描绘其中的精彩与跌宕。本书交稿时早已过了期限，虽然不尽如人意，但已没时间精雕细琢，只能在忐忑中提交。没想到韩先生看完后，回复"全书超乎我想象的好……非常感谢"。我深知受之有愧，但也有一种如释重负的轻松。

最后，向那些无论身处顺境还是逆境，始终心怀良知与希望，坚守信念、执着进取的前辈们致敬！

陈 琦

2018 年 6 月

老科学家学术成长资料采集工程丛书
已出版（100种）

《卷舒开合任天真：何泽慧传》　　　《此生情怀寄树草：张宏达传》
《从红壤到黄土：朱显谟传》　　　　《梦里麦田是金黄：庄巧生传》
《山水人生：陈梦熊传》　　　　　　《大音希声：应崇福传》
《做一辈子研究生：林为干传》　　　《寻找地层深处的光：田在艺传》
《剑指苍穹：陈士橹传》　　　　　　《举重若重：徐光宪传》

《情系山河：张光斗传》　　　　　　《魂牵心系原子梦：钱三强传》
《金霉素·牛棚·生物固氮：沈善炯传》《往事皆烟：朱尊权传》
《胸怀大气：陶诗言传》　　　　　　《智者乐水：林秉南传》
《本然化成：谢毓元传》　　　　　　《远望情怀：许学彦传》
《一个共产党员的数学人生：谷超豪传》《没有盲区的天空：王越传》

《含章可贞：秦含章传》　　　　　　《行有则　知无涯：罗沛霖传》
《精业济群：彭司勋传》　　　　　　《为了孩子的明天：张金哲传》
《肝胆相照：吴孟超传》　　　　　　《梦想成真：张树政传》
《新青胜蓝惟所盼：陆婉珍传》　　　《情系粱菽：卢良恕传》
《核动力道路上的垦荒牛：彭士禄传》《笺草释木六十年：王文采传》

《探赜索隐　止于至善：蔡启瑞传》　《妙手生花：张涤生传》
《碧空丹心：李敏华传》　　　　　　《硅芯筑梦：王守武传》
《仁术宏愿：盛志勇传》　　　　　　《云卷云舒：黄士松传》
《踏遍青山矿业新：裴荣富传》　　　《让核技术接地气：陈子元传》
《求索军事医学之路：程天民传》　　《论文写在大地上：徐锦堂传》

《一心向学：陈清如传》　　　　　　《钤记：张兴钤传》
《许身为国最难忘：陈能宽传》　　　《寻找沃土：赵其国传》
《钢锁苍龙　霸贯九州：方秦汉传》　《虚怀若谷：黄维垣传》
《一丝一世界：郁铭芳传》　　　　　《乐在图书山水间：常印佛传》
《宏才大略：严东生传》　　　　　　《碧水丹心：刘建康传》

《我的气象生涯：陈学溶百岁自述》　《我的教育人生：申泮文百岁自述》
《赤子丹心 中华之光：王大珩传》　《阡陌舞者：曾德超传》
《根深方叶茂：唐有祺传》　《妙手握奇珠：张丽珠传》
《大爱化作田间行：余松烈传》　《追求卓越：郭慕孙传》
《格致桃李伴公卿：沈克琦传》　《走向奥维耶多：谢学锦传》
《躬行出真知：王守觉传》　《绚丽多彩的光谱人生：黄本立传》
《草原之子：李博传》

《宏才大略 科学人生：严东生传》　《探究河口 巡研海岸：陈吉余传》
《航空报国 杏坛追梦：范绪箕传》　《胰岛素探秘者：张友尚传》
《聚变情怀终不改：李正武传》　《一个人与一个系科：于同隐传》
《真善合美：蒋锡夔传》　《究脑穷源探细胞：陈宜张传》
《治水殆与禹同功：文伏波传》　《星剑光芒射斗牛：赵伊君传》
《用生命谱写蓝色梦想：张炳炎传》　《蓝天事业的垦荒人：屠基达传》
《远古生命的守望者：李星学传》

《善度事理的世纪师者：袁文伯传》　《化作春泥：吴浩青传》
《"齿"生无悔：王翰章传》　《低温王国拓荒人：洪朝生传》
《慢病毒疫苗的开拓者：沈荣显传》　《苍穹大业赤子心：梁思礼传》
《殚思求火种　深情寄木铎：黄祖洽传》　《仁者医心：陈灏珠传》
《合成之美：戴立信传》　《神乎其经：池志强传》
《誓言无声铸重器：黄旭华传》　《种质资源总是情：董玉琛传》
《水运人生：刘济舟传》　《当油气遇见光明：翟光明传》
《在断了A弦的琴上奏出多复变　《微纳世界中国芯：李志坚传》
　　最强音：陆启铿传》　《至纯至强之光：高伯龙传》
《弄潮儿向涛头立：张乾二传》　《材料人生：涂铭旌传》
《一爆惊世建荣功：王方定传》　《寻梦衣被天下：梅自强传》
《轮轨丹心：沈志云传》　《海潮逐浪镜水周回：童秉纲口述
《继承与创新：五二三任务与青蒿素研发》　　人生》